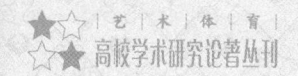

引领大众体育的时尚运动
——气排球

王恩芳　主编

中国书籍出版社

图书在版编目 (CIP) 数据

引领大众体育的时尚运动：气排球 / 王恩芳主编. --北京：中国书籍出版社，2021.5
ISBN 978-7-5068-8487-7

Ⅰ. ①引… Ⅱ. ①王… Ⅲ. ①排球运动-教材 Ⅳ. ① G842

中国版本图书馆 CIP 数据核字（2021）第 096757 号

引领大众体育的时尚运动：气排球

王恩芳　主编

丛书策划	谭　鹏　武　斌
责任编辑	成晓春
责任印制	孙马飞　马　芝
封面设计	东方美迪
出版发行	中国书籍出版社
地　　址	北京市丰台区三路居路 97 号（邮编：100073）
电　　话	（010）52257143（总编室）　（010）52257140（发行部）
电子邮箱	eo@chinabp.com.cn
经　　销	全国新华书店
印　　厂	三河市德贤弘印务有限公司
开　　本	787 毫米 ×1092 毫米　1/16
字　　数	438 千字
印　　张	18
版　　次	2023 年 1 月第 1 版
印　　次	2023 年 1 月第 1 次印刷
书　　号	ISBN 978-7-5068-8487-7
定　　价	89.00 元

版权所有　翻印必究

编委会

主　审：徐远伦

主　编：王恩芳　赵志进　周丽光

副主编：刘　江　唐照华　李　龙　李　军　白耀东　张五平
　　　　王宇可　刘建华　张　放　徐仁莉　巫海生

编　委：黄绵成　杜先钦　刘泸生　卢前松　文飞翔　李玉林
　　　　姚　萍　陈　伍　龙正印　胡　锐　徐继平　黄　艳
　　　　叶明华　朱　珊　杨　飞　朱成军　陈泽军　蒲　斌

序

气排球是由室内排球演变而来的一项深受广大群众喜爱的体育运动项目,自产生之初就与有"天府之国"美誉的成都市结下了不解之缘。早在 21 世纪初,成都市直机关、成都铁路局,以及一些事业单位为了丰富群众业余文化生活就经常组织气排球活动。自此之后,气排球运动便在这座城市蓬勃发展起来了。

气排球项目,运动强度不大且趣味性较强,适合各个年龄段的人群参与。在全民健身运动如火如荼开展的今天,气排球作为健身价值极高、时尚且雅俗共赏的运动项目得到了更为广泛的传播与发展,尤其与成都这座独具魅力的城市气质相得益彰。为了促进气排球运动在成都的推广与发展,成都市排球运动协会紧跟时代发展的步伐,因势利导,组织了大量的气排球活动,让更多的人民群众充分认识与了解这一项运动。特别是为了让更多青少年参与这项运动,每年还在中小学校组织一定数量的校园气排球比赛。如今,成都市气排球运动方兴未艾,正以其前所未有的速度发展着。

为进一步普及推广气排球运动,营造浓厚的气排球运动氛围。成都市排协气排球专委会根据大量的社会实践和多年的办赛经验撰写了此书。此书的体例个性鲜明,结构合理,给人耳目一新的感觉。作者以上篇、中篇、下篇的形式对气排球运动展开详细的阐述与研究,高度重视理论与实践的结合,理论方面的研究深入浅出,实践部分图文并茂、通俗易懂,便于气排球爱好者参照习练。

虽然气排球运动在我国的发展已有不少年头,但是目前仍然有很多人缺乏对这项运动的了解,就更谈不上参与这一项运动了。因此,加强气排球运动的研究,积极推广这一项运动势在必行。当然,要搞好这一项工作并非易事,需要研究者付诸艰辛的劳动,不断地总结经验、推陈出新、坚定方向、勇于超越。"不积跬步无以至千里",正是基于平时不断的积累与探索此书才得以成形,书中无论是关于气排球发展现状的调查还是运动方法的设计等都具有一定的前沿性和先进性。可以说,本书是一项重要的学术研究成果,是成都市排协气排球专委会多年来刻苦研究的一种回报。在此希望研究者能戒骄戒躁,不断超越自己,为取得更大的研究成果而努力。

2021 年 1 月

前　言

气排球可以说是我国一项土生土长的群众性体育运动,这一运动形式集健身性、娱乐性等为一体,有着较强的健身、健心和促进社会适应力提高的价值,伴随着全民健身运动的开展,这一运动也成为广大健身人群的重要运动项目之一。

气排球运动是在室内排球的基础上加以改造并发展起来的,它在项目设计上比较合理,非常适合人们用来运动和娱乐,能极大地丰富人们的业余文化生活。气排球运动本身所蕴含的健身、娱乐等特性也有利于其在群众中的推广与发展。另外,气排球运动对于设备的使用效率相对较高,对场地、设施等要求并不高,运动者并不需要花费过多的费用即可参与,同时这一项目还有着较高的安全系数,人们可以放心地参加这一项运动。

气排球可以说是纯粹的"中国制造",其运动量适中,运动强度也不高,适合各个年龄、不同性别、不同阶层人群的参与。经过多年的发展,目前气排球运动已成为全国老年体协的五大竞技项目之一,在浙江、福建、上海、湖南、四川等地都得到了很好的推广,成为我国全民健身的重要运动项目。同时,气排球也逐渐在校园青少年群体中推广开来,成为健身、娱乐、竞技、交流、锤炼意志、感受体育精神的项目之一。近年来在全国各地各类协会的宣传和推动下,气排球形成了井喷式的发展,在四川成都尤其突出,已成为继马拉松之后的第二大运动。成都市排球协会自20世纪90年代开始长期致力于气排球运动的培训、普及宣传与推广,使其由无到有、由点到面,涵盖各个层次,搭建起了以大中小学群众性竞技交流的体系,学生课余闲暇时间自觉选择学习,勤练常赛,已成为常态,将基点辐射至四川,促进该运动在各地区的蓬勃发展,凸显了协会在全民健身活动中的主导引领作用与职能。

气排球运动是与现代社会同步发展的,其发展符合现代社会人们的体育运动诉求。在如今体育运动项目日益多元化的背景下,气排球运动以其自身鲜明的特点与价值受到很多健身者的青睐,成为引领全民健身的新兴运动项目。为帮助人们更加深刻地认识与了解气排球运动,以及如何更好地推广与发展气排球运动,本书对气排球运动的方方面面做出了细致的研究与分析。

本书共分为上、中、下三篇。

上篇为时尚气排球与魅力成都。本篇共有三章,第一章为崭露头角:魅力成都见证气排球的兴起。除了阐述气排球运动的演变与发展外,着重介绍了成都市与气排球的渊源。第二章为方兴未艾:气排球走进大众体育。本章着重介绍了气排球走进群众体育、走进企事业单位,阐述了气排球在这些领域的发展情况,另外还着重介绍了气排球在青少年中的开展情况。第三章为继往开来:与球共舞,垫起气排球新时代。本章重点阐述了气排球运动在成都市各学校中的发展情况以及成都市排球协会组织的各种气排球活动,能为其他省市的气排球发展提供良好的借鉴。

中篇为掌握气排球理论与知识,共包括四章内容。第四章为气排球与青少年健康促进,重点阐述了气排球对青少年身体健康、心理健康和社会适应性等方面的促进作用。第五章为独具魅力的气排球文化,主要阐述了气排球运动场地、器材与设备、气排球礼仪与竞赛规则、气排球竞赛组织与编排等内容,另外还重点阐述了气排球裁判法及我国气排球裁判员的培养。第六章是气排球运动学练理论,主要涉及运动生理学、运动心理学、教育学等学科理论基础,这能为人们参加气排球运动奠定必要的理论基础,提高气排球运动的科学性。第七章为气排球运动安全知识,主要包括气排球运动营养补充、运动伤病处理、医务监督等,这些基础知识能保障人们参与气排球运动的安全性。

下篇为提高气排球运动能力。主要包括五章内容,涉及气排球学练技巧与方法、气排球体能素质、气排球心智素质、气排球技术与战术等素质的培养与提高等内容,通过设计的气排球运动手段与方法,气排球运动爱好者的运动水平能获得较为快速的提升。

本书适用于学校体育教学和一般的运动爱好者。

本书在编写的过程中,参考和借鉴了大量的有关排球及气排球方面的书籍和资料,在此向这些专家与学者致以诚挚的谢意。由于时间和精力有限,书中不足之处在所难免,恳请广大读者批评指正!

编 者

2020 年 9 月

目　录

上　篇　时尚气排球与魅力成都

第一章　崭露头角：魅力成都见证气排球的兴起 ················· 1
 第一节　气排球的演变与发展 ································· 1
 第二节　气排球的发展现状与趋势 ····························· 8
 第三节　全民健身视野下的气排球 ···························· 14
 第四节　成都与气排球的兴起及发展 ·························· 18

第二章　方兴未艾：气排球走进大众体育 ························ 21
 第一节　气排球运动在群众体育中的推广 ······················ 21
 第二节　气排球运动在青少年中的开展 ························ 30
 第三节　企事业单位气排球运动的开展现状 ···················· 31
 第四节　企事业单位气排球运动发展中遇到的困难 ·············· 32

第三章　继往开来：与球共舞，垫起气排球新时代 ················ 35
 第一节　气排球运动在成都市学校开展的经验与启示 ············ 35
 第二节　成都市排球运动协会的气排球推广成功经验 ············ 39
 第三节　气排球运动推广与发展的策略 ························ 44

中　篇　掌握气排球理论与知识

第四章　气排球与青少年健康促进 ······························ 46
 第一节　体育领域的中国"制造"——气排球 ···················· 46
 第二节　与众不同的气排球 ·································· 47
 第三节　气排球促进青少年身体健康 ·························· 51
 第四节　气排球促进青少年心理健康 ·························· 57
 第五节　气排球提高青少年社会适应性 ························ 61

第五章　独具魅力的气排球文化 ································ 66
 第一节　气排球场地、器材与设备 ···························· 66
 第二节　气排球礼仪与竞赛规则 ······························ 69
 第三节　气排球竞赛组织与编排 ······························ 77
 第四节　气排球裁判法及裁判员的培养 ························ 86

第六章　气排球运动学练理论　96
- 第一节　运动生理学理论指导　96
- 第二节　运动心理学理论指导　102
- 第三节　教育学理论指导　106

第七章　气排球运动安全知识　112
- 第一节　气排球运动营养与补充　112
- 第二节　气排球运动伤病与康复　121
- 第三节　气排球运动医务监督　127

下篇　提高气排球运动能力

第八章　气排球学练技巧与方法　131
- 第一节　气排球教学目标、任务与步骤　131
- 第二节　气排球教学原则与方法　137
- 第三节　气排球教学效果评价　142
- 第四节　气排球训练原理　148
- 第五节　气排球训练原则与方法　150

第九章　气排球体能素质培养与提高　156
- 第一节　体能素质的内涵与意义　156
- 第二节　力量素质培养　159
- 第三节　速度素质培养　168
- 第四节　耐力素质培养　172
- 第五节　柔韧素质培养　176
- 第六节　灵敏素质培养　178

第十章　气排球心智素质培养与提高　182
- 第一节　气排球心理素质的培养　182
- 第二节　气排球智能素质的培养　194

第十一章　气排球技术习练与提高　198
- 第一节　气排球技术系统　198
- 第二节　室内排球与气排球技术比较　199
- 第三节　气排球基本技术　213
- 第四节　气排球技术习练与提高　240

第十二章　气排球战术习练与提高　249
- 第一节　气排球战术系统　249
- 第二节　气排球基本战术　251
- 第三节　气排球战术习练与提高　267

参考文献　275

上　篇　时尚气排球与魅力成都

第一章　崭露头角：魅力成都见证气排球的兴起

本章导航

> 气排球由室内排球演变而来，是我国独创的一种排球形式的运动项目。伴随着近年来我国全民健身运动的不断发展，气排球在各个地区都获得了快速的发展，尤其是在成都，气排球正与这一独具魅力的城市水乳交融、和谐发展，展现出蓬勃的生机。本章主要阐述气排球的演变与发展，并重点介绍成都与气排球的渊源。

第一节　气排球的演变与发展

一、气排球的渊源

气排球是由室内排球演变而来的一种运动项目。最早在1984年，呼和浩特铁路局集宁分局的离退休人员为了丰富他们的晚年生活，受到春节联欢晚会上吹气球游戏的启发后，首先用气球进行隔网对打游戏。后来，这一游戏逐渐演进完善，比如，用儿童玩具塑料球代替气球，并制订了简单的比赛规则，但是没有形成文字材料。由此，这一新的运动项目开始逐渐发展起来，受到人们的广泛欢迎。

二、气排球的发展

气排球的发展可以分为三个阶段。

(一)宣传与推广阶段(1989年9月～2004年9月)

1989年9月,中国火车头老年人体协副主席韩统武观看了呼和浩特铁路局举办的第四届呼铁局老年人运动会气排球比赛后,觉得这是一种非常好的运动形式,在全路段进行大力推广的可行性非常高。1991年6月,在北京召开的中国火车头老年人体协第三次会议期间,呼和浩特铁路局气排球队作了介绍性表演,深受与会者欢迎。由此,相关部门就做出了使之成为正式的群众性健身活动项目的重要决定。1991年10月,中国火车头老年人体协通过考察,编写了我国第一本《气排球竞赛规则》,同时在上海特制了"火车头"牌比赛用球,气排球运动的规范性越来越强。

1992年3月17日～19日,第一期全铁路气排球学习班在湖北省武汉市举办,这也为我国培养了第一批气排球教练员和裁判员。同年,11月10日～15日,武汉铁路分局举办了首届铁路老年人气排球比赛,参加比赛的有7支男队、6支女队。这标志着气排球运动在我国正式发展起来。

1993年3月4日,中国第一个气排球协会组织——火车头老年人气排球协会在北京市成立。之后,各个地方的铁路局如呼和浩特、北京、济南、郑州、兰州、成都、柳州等铁路局也都先后举办了全局或分局的气排球培训班和比赛。由此,气排球运动在铁路系统内部得到了蓬勃开展,铁路老年人气排球赛也成为每年一届的常规赛事。

1995年5月16日,时任国际奥委会主席萨马兰奇先生在天津出席第43届世乒赛期间,由时任国家体委主任伍绍祖、国际奥委会委员何振梁、火车头体协副主席冯子彬等陪同,对我国铁路职工群体活动开展情况进行视察。在观看了铁道科学院气排球队的演示后,他说道:"气排球很好,既适合老年人,也适合中年、青少年。"

1999年1月21日～24日,中国老年人体协委托火车头气排协在河南省郑州市举办了第一次全国老年人气排球培训班,首批学员是来自全国各省、直辖市、自治区和行业体协等单位的56人。同年9月,中央电视台《夕阳红》栏目对铁路局老年人气排球电视教学片进行了连续播放。培训班的举办和教学片的播放所产生的影响力是非常大的,涉及全国范围。也正是受此影响,气排球运动很快传播开来,其中,主要涉及北京、浙江、福建、上海、云南、广东、广西、四川等省、直辖市、自治区。

(二)普及与提高阶段(2004年10月～2014年12月)

在这一阶段,气排球运动在国内的发展势头良好,并逐渐趋于国际化。这主要表现在两个方面:一方面,这项运动已经在全国范围内得到更加广泛的推广和普及,运动参与人群也逐渐扩大,除了老年人之外,更多的中青年人群也逐渐加入进来。另外,青少年在很多地方已经成为气排球运动发展的主力军,比如,北京、上海、湖南、广西、江苏等地。另一方面,中国老年体协在赛事交流、裁判培养、组织管理等方面开展了大量工作,同时,与国家排管中心的沟通和交流也进一步加强,这就保证了气排球运动发展的科学化、规范化。除此之外,从2012年开始,国家体育总局每年都会下拨专项经费,为气排球运动的发展提供资金保障。

这一阶段的发展具有较为显著的特征,可以大致归纳为以下几个方面。

第一章　崭露头角：魅力成都见证气排球的兴起

1. 国家管理和支持力度加大，气排球运动发展的科学化、规范化程度提高

2007年12月，中国老年人体育协会成立老年排球技术工作组，同时，将各成员的主要工作和职责明确了下来，从而使气排球科学化、规范化和适宜性、适用性、安全性的研究和指导得到进一步加强。

2008年12月20日，由中国老年人体协排球工作组主办、苏州大学体育学院退休教师协会协办的《老年排球》报创刊号出版发行（后改为《气排球运动》，由气排球专项委员会继续出版发行）。这为众多气排球爱好者提供了一个情感沟通和技术交流的平台。

2013年4月13日，中国老体协下发《关于开展命名全国老年排球之乡活动的通知》。

2013年11月23日，中国老年人体协气排球专委会年会暨气排球之乡命名经验交流会在浙江海宁召开。江苏省、浙江省、福建省、江西省、广西壮族自治区、四川省等的14个县市区被命名为"全国气排球之乡"，并且获颁了命名牌匾。

2014年3月10日，中国老年人体育协会、中国排球协会联合下发了《关于2014年全国老年人气排球交流活动规程的通知》，其中，就有将交流活动分三个阶段进行的明确规定。其中，第一阶段由各省、自治区、直辖市、计划单列市、新疆生产建设兵团及各行业老年人体协自行组织交流，在这一阶段中，自定规程，自派裁判员，自筹经费。第二阶段主要是进行分区交流，全国共分为三个区分别进行。第三阶段为总交流。

2014年5月20日，第一届全国老年人气排球之乡交流活动专题协调会召开。会议中将交流活动应遵循的四个原则明确提了出来：第一，要将创新性、示范性和可持续性体现出来；第二，在球艺交流的同时，也要开展相关推广、建设和组织等工作；第三，与旅游相结合，使其吸引力和凝聚力得到有效提升；第四，参加单位经费自理，自带裁判，争取社会支持。

2014年8月26日，中国老年人体协气排球专委会、江苏省老年人体协与国家体育总局排球运动管理中心联合起来，就我国气排球运动现状、改革、发展进行了广泛、深入的座谈交流。其中，就明确提出："老年气排球的发展是大众排球的重要组成部分，是排管中心的责任所在，从2015年起将把气排球列入排管中心的工作内容统筹安排。"

2014年10月17日~21日，在福建省晋江市举行了首次"全国老年气排球之乡"交流活动，江苏、浙江、江西、四川、广西、福建、深圳、厦门等省、市的14个全国首批"全国老年气排球之乡"的28支男、女代表队参加了交流。

2. 通过各级各类赛事和交流活动的频繁开展，形成丰富多彩的气排球文化

2004年10月23日~26日，在浙江省丽水市举行了中国老年人体协主办的全国首届老年人气排球比赛。在全国范围内，共有23个省、市、行业的18支女队、23支男队参加比赛。此后，该项赛事成为中国老年体协每年一届的常规赛事。

2008年7月，在浙江省临安天目山举行了华东地区首届部分省、市"全民健身与奥运同行"气排球文化研讨活动，参加比赛的有浙江、福建、上海三省市的23支男女队，并首次举办了气排球文化理论研讨会。此后，这项活动成为华东地区每年一次的常规气排球活动，年龄组也逐渐增加为老年和中年两个组别，并且开始提出了"比赛、研讨、旅游"三结合的组织

活动形式的倡议。

2009年9月,浙江建德市老体协气排球协会在新安江市举行了"新旅杯"全国气排球邀请赛。之后,该项比赛每年都会举办,并且比赛中都会设有老年组、中青组、家庭组三个组别。

2009年10月13日~16日,在山东省威海市举行了第一届全国老年人体育健身大会气排球项目交流活动。其中,有33支男队(287人)和32支女队(278人)参加了比赛和交流。不同地区的气排球队伍所表现出的风格迥异,都赛出了自己的水平。

2010年7月20日~26日,首届全国气排球夏令营活动在浙江磐安县乌石村举办,参加比赛的共有63支中老年男女气排球队600多人。该活动不仅仅局限于气排球的比赛,还涉及相关的论坛、旅游、文娱等,形式多种多样,趣味十足。如今,这项活动已成为全国气排球爱好者一年一度的盛会之一,来自全国各地、各行各业的参加者都会参与其中,对全国各地的球友交流起到促进作用。除此之外,这对于地方经济的发展还起到了积极的拉动作用。

2011年元旦,《气排球与健身排球》出版,这是一部生动记录和见证气排球运动的史料和文献。

2011年,全国沙滩气排球邀请赛在浙江省富阳市气排球俱乐部举办。之后,每年都会举办一次。

2011年4月,广西体育代表团一行赴中国台湾进行交流访问,并且将气排球带到了中国台湾,自此,气排球运动开始在中国台湾落脚并发展开来,还逐渐开始在中国台湾举办各种气排球赛。中国台湾民众对气排球非常好奇,对这一运动项目兴趣浓厚,气排球运动受到人们的广泛欢迎与追捧。

2011年7月18日,阳光体育全国青少年体育俱乐部比赛在福建漳州举行,这一赛事是由国家体育总局青少年司、教育部体卫艺司主办的。在该项比赛中,气排球项目为竞赛项目之一。此后,越来越多的青少年参与到气排球运动和比赛中来,进一步拓展了气排球的参与人群。

2012年8月30日,中国老体协气排球代表在北京向出席亚排联东区赛的日本、韩国、蒙古等国家,及中国台湾、香港、澳门地区的官员和代表队赠送了气排球以及中、英文气排球竞赛规则。同时,还邀请他们参加2014年在中国举办的国际气排球邀请赛。

2013年11月6日~8日,首届苏、鲁、豫、皖四省城市协作区老年人气排球比赛在徐州市举行。参加本次比赛的运动员有200名之多,共分为15个老体协,男、女25支代表队。

2014年11月14日~16日,"南山杯"气排球邀请赛在深圳蛇口举行。参加比赛的运动员有300名,涉及香港、澳门、台湾、北京、浙江、湖南、广东、广西、海南、江西等36支男、女代表队。

第一章　崭露头角：魅力成都见证气排球的兴起

表1-1　本阶段规模化、常态化的全国性气排球比赛、交流活动

序号	赛事或活动名称	主办单位	时间	特点
1	气排球比赛或展示活动	中国老年人体协	每年9—11月间	每年一次，全国各地气排球参与者切磋球艺，进行技、战术交流
2	火车头体协老年人气排球比赛	中国火车头体协	每年的上半年、下半年	男女比赛分别在不同时段、不同地点举行，是届数最多、规模较大的行业赛事
3	华东地区部分省市气排球文化研讨活动暨全国气排球邀请赛		每年7月或8月	跨地区、行业活动，自愿报名参加。队数多、时间长、规模大。比赛、论坛、旅游相结合
4	"鑫夕阳健康杯"全国邀请赛	云南省(中国)气排球联谊理事会	每年7月或8月	跨国别、地区、行业的赛事，自愿报名参加。分老、中、青三个组别，参加的民族最多，近邻越南、老挝等组队参加
5	全国气排球夏令营活动	台州市气排球协会	每年7月或8月	跨地区、行业活动。设老、中、青三个组别，自由组合报名参加。吃住在农家，集避暑休闲、文化研讨、娱乐交友、联欢活动于一体
6	"新电旅游杯"全国气排球邀请赛	在浙江建德、浙江新安江水电厂旅游公司等单位联合举办	每年上下半年各举办一次	设老年、中青年、家庭组，比赛与旅游相结合
7	全国沙滩气排球邀请赛	富阳市气排球俱乐部	每年7月或8月	设老年组、中老年混合组、男女混合组
8	全国气(轻)排球邀请赛	南平市政府、国家体育总局社体中心		一年一届，交流对象主要是中青年

3. 规则的完善程度越来越高，裁判队伍的数量和专业性都有所提升

2005年7月，中国老年人体协审定了《老年气排球竞赛规则》，并在全国比赛中试行，不仅为气排球各项赛事提供了指导，还有效提升了其规范性。

2007年4月18日，中国老年人体育协会下发《关于颁布实施〈气排球裁判员技术等级制度(试行)〉的通知》(体老字号〔2007〕18号)，按照规定实施各级裁判员的申报和审批工作。次年举行的第五届全国老年人气排球比赛首次施行了《2008年全国老年排球比赛仲裁条例》。

根据《关于颁发实施〈气排球裁判员技术等级制度(试行)〉的通知》(体老字〔2007〕18号)，通过由中国老年人体协主办的裁判员培训班考核合格和对各单位申报材料的审核，2009年6月9日，首次公布了程战铭等7人为气排球国家级裁判员，赵再清等6人为气排球荣誉裁判员。

2011年11月，中国老年体协气排球专委会在苏州市首次举办了无网气排球活动学习班，并公布了《老年气排球65—75岁年龄组无网气排球规则(试行方案)》。该方案中有一

些地方与现行规则存在着不同之处,主要表现在:无网;下手发球;发球和击球后,球必须落在对方后场区;击球过中线时,球必须要有明显向上的弧度;比赛中,队员不允许跳起击球。

2012年2月7日,公布了马旭云等26人为第二批气排球国家级裁判员,王少韩等10人为气排球荣誉裁判员。

2012年3月,中国老年体协气排球专委会公布了《关于对2005年〈老年气排球竞赛规则〉有关条款的修改意见》(征求意见稿)。修改意见中所包含的内容主要有九个方面:球网高度;球;球队组成;队员的位置;过中线;触网;进攻性击球的特性;拦网;决胜局。

2012年6月10日~14日,在山东省潍坊市举行了全国老年人气排球裁判员培训班,程战铭、黎禾分别作为讲师进行授课,参加培训的学员共有92名(包括10名国家级裁判员)。

2012年10月,中国老年人体协公布了安永海等53人为第三批气排球国家级裁判员(女16人、男37人)。

2013年6月29日~7月2日,全国老年气排球裁判员培训班在浙江东阳市举办。参加的学员数量达到了146名,其中包含51名国家级裁判员。

2013年11月,北京体育大学出版社正式出版《气排球竞赛规则》。除此之外,英文版规则的出版,也有效推动了气排球走出国门,向世界推广。

2014年5月27日,全国老年人气排球教练员培训班在成都市青羊区开班,参加比赛的有100多名来自全国各地的学员。原中国女排著名运动员李代全、周鹿敏,国际级排球裁判员、被誉为"亚洲第一金哨"的陈玉鑫,国家级排球裁判员陈鸿林等进行了气排球技战术理论与实践和裁判法教学。

2014年12月16日,中国排球协会在漳州举办了首次气排球项目裁判员培训班。整个培训工作所涉及的内容非常广泛,包括气排球竞赛规则学习、气排球裁判员工作方法与程序、气排球裁判员临场配合、气排球司线员工作方法、气排球记录员工作方法等。授课讲师主要是气排球资深专家,如陈玉鑫、连道明、陈鸿林、陈铁成、黎禾等。

(三)迅猛发展阶段(2015年至今)

2015年以来,气排球运动开始在全国各地逐渐普及并发展起来。在原有各级各类赛事的基础上,越来越多新的赛事也陆续出现,各种活动非常精彩。国家排球运动管理中心在对气排球发展的支持力度上也进一步加大,将其纳入了工作日程,并于当年牵头举办了全国"超级杯"气排球联赛。

全国"超级杯"气排球联赛的组别有四个,即老年组、中年组、青年组和大学生组。不同组别采用的赛制是不同的,其中,老年组和中年组采用的是五人制,青年组和大学生组则采用四人制。整个比赛过程可以分为三个阶段:大众海选赛、分区赛和总决赛。其中,海选赛由各省市、行业体协自定规程,自行举办,将那些能够参加分区赛的队伍选拔出来。分区赛主要包括山东赛区、湖南赛区、浙江赛区、老年赛区和大学生赛区之间的比赛,所有分区赛由分赛区根据各自的实际情况将相应的竞赛规程制订出来,经中国排球协会审核后统一公布下发。

第一章　崭露头角：魅力成都见证气排球的兴起

排球运动管理中心的加入，使国内气排球发展的专业性、科学性和规范性程度更高，各地排球协会都积极指导并支持各地市、行业协会开展气排球工作。中国排球协会在其官方网站的大众排球专栏设置了气排球子栏目，全国气排球爱好者可以在上面查到相关赛事通知、赛事系列报道和各地气排球活动开展的新闻，使他们对各地气排球运动开展情况有更加全面的了解，这也标志着气排球运动自此开始走上发展的快车道。

2015年11月26日～30日，在海选、分区赛过后，天翔"超级杯"全国气排球联赛中、青年组总决赛在福建省奥体中心体育馆开战。来自全国的近80支参赛队、800余名选手在3天的比赛中将各自的风采充分展现了出来，球技上有所交流，相互之间的友谊也得到了促进。气排球给予大众健康、快乐、阳光的体育运动生活的目的得以顺利实现。

全国"超级杯"气排球联赛的参与对象非常广泛，不管是什么行业、什么年龄阶段，都可以参加。赛事的连续举办对于气排球运动在各行各业的开展起到了积极促进作用。尤其是大学生组别的设置，这是前所未有的，此举将掀起高校发展气排球运动的风潮。

2016年，"超级杯"分区赛分为四个赛区进行，由各省、自治区、直辖市体育局（含体育总会、排球协会、群体处、社体中心等），各行业体协，解放军，中国香港和澳门分别选派男、女各组别3支球队，在统一划分的赛区参加分区赛。其中，山东烟台赛区的参赛队伍主要有山东、北京、天津、河北、山西、辽宁、黑龙江、宁夏、甘肃、解放军队等，安徽池州赛区的参赛队伍主要有安徽、内蒙古、上海、江苏、浙江、河南、湖北、陕西、煤矿体协、电力体协等队，江西婺源赛区的参赛队伍主要有江西、福建、湖南、广东、深圳、香港、澳门、火车头体协、通信体协、航空体协等队，云南大理赛区的参赛队伍主要有云南、广西、海南、重庆、四川、贵州、西藏、新疆、青海、前卫体协等队。

随着国家体育总局对气排球的认识和重视程度越来越高，中小学气排球运动的发展也逐渐受到重视。国家体育总局排球运动管理中心社会发展部主任孟建指出，相对以往的室内排球来说，气排球对于小学阶段的学生入门学习更加适合。这主要是由于，气排球是一项非常适合初学者学习的体育运动项目，有着较强的趣味性，能使学生在学习过程中的安全性得到保证，从而能使小学生坚持户外体育活动的积极性得到有效提升。2016年5月，江苏徐州铜山区成功举办了小学生"百队、千人气排球"大赛，来自全区的105支小学生气排球队，共1200名学生参加了271场比赛。2016年7月9日～10日，由中国排球协会、中国中学生体育协会排球分会联合主办的"北京凯文学校杯"全国青少年气排球夏令营（北京站邀请赛）在北京凯文学校举行。2016年7月22日，全国青少年"未来之星"阳光体育大会在陕西渭南开幕，气排球被作为大会的常驻展示体验项目介绍给广大青少年。

气排球运动在大中小学广泛传播的同时，老年气排球活动的发展也在持续进行。在已有各类赛事的基础上，2015年浙江磐安又推出了全国"快乐气排球"交流活动。这一活动每年8月在浙江磐安冷水镇举行，吃住均在农家。活动只设老年组，其中又分甲、乙组和夫妻组，甲组为在当地县市比赛中获前三名的队，乙组为当地县市比赛获第三名以后名次或从未参加过比赛的队。

2017年天津第十三届全运会中，气排球运动首次被纳入群众比赛项目，这标志着气排球运动迎来了一个新的发展时期。第十三届全运会群众项目气排球比赛分为男子组与女子组。其中共有9支男队、8支女队参赛。在男子组比赛中，中国女排前主帅俞觉敏率领的浙江队凭借 8 战 7 胜积 15 分 C 值 7.5 的成绩，力压同积 15 分 C 值为 7.0 的福建队，夺得男子组冠军。在女子组比赛中，在主帅张建新的指挥下，福建队 7 场比赛全部以 2 比 0 的比分横扫对手，未丢一局，以 14 分的不败战绩强势夺冠。

气排球进入全运会是对气排球这一项运动的极大肯定，相信伴随着我国全民健身运动的不断推进，气排球这一运动以其良好的健身效果和价值必定会不断发展和壮大。

第二节 气排球的发展现状与趋势

一、不同地区及学校气排球运动的发展现状

（一）北京气排球运动发展

我国最早开展老年人气排球运动的几个地区中就有北京。多年来，火车头老年人体育协会与铁道部机关、铁道科学研究院、铁道建筑总公司和北京铁路局等单位的老同志一直坚持进行气排球活动，并组队参加历届铁路老年气排球赛。

1999 年，参加了中央电视台《夕阳红》栏目，拍摄了气排球教学片。

2006 年 9 月，北京市首届中老年气排球比赛举办。

2013 年 4 月 1 日，北京气排球专项委员会成立。

从 2015 年至今，气排球一直是北京市业余排球联赛重要比赛项目。

2020 年，北京市民气排球比赛成功举办，有 46 支队伍近 500 人参赛。

（二）上海气排球运动发展

上海市气排球活动人群中，包含着一批由原国手和市优秀运动员组成的队伍，这也是其组队后进步很快的一个重要原因。尤其是男子队，在全国比赛中获得两次第一名。

在 2012 年全国总决赛中，男、女队双获第二名。

2012 年 4 月，曾组队参加在中国香港举办的气排球邀请赛。上海市高桥镇陆凌社区是气排球活动开展较为活跃的社区之一。

2011 年，上海市组织了残疾人气排球队，并与太仓市气排球队进行了交流比赛。

2014 年，上海市民体育大联赛气排球公开赛圆满举行。此外，上海市各高校、教工委，以及其他行业气排球赛也不断举办。尤其是 2021 年，上海市业余联赛"新城杯"气排球比赛获得了全社会的高度关注。

（三）浙江气排球运动发展

浙江省在老年人气排球"走向社会"推广方面做得比较好。

2014 年，浙江举办万人气排球活动，参加活动的成员既有老年人，也有中青年人，共有

232个单位约75 000人次参与本次活动。下辖的丽水、东阳、奉化、松阳、海宁、台州、富阳等地气排球运动的开展效果也较为理想，具有参与人口多、场地设施建设较好、活动形式丰富多样的显著特点。其中，丽水市是首届华东区老年人气排球比赛地，也是首届全国老年人气排球比赛的举办地；东阳市是2015年超级杯浙江分区赛的举办地，自1999年引入气排球运动后，已有4万人左右的气排球爱好者，有室外场地1 209片，2010年被命名为浙江省"全国老年气排球之乡"；奉化市现有气排球队400多支，参与活动人数3 000多人；松阳县现有球队130余支，近万人参与活动，场地110多片，2012年被命名为浙江省"全国老年气排球之乡"；海宁市于2009年成立老年气排球协会，现有团体会员27个，参与活动人数超过3 000人，建立球队148支，注册球队62支；台州市牵头组织气排球文化研讨活动、气排球夏令营活动；富阳市组织了沙滩气排球赛。

2013年，浙江省的东阳市、海宁市、松阳县和奉化市被命名为"全国老年气排球之乡"。

2018年，第一届中国气排球公开赛在浙江绍兴举办。

从2010年开始到2021年浙江省举办了中青年锦标赛、公开赛等多种赛事。

（四）福建气排球运动发展

气排球传入福建省的时间是1994年，该省一些地区历来就有打排球的传统，气排球传入后，获得了非常快速的发展。2000年之前，老年人是气排球主要的参与对象。在此之后，由于气排球运动将其显著的娱乐性、健身性、竞技性特点充分发挥出来，这就对大批中青年人群产生吸引力，使他们逐渐加入气排球的行列中。

2009年，每年一届的福建省气排球公开赛开始举办，再加上"体育三下乡"和其他各层次、多样化的政府、民间气排球活动互搭平台，将广大群众参加气排球活动的积极性更加充分地激发出来。

目前，厦门、泉州、莆田、三明、漳州、宁德、福州等地的气排球的开展状况是比较好的。

2010年和2014年，福建省运动会均将气排球代替排球列入正式比赛项目，进一步推动了该省中青年气排球运动的发展。

2015年，福建省气排球公开赛按年龄分设男、女甲、乙、丙组，甲组为50～60周岁，乙组为35～49周岁，丙组为20～35周岁。比赛采用的都是四人制，并且开始接纳省外队伍报名参赛。当前，福建省的气排球运动水平在全国享有盛名：在由中国老体协主办的全国老年气排球比赛中均获得前三名的佳绩；在2015年"超级杯"全国气排球联赛总决赛中，福建7支球队进入男、女中、青年组的四强，大学生男、女专业组的冠军均被福建师范大学收入囊中，男、女公体组的冠军则均是福建农业大学。全国老年人气排球比赛曾先后三次在福建（莆田2次，漳州1次）举办。除了各行业、系统、社区、城际赛事外，福建省还组织了一年一届的海峡两岸姐妹气排球比赛和海峡两岸健身气排球比赛，这对于海峡两岸的气排球发展和交流都是有着积极的促进作用的。

2019年，福建省全民健身运动会甲级联赛和乙级联赛成功举办。

2021年，福建省"桃李春风杯"气排球锦标赛成功举办。

（五）云南气排球运动发展

在气排球运动的开展方面，云南省是最活跃的省份之一。1997年，在滇南开远县就开展了中老年人气排球活动。2003年，云南省高校系统举办了首届气排球比赛，由此，气排球"走向社会"的序幕正式拉开。

2005年5月，云南省实施了开创性的举措，将气排球比赛与大产业旅游相结合，举办了规模空前的全国邀请赛。在云南举办的多届全国气排球邀请赛中，傣、彝、景颇、哈尼等少数民族均积极参与其中，这就将多民族的特色充分凸显了出来。2018年，"云南省第三届少数民族气排球锦标赛"成功举办，有来自全省的16个州的285支队伍参赛，其中少数民族运动员847人。2019年，又举办了"昆明市老年人气排球比赛"，有1000余人参赛。

目前，云南已经进行了科学、系统的规划，希望能够在已有的群众基础上，抓住机遇乘势而上，借助主办、承办、协办等方式，通过积极的宣传工作的开展，将各年龄层次的群众充分动员起来，使他们积极参与到气排球运动中来，逐步建立起各州市、机关单位、行业系统、大专院校加民族、农民、妇女的"4+3"模式，形成纵向自成体系到基层、横向又相互交融的普及与交流的平台，使气排球运动能够在全省范围内得到广泛的开展，使其成为一项覆盖全省、影响广泛、充满活力、健康向上的群众体育精品项目。

（六）广东气排球运动发展

广东省的气排球运动开展状况也非常好，其首先是在广铁集团及深圳铁路局等单位开展起来的，而后逐渐向周边传播。

2003年，深圳市老年人体育协会按照中国老年人体育协会"在全国范围内推广气排球运动"的要求，于2004年由南山区老年人体育协会组成气排球专项小组和男子气排球队。他们在战术指导上采用的是"请进来""走出去"的方式，并编印《老年排球基本知识》，为广大气排球爱好者提供学习的资料。

目前，南山区下属8个街道有男女气排球队62支，经常参加活动的人口超过1500人，拥有场地56片，其中室内场地35片。

2008年11月，在广东河源市龙川县举办了全国第五届老年气排球赛，这对全省气排球运动的发展起到了积极的带动作用。

2011年7月，深圳老年人体育协会气排球专项委员会成立。

2014年11月，举办了海峡两岸气排球邀请赛，参加比赛的球队达到了36支，并且还有来自香港、澳门、台湾、北京等地的球队。

2015年12月，在深圳市南山区文体中心举办了海峡两岸暨港澳气排球联谊赛，参加比赛的有30支球队，其中，有来自香港、澳门、台北地区的6支队伍，有来自全国"超级杯"气排球联赛的男女中年组16支队伍和青年组8支队伍。

2019年，"粤港奥大湾区"暨全国老年人气排球比赛（男子组）在深圳成功举办。

2018—2021年，广东省"恒佳杯"气排球锦标赛连续举办了四届。

第一章 崭露头角：魅力成都见证气排球的兴起

（七）广西气排球运动发展

广西壮族自治区在气排球运动的发展上也是较为理想的，普及程度较高。

1990年，广西铁路系统开始在离退休职工中推广气排球，并且取得了一定的成效，促进了气排球运动的发展。柳州铁路局老年气排球队曾在铁路第四届和第六届老年人气排球比赛中分别夺得男子组和女子组冠军。广西女队也在全国第一届和第四届老年人气排球比赛中分别获得亚军和冠军。

2007年和2010年分别举办了"首届城乡万人气排球大赛"，参加的人数达到了6万人，比赛场数更是达到了800场。

2009年12月25日，在兴宾县举行了广西首届"红水河杯"绣排球比赛。绣球是壮族人的定情信物和吉祥物，"绣排球"是在气排球外装饰了花瓣形的绣球图案。三男三女编队，身穿"壮乡打扮"服饰，比赛独具特色。

广西是我国气排球发展较快的省区之一，目前约有数百万人在从事与气排球运动相关的项目。从2015年开始，广西气排球锦标赛连续多年成功举办。此外，广西各地区、各行业及高校气排球运动也蓬勃发展。

（八）新疆气排球运动发展

新疆维吾尔自治区地处偏远，因此，在气排球的引进上比较晚，但是，其发展速度并不慢，在短短几年里，依托退役老女排队员的示范作用，气排球迅速普及开来，让气排球逐渐走进厂矿、走进乡村、走进学校，成为人们的重要活动形式。同时，新疆维吾尔自治区还将其独特的地域特色优势充分发挥出来，遵循因地制宜的原则开展活动，使草地、雪地、沙地也成为训练场和比赛场。

由于新疆是个多民族聚居省区，新疆维吾尔自治区排协在制订本地气排球规则的时候，所编写的气排球规则不仅有汉语版本的，还有维吾尔语版本的，为广大维吾尔族气排球爱好者学习和研究气排球运动提供了便利。

在2016年"超级杯"云南分区赛中，来自天山脚下的新疆女队突出重围，夺取女子中年组冠军。

（九）其他城市气排球运动发展

除了上述这几个气排球运动发展较为普遍的城市之外，还有一些省市的气排球运动发展态势也很好。比如，四川成都市、山东潍坊市、青岛市、甘肃嘉峪关市、江西宜春市、赣州市、江苏太仓市、宜兴市、安徽阜阳市、湖北黄石市、湖南株洲市、新疆建设兵团等，它们都能够在发展气排球运动上，与本地区、本行业情况相结合，充分展现出了本地区的特色，开展得有声有色，深得群众的喜爱。

二、气排球运动的发展趋势

（一）运动模式由健康娱乐向健康娱乐与健康竞技相结合发展

排球运动本身就是一项为大众所喜爱的运动项目，但是，由于其高度技巧性和器材的特点，让很多人只能远观，而无法参与其中。在这样的情况下，人们渴盼有一种便于大众参与的排球运动问世，于是世界许多国家的人们开始从球的性能、场地大小、球网高低、比赛规则上进行相应的变革，全球性的娱乐排球应运而生。气排球运动的发明创造便是其中之一。

起初，气排球运动的参与者主要为老年人，他们参与这一运动的主要目的是强身健体、娱乐身心，所采用的运动形式主要为无网活动，隔网对抗较少。随着运动的逐步推广，活动者由以老年人为主，逐步向老、中、青、少各年龄段的人群扩散，技战术水平不断进步，参与者的兴趣越来越浓，活动多以比赛形式出现，越来越激烈，精彩程度越来越高。气排球在逐步提升其竞技性特点的同时，也随着参与者年龄、性别等的差异形成了无网气排球、沙滩气排球、妇女气排球、少儿气排球、草地气排球等娱乐排球活动形式。气排球运动的普及、发展与提高，使得气排球运动由健康娱乐向健康娱乐与健康竞技相结合的方向发展。

（二）开展活动的地区由沿海城镇向内地扩展

气排球发源地为西北地区的集宁，当时这一运动项目仅在铁路系统职工中开展，后来逐渐在沿海省区（浙江、福建、广东、广西）发展较快，并逐渐形成规模。

近几年，在华北（北京、河北、内蒙古）、西北（甘肃、新疆、山西、宁夏）、东北（辽宁、吉林）、西南（贵州、四川、云南、广西）、中南（河南、湖北、湖南）、华东（江西、山东、安徽、江苏、上海）等地区蓬勃发展，连接成片，并且在全国范围内进行普及性开展，就近地区经常组织各类赛事。

（三）运动人群由老年向中、青、少年展开

目前，气排球运动的参与人群由最初的只是老年人，逐渐向老、中、青、少不同年龄段转化，参与人群呈现出年轻化的趋势。

相较于老年人，中青年人在活动中的活力更好，于是有些省、市、自治区在举行老年人比赛的同时，也组织中青年人的比赛。如第二届华东地区气排球精英赛、广西万人气排球赛、福建省全民健身运动会均设立了中青年组。在公园排球开展的带动下，气排球也逐步融入该项活动，这也就进一步促进了气排球运动的普及与发展。

（四）运动队由混合组队转向混合组队与行（专）业组队相结合，办赛形式多样化

在气排球运动发展之初，其普及程度比较低，参与的人数数量也比较少，除了铁路系统外，其他来自各行各业的气排球爱好者们只能自己邀约组队参赛，这就形成了当时的混合组队模式。

随着气排球运动的不断推广,气排球的参与人数越来越多,人群也不仅仅局限于老年人了,各个年龄段和各行各业的都有。各机关、系统、单位纷纷开始组织各级各类气排球赛事,以活跃单位人员文体生活。除了各类民间赛事及国家、省、市、县体育局组织的赛事,行(专)业赛事也加入了气排球赛事大家庭。运动队由混合组队变成了混合组队与行(专)业组队相结合。如江西省宜春市的银行系统气排球赛,云南组织的大专院校比赛,福建近年来组织的社区、地税系统、工会系统比赛等。

气排球的办赛形式最初是由政府体育部门主办的,目前,已经开始逐渐向由各基层气排球专项委员会、协会等民间组织联手办赛转变,这就给基层气排球队伍搭建了一个相互学习、交流的平台。

(五)由境内向境外、由国内向国外传播

近年来,在"走出去""请进来"战略的实施和推动下,气球球运动走出国门,在海外产生广泛影响。

例如,地处我国南部沿海地区的云南、福建、广西等边境省区,就开始同越南、老挝等近邻国家开展各种交流活动。其中,较为典型的如云南省男女气排球队访问越南,越南派队回访参加在昆明市举行的"鑫夕阳健康杯"气排球邀请赛;老挝男女气排球队访问云南西双版纳;广西百色市团校举办中越青年学员气排球赛;苏州大学举行外国留学生气排球友谊赛等。

(六)管理形式更加多样化

气排球的管理形式由中国老年人体协独管逐步转向中国老年人体协、国家体育总局社会体育指导中心和国家体育总局排球管理中心、中国大学生体育协会四位一体的管理形式。这种管理形式,对于各级老年气排球专项委员会(或协会、联谊会、小组)得到社区中心和排球协会的帮助、支持是有利的,同时,也能为相关工作的开展提供一定的便利。

除此之外,多样化的管理形式还能够确保气排球会员的义务与权利,促使各级老年气排球组织的建立,如成立全国和各省、市、区、行业等老年人体协气排球专项委员会、气排球协会等。

(七)活动形式更加多样化

气排球运动之前的活动形式主要为比赛,现在已经开始逐步向比赛与文化(书法、摄影、诗歌)、论坛(研究、评论、报告)、旅游(参观、游览、访问)、娱乐(演唱、朗诵、舞蹈)等形式相结合转变,这一转变对于参与者的人文素养的提高是有所助益的。

第三节　全民健身视野下的气排球

一、气排球与全民健身更契合的原因

气排球与全民健身契合度更高的原因是多方面的,大致有以下几点。

(一)球的质地

气排球是由软塑料制成的。在比赛过程中,由于气排球本身的特点,球速不会很快,对参与者造成损伤的概率较小,因此,安全性更高,更适合项目基础差的群众参与。

(二)比赛场地

对于普通意义上的排球运动来说,其往往更重视竞技性特点,这就会导致大多数初学者在身高和弹跳上不具备优势,在应用硬式排球的场地时参与运动时更加困难,因此,以群众的需求为依据来讲,气排球对于广大群众来说是更为适合的。

(三)规则的区别

从个人技术动作方面来说,气排球的技术形式更宽泛、难度更低;并且由于气排球球体的特质,质地更柔软,球速更慢,因此还增加了往返的回合,能够使场上参与者的触球机会大大增加。[1]

二、全民健身视野下社区气排球运动的推广模式的构建

在全民健身视野下,社区气排球运动得到了有效的推广、普及和发展,这与其科学的推广模式不无关系。这里就对社区气排球运动的推广模式及其构建加以分析和阐述。

(一)完善宣传体系,拓宽社区气排球运动主体范围

社区在气排球运动宣传工作方面要进一步加大力度,提升民众与气排球运动接触机会,拓展气排球运动的主体范围,对社区气排球运动的推广与发展起到促进作用。

1.社区在气排球宣传体系上要有所完善

明确气排球宣传内容与形式,可以利用广告、宣传语、定期宣传活动等,提升社区气排球运动宣传力度,确保宣传质量。

---

[1] 吴昊天.气排球运动对中老年人生活的积极影响[J].体育风尚,2020(03):12.

第一章 崭露头角：魅力成都见证气排球的兴起

2. 宣传时间要提前确定好

相关社区要确定好气排球宣传时间，尽量在下午运动时间或者假期进行宣传。气排球运动的宣传范围要尽可能广，从而让广大青、中、老年人等都能够接触到气排球运动相关知识，潜移默化提升民众意识，进而有效保证气排球运动的顺利开展。

3. 社区要做好专业宣传人员的培训工作

相关社区在专业宣传人员方面，可以从外部引入，也可以从内部进行培养，以此来促使气排球运动宣传质量得到有效提升，增强民众对气排球的理解，为气排球推广发挥重要作用。

（二）创新气排球活动形式，鼓励民众积极参与

社区作为一个特殊且普遍存在的群体形式，在引入气排球运动时，可以在活动形式上加以创新，从而充分调动起社区居民参与气排球运动的兴趣和积极性。与此同时，还要采用积极的鼓励政策，使社区居民能够在气排球运动的推广上也做出自身的贡献。

1. 社区可以组织形式多样的气排球活动

社区要做好气排球方面的比赛活动，同时，气排球宣传周、气排球形象大使选拔等活动也要穿插其中，使社区居民对气排球有更加全面的认识与了解，调动起他们的兴趣，以便更加积极地参与到气排球的各项活动中，从而有效推动气排球运动的广泛开展与推广。

2. 社区可以制订并完善相应激励措施

社区也可以采用多种比赛奖励形式，来对参与者进行有效吸引，提升参与者参与比赛的积极性，促进社区气排球运动的推广与发展。

（三）完善社区气排球运动基础设施，推动气排球运动推广与发展

社区在气排球运动基础设施方面要做好完善工作，从而有效保障社区气排球的开展。

1. 完善相应气排球场地与设备

按照社区的实际情况，明确室内或者室外气排球场地的建设，在资金投入允许的条件下，室内气排球场馆建设也是可以进行的。有一点要强调，就是室内场馆能够有效避免外界不良环境的影响，以保证气排球运动质量。

2. 保障气排球运动相关器材完备

社区可以根据实际情况，适当增加气排球运动器材，同时，还要在平时做好气排球运动器材养护工作，从而保障气排球运动推广与发展的顺利进行。

3. 适当聘请专业气排球教练

社区要以实际情况为依据，适当聘请专业气排球教练执教，从而满足参与者的专业性需要，同时可以确保民众气排球运动的规范性，提升社区气排球运动质量，这对于气排球运动的发展与推广是有着积极的推动作用的。[1]

4. 加强社区之间的沟通与交流

相关部门可以为社区交流提供便利,为社区之间就气排球推广工作共同合作、相互交流提供便利,同时,使气排球运动的推广质量得到有效提升。

知识拓展

2017年4月28日下午,海洲街道文教中心内热闹非凡,原来这里在举办海洲社区首届老年气排球比赛。发球、拦网、扣球、得分……比赛场上的老人们个个生龙活虎,激情四射,运动状态丝毫不亚于年轻人。

参加此次气排球交流赛的共有五支队伍:他们分别是海洲社区代表队、新庄社区代表队、双凤村代表队、柏士村代表队和先锋村代表队。比赛采用三局二胜、每球得分制,在球场上运动员们挥洒汗水,誓与对手一决高下。通过一场场循环比赛,最后海洲社区代表队和先锋村代表队进入决赛。为争夺冠军,他们之间展开了激烈的对抗。最终,海洲社区代表队以2比1赢得比赛。气排球比赛带来的快乐,让队员们赢了的兴奋,输了的也开心。本次活动以健身运动为支点,助推全国文明城市创建工作,不仅让大家享受到体育运动所带来的快乐,而且对更好地宣传全民健身的理念,营造浓厚的全民健身氛围有着积极的意义。

三、全民健身视野下气排球运动在高校的推广与发展

作为一项新兴的运动项目,将气排球引入学校中,是其未来发展的一个重要方向。这里就气排球在高校中进行推广的重要意义展开分析。

(一)气排球运动为全民健身战略实施提供助推力

气排球运动在高校的推广,对于群众性体育的普及和全民健身运动的发展都会产生积极的推动作用。

国务院办公厅在2019年印发的《体育强国建设纲要》中明确指出:要使全民健身国家战略得到有效落实,全民健身活动的开展要广泛进行,群众喜闻乐见的运动项目的发展也要积极进行。气排球本身作为一项新型的排球运动,其不仅具有轻便性的显著特点,还具有健身性、参与性、趣味性。其在具有传统排球运动普遍特点的同时,也与终身体育、全民健身的指导思想相适应,技术内涵丰富,健身价值显著,正因为如此,其深受广大人民群众的喜爱。

在社会人才的培养方面,高校作为重要的基地,有着不可推卸的重要职责。可以说,高校在全面的体育教育资源、专业的体育师资队伍、系统的体育知识架构、浓厚的体育文化氛

---

[1] 张丹.社区气排球运动开展现状调查与推广模式的构建[J].体育风尚,2020(08):118+120.

围方面所拥有的优势是其他资源所无法比拟的。学校体育教学与社会群众性体育运动嫁接,能够对社会群众性体育运动的普及和开展起到积极的带动作用,这对于全民健身的广泛开展也有着积极的推动作用。

(二)气排球运动对高校体育文化建设的推动

气排球运动在高校中的广泛开展与推广,对于高校体育文化建设的多元化发展会产生积极的推动作用。体育发展是在众多载体的基础上实现的,而其中之一就是高校体育文化。同时,高校体育文化还是培育人的身体与思想的价值体系和塑造人的全面发展的一种有效教育资源。全民健身战略目标的实现以及全民健身活动的广泛开展,都需要高校体育文化的参与。

当今社会,体育文化有着显著的多元化、多样性特点,传统项目演化与派生出的新兴运动项目层出不穷。[1]从某种意义上来说,气排球运动的诞生与发展能够有效反映出大众体育文化在这方面的选择。

从高校体育精神文化的视角上来看,将气排球运动引入高校体育教育中来具有非常重要的社会意义,这主要体现在以下几个方面。

第一,有助于学生进一步拓宽对气排球运动的认识。同时,也有助于培养学生对气排球运动的兴趣。

第二,有助于体育课内、外气排球活动参与度的提升,还能有效促进学生运动能力与体育素养的全面提升。

第三,能使课外体育锻炼与校园体育竞赛形式得到有效的丰富和充实。通过积极的引导,可以使学生有效树立正确的体育价值观,同时,对学生形成良好的体育生活方式也是有所助益的。

(三)气排球运动对学生身心健康全面发展的积极促进

在高校中大力推广气排球运动,对于学生的全面发展会起到积极的促进作用,这在身体健康、心理健康、社会适应能力等方面都有充分体现。

现代社会的快节奏、超负荷的学习、生活压力导致亚健康基数急剧增加,当代学生对体育与健康的关注,逐渐趋于现实性。从某种程度上来看,新时代学生对身心健康的重视程度越来越高,并且这已经成为他们参与体育活动的核心价值需求。

气排球运动本身是一个以有氧运动为主的运动项目,其有着适中的运动强度。通过技战术的运用,能使学生的运动能力得到有效增强,学生的综合身体素质也得到显著提高。对于学生来说,气排球比赛的竞技性与参与性能使他们的心理素质得到有效提升,运动意识也会得到强化。如果能够长期坚持参与到气排球运动中,那么参与学生的心理健康水平会得到持续提高,精神压力的缓解会更加显著,各种焦虑、不安等消极情绪也会有所释放和改善。

---

[1] 张蕾,张罗罗.全民健身战略中气排球运动在高校推广的价值研究[J].体育科技,2020,41(01):141-142.

第四节　成都与气排球的兴起及发展

　　成都市的气排球运动，最初是从机关单位开始兴起并逐渐发展普及开来的。作为有着广泛排球群众基础的成都市，大约在 2000 年，当时市政府机关、成都铁路局，以及一些事业单位开始在工间操时间发起了最初的气排球活动，即围成圈，用传球和垫球的技术动作以不让球落地的方式来进行活动。球则是用气球来代替。由于既活动了身体，运动量又不太大，尤其是不会对参与者造成运动创伤，趣味娱乐性较强，故参与者日渐增多。

　　后来，参与者不满足于这较为单一的模式，便利用有限的空间，拉起一根有一定高度的绳子，然后分成两队，进行对抗性的比赛，并仿效排球比赛的方式，必须三次之内将球击向对方。同时，在技术动作上也引入了扣球与拦网，于是逐渐形成了最初的运动模式。由于其运动形式是由排球运动衍生而来，用球为软塑料制气球，故得名"气排球"这一称谓。从 2004 年成都市在全国首创举办了首届小学生气排球比赛起，经过多年一系列的实践和不断改进、完善，尤其是通过向已经形成了正规气排球运动模式的全国铁路体协学习，在 2008 年，成都市的气排球运动终于走上了正轨，并由此开始了快速的发展。

　　正是由于气排球运动有着趣味娱乐性强、运动量不大，尤其是不会对参与者造成运动创伤等特性，所以特别适合中小学生参与，也适于在喜爱运动的中老年人群中开展。成都市排协敏锐地抓住这一机遇，把它作为在中小学校园进一步推广普及排球运动的契机，于是安排专人具体负责气排球的推广工作，并及时组织有关人员将其技术动作、训练要领、比赛规则等进行了全面的规范，制作成光盘来配合培训工作的需要，面向全市各企事业单位，特别是中小学校进行气排球运动的推广。

　　从 2008 年开始，成都市排协派出专业人员，在成都市全方位地开展了气排球的培训推广活动。其中的培训对象，既有锦江、青羊、金牛、武侯、成华和高新区六城区各个中小学的体育老师，也有成都市总工会下属的各企事业工会分管体育的工作人员，还有银行、保险公司等金融系统的人员等。然后，从中心城区逐步向周边区市县辐射，面向数量更多的中小学教师传授气排球的相关理论与技能。各区（市）县参加培训的人员达数百人之多，学习热情非常高涨。顺应着气排球运动发展的需要，在 2008 年 3 月 30 日，在上级领导机关的大力支持下，在踊跃参加气排球活动的各单位的积极参与下，市排球协会隆重举行了 2008 年迎奥运全民健身成都市排球年活动的启动仪式。市教育局、体育局的领导出席了启动仪式，并发表了热情洋溢的讲话，鼓励大家在"运动成都"的活动中，进一步将气排球运动持续开展下去，攀登上新的高峰，取得更大的成绩。在启动仪式上，参会领导还向参会各单位赠送了气排球，这标志着成都市的气排球运动正式进入了有序发展的时期。

　　此后，这种简而易行，既有健身又有娱乐性的运动形式，很快就受到了参与人员的喜爱。尤其是在中小学校，更是受到广大师生员工的热烈追捧。不少学校甚至是人手一球。每到课间和体育锻炼时间，操场及空余地方，全都是打气排球的人员。五颜六色的气排球上下飞舞，景象蔚为壮观。

第一章　崭露头角：魅力成都见证气排球的兴起

同样的，气排球这一运动项目也得到了社会各界人士的肯定。不少的机关单位，打气排球成为工作人员最喜爱的消除疲劳、锻炼身体的方式。大量的退休老同志，也出于健身和娱乐的需要，踊跃参与，如温江、双流、龙泉驿、青羊、金牛等区县，都先后组织成立了若干个老龄气排球队。

在群众性气排球运动轰轰烈烈开展的基础上，气排球运动的竞赛工作也顺理成章地提到了议事日程上。

社会上的竞赛活动，先是由各单位、各系统或各区市县根据自身的实际情况安排组织，成都市排协在指导其开展竞赛活动的同时，更是在器材和裁判人员方面给予支持和协助。

成都市排协主要负责组织中小学校气排球的竞赛工作。最初，参赛的队伍还不太多。当2004年举办第一届小学生气排球比赛时，参赛的队伍仅仅只有6支。但随着参与气排球运动的学校越来越多，参加的人数也随之大幅度增加。再加上市体育局、市教育局对气排球活动开展的重视，将学校开展气排球活动的情况及参加全市中小学生气排球比赛的成绩纳入年终对学校工作评议考查的内容之中，于是，各学校的参赛热情极为高涨，组队参赛的队伍越来越多，数量直线飙升。到2019年举办第十六届全市小学生气排球比赛时，报名参赛的队伍竟多达300余支，运动员多达3 000余人。有的学校在同一组别中就同时有4支队伍报名参赛。每次比赛时，20多块场地依序一字排开，场上奋力拼搏，场下加油之声不绝于耳，整个场面十分壮观。

学校的气排球比赛方兴未艾，社会上的气排球竞赛活动也毫不逊色。人们打破了单位、行业或地域的限制，自行组织各式各样的气排球比赛活动，友谊赛、邀请赛、杯赛等，或走出去，或请进来，提高了彼此的水平，加深了相互的了解，对于构建和谐社会起到了很好的促进作用。

任何一种体育活动要想保持其活力，就必须要不断地注入新的内容。成都市排协对气排球活动形式进行了创新性拓展，使气排球活动形式更加丰富多彩。

由于气排球比赛每队只能有四至五人上场，这就使得众多的参与者只能作壁上观，这在一定程度上影响到参与者的活动积极性。此外，人们内心深处潜意识的喜新厌旧的心理活动，也在一定程度上影响到参与气排球运动的热情。如何解决这些问题？市排协的相关人员通过深入细致的调查研究，尝试着在学校的课间操上做文章。因为，一是课间操校校皆有，天天都做。二是参与的人员可多可少，人人都可以参与其中。三是所做操的内容形式可以随时调整变换，八仙过海，各显神通，既不会彼此雷同，更可以不断推陈出新。于是，成都市排协首先在三圣小学、机投小学、马家河小学、荷花池小学、天府新区兴隆小学等单位先行试点，将气排球的基本动作、裁判手势和课间操相结合，同时用气排球作器械，并辅以相应的音乐，编排出了最初的气排球操，并在实践中不断加以改进，最终形成了既有着鲜明的气排球运动特征，又有着体育运动效果的气排球操。气排球操一经推广，很快就受到了众多好评，不少学校立马跟进，甚至青出于蓝而胜于蓝。

成都市排协因势利导，在2012年将气排球操从学校推向了社会，组织了全市小学生气排球操的比赛，并且将比赛地点选择在人流量较大的地方，如金牛万达广场、SM广场、市文化宫广场、奥克斯广场等。精彩的表演吸引了大量的行人驻足观看，无形中让更多的人知晓和了解了气排球运动，并投身其中。

一项运动的开展，教练员和裁判员是两个不可或缺的重要因素。他们能力的高下、表现的好坏，直接关涉和影响到气排球运动发展的快慢好坏。正因为如此，成都市排协举办了近10次气排球教练员培训班，邀请高水平的气排球教练员对各中小学的体育教师从理论到实际操作，进行严格的培训，努力提高他们的技术素养和临场指挥水平。同时，市排协也非常重视对裁判员的培养。由于参赛队伍多，每次比赛的场地相应就多，因而所需要的裁判员数量很大。起初，主要是由动员成都体育学院排球专业的学生，以及其他大学体育学院排球专业的学生担任执哨的工作。虽然他们都学习过排球，但对气排球这一新生事物还缺乏深入的认识。所以，每次赛前，市排协都会对他们进行严格的培训，并在赛后有针对性地进行点评。同时，在比赛过程中仔细观察，对其中的好苗子，注意重点培养。经过多年的努力，成都市已经拥有一支思想过硬、业务水平较高，能公正、准确执法，能吃苦耐劳的裁判队伍。

发展至今，成都市气排球运动在上级机关单位的领导下，在各行各业广大爱好者的共同努力下，有着光明的发展前景。尤其是在全民健身运动日益发展的今天，气排球运动作为一项重要的具有良好健身价值的项目，受到广大健身爱好者的青睐。相信参与气排球运动的人必将越来越多。

第二章 方兴未艾：气排球走进大众体育

本章导航

伴随着我国全民健身运动的广泛开展，气排球作为一项重要的运动健身项目受到广大健身爱好者的青睐。气排球运动在大众体育中获得了极为迅速的发展，企事业单位、社区居民等都自发组织开展各种气排球比赛活动，创造了一个良好的气排球运动环境。此外，气排球运动也吸引了越来越多的青少年参与，在青少年群体中有着广阔的发展前景。本章主要阐述气排球运动在群众体育以及青少年中的推广与发展情况，同时阐述了企事业单位气排球运动的开展状况。

第一节 气排球运动在群众体育中的推广

在当今体育事业快速发展的背景下，可供人们选择的体育锻炼项目非常之多，如趣味性和娱乐性较强的球类运动、修身效果较好的健美操等。通过参加这些运动项目的锻炼，往往能取得理想的健身效果，还能极大地丰富人民群众的精神文化生活。在众多的体育运动项目中，气排球运动以其运动量适中、运动强度不大、适宜人群广泛的特点深受广大健身者的青睐，成为群众体育的重要项目。

一、群众体育概述

（一）群众体育的含义

群众体育是指普通群众以自愿的形式参加的以强身、健体、娱乐、社交等为目的的体育活动。伴随着时代的不断发展，群众体育的内涵也越来越丰富。

群众体育的对象可以说是整个社会成员，整个社会成员都可以利用节假日或业余时间参加各种各样的体育活动，以增强体质，丰富业余文化生活。一般来说，群众体育的定义主要有以下四层含义：

（1）整个社会全体成员都是体育活动的参与者。
（2）各种体育活动一般是在业余时间进行的。

气排球 >> 21

（3）参加体育活动的主要目的在于健身、娱乐或社交。

（4）体育活动的形式多种多样，内容也非常丰富。

（二）群众体育的产生背景

伴随着时代的发展，人们对群众体育的认识也日益加深，对其所能给人们带来的价值有了更多的认同感。这使得群众体育成为社会的一个发展趋势和潮流。

群众体育的基本理念首先由顾拜旦于1919年1月提出，他提出的概念为"一切体育为大众"。众所周知，顾拜旦是国际奥林匹克运动的推动者和倡导者。但同时，他也关注着大众体育的发展。

20世纪70年代后，各资本主义国家逐步进入了稳定的经济发展时期，生产力水平提升，使得人们的劳动时间减少，强度有了大幅度下降，这为他们参加休闲体育活动带来了必要条件。作为一种提升人们生活质量的活动，群众体育理所应当地受到人们的重视，开始了前期的推广与发展。

20世纪80年代，群众体育的宣传、推广与普及工作更加频繁，同时取得了良好的效果。国际奥委会作为世界最负有盛名的体育组织，于1985年设立了"大众体育委员会"。该委员会专门负责组织、协调、开展大众体育事务，并于1986年在德国召开了第1届"世界大众体育大会"。1989年的第11届世界健康大会的调查表明，当时世界上已经有89个国家提出了与大众体育相关的目标。1990年世界大众体育健康与营养大会的调查结果显示，世界上发展大众体育的国家已接近100个。1994年，世界卫生组织开始与国际奥委会一起资助和组织"国际大众体育联合会"。1996年起，联合国教科文组织、国际体育联合会总会也加入致力于提倡大众体育的行列中。大众体育在国外的发展可以说是一种体育运动发展的量变过程，是一种重要的全民体育积累的过程。其在今天仍旧处于高度发展之中，不断实现着其对大众和社会发展所应有体育价值，是对体育事业和社会发展的一种积极的体育运动形式。发展到现在，世界上大多数发达国家都制订了群众体育的发展规划。群众体育的发展能在一定程度上为竞技体育的发展营造良好的体育氛围，创造良好的人才基础。

进入21世纪后，群众体育的内涵越来越丰富，甚至成为一种新潮时尚的事物，其在世界范围内的发展也越来越普及，受到全世界各国人民的瞩目。

群众体育可以说是伴随着时代的发展而不断发展的，它从最初理念的建立，再到不断的发展，直至今天逐步走向成熟，甚至未来的可持续发展，已经成为国际体育的发展潮流。人们在参加体育锻炼的过程中，能获得良好的身心体验，形成良好的群众体育文化氛围，这无论是对于竞技体育还是整个体育事业的发展都具有重要的意义和作用。

（三）群众体育的基本特征

1. 全民性特征

群众体育的服务对象是所有的社会民众，这就使其具有了全民性的基本特征。这一基本特征赋予了每个人参与体育运动的平等权利，如此可以让全体国民享受体育所带来的诸多价值。群众体育的这种全民性特征还体现出了一种社会性,这一社会性主要是指任何人都有参与体育运动的权利,同时要遵守既定的规则,受到各种社会道德的约束。

2. 健身性特征

可以说,任何体育项目都具有一定的健身性特征。群众体育的健身性特征主要是指人们通过参加群众体育中的各类活动,从而获得理想的健身健心的效果。健身性是群众体育最为基础的一项特征,正因如此,群众体育才受到广大人民群众的青睐。发展到现在,人们的健康观念和健身意识已经成为社会主导意识,在良好的局面下,群众体育运动的健身性特点更加突出,充分满足了人们参加体育活动的需要。

3. 娱乐性特征

绝大多数体育项目通常都具有良好的娱乐性。群众体育的娱乐性在于人们通过参与活动能够感受到放松心情、舒缓情绪和振奋精神的心理状态。可以说,群众体育的健身性和娱乐性是紧密相连的。通过参加各种各样的体育活动,人们不仅获得了身体素质的发展,心理上也能得到放松和欢愉。

4. 公益性特征

群众体育还具有显著的公益性特征,这也是群众体育的根本性特征。但是,在社会主义市场经济发展的背景下,群众体育事业的发展并不能仅仅只依靠政府部门去发展,而是需要政府、社会、群众等相互之间密切配合,各自扮演不同的角色,共同推动群众体育的发展。在平时的一些群众体育活动中,人们需要支付一定的费用才能参加,但这也仅仅只能算作获得更好活动体验的行为,并没有彻底改变群众体育公益性特征的本质。

5. 文化性特征

体育运动本身也属于一种文化现象,呈现出重要的文化特征。调查研究表明,体育运动最初是由一种游戏或祭祀仪式演变而来的,在此后的长期发展和演变中逐渐形成了附着在体育运动之上的体育文化。实际上,以社会文化行为出现的大众健身运动似一股巨大的文化潮流进入人们的生活,成为如今人们的一种社会需求。

群众体育中有很多项目都具有丰富而深刻的文化内涵,有着深厚的历史积淀,运动者参与其中能获得愉悦的心理享受。

(四)群众体育的功能

群众体育的功能集中表现在健身功能与社会功能两个方面。

1. 健身功能

以往人们对健康的认识不够全面,仅仅认为健康就是没有疾病,这种认识和观点是非常不正确的。现代健康观的观点认为一个人如果只是没有疾病并不能被看作完全的健康,真正的健康是除了身体健康外,还包括心理健康、道德健康以及良好的社会适应力等方面健康的发展。群众体育运动之所以受到人们的青睐就在于其根本的健身功能。通过参加各种各样的群众体育活动,人们能获得生理、心理、道德和社会适应力等全方面的健康,从而实现健康发展的目标。

(1)增进人体健康

增进健康是群众体育一个最为基础的也是最为重要的一个功能,这一功能受到人们的广泛关注。具体而言,人们通过参加各种形式的体育运动可以锻炼人体运动系统功能,使肌肉力量更大,骨骼更为结实,关节更加灵活;对循环系统功能来说可使人的心脏保持在良好状态中,血管更加富有弹性;对神经系统功能来说能够改善神经过程的均衡性和灵活性;对呼吸系统来说可以增加肺活量和保持良好的气管、支气管状态。除此之外,经常参加体育运动锻炼,还能有效提高人体的心肺耐受力、柔韧性、肌肉耐力、灵敏性、平衡性等,从而实现身体素质发展的目的,这能为人们更加快速顺利地适应社会奠定良好的基础。

(2)缓解精神压力

伴随着时代的发展,社会竞争也越来越激烈,在这样的背景下,人们面临着巨大的学习、工作等方面的压力,再加上当今社会环境污染、食品卫生等不利因素,人们患上了不同程度的心理疾病,然后再由心理疾病诱发身体疾病。体育运动是一项被证明可以有效缓解精神压力的方式,其多样性、丰富性和趣味性既能很大程度地调动运动者参与的积极性,也会让人短暂转移心情、缓解心理压力,尽情享受运动的快乐。另外,体育运动还给人们提供了人际交往的时间和空间,使大家可以与其他有着共同运动兴趣的人接触和交流。这都能给人带来精神层面的享受,对于缓解人的心理压力和排解不良情绪是十分有利的。

(3)提高适应能力

体育健身对人的适应能力的提升有着显著的作用。这里所说的人的适应能力是指人在受到外界环境影响后,并在中枢神经系统支配下不断调节有机体使之处于正常的、稳定的机能活动状态。长期保持运动健身,其过程实际上就是一种对新的环境重新适应的过程。得到适应性锻炼的人自然相较其他人更容易在中枢神经支配下承受外界刺激以及妥善协调好各组织系统之间的关系。举个例子来说,对于感冒病症,不经常参加运动的人容易感冒,而经常参加运动锻炼的人则不容易患上感冒,这已是被大量的实践证明了的事实。群众体育的内容非常丰富,人们可以根据自己的兴趣和爱好选择适合自己的运动项目,在增强自身身体素质的同时提高社会适应力。

(4)医疗保健功能

从某种程度上来说,健身具有医疗保健的功能。如果是遵循根据自身实际情况所开具的运动处方进行活动就更能得到理想的医疗保健效果,从而提高对疾病的抵抗能力。在良好体质基础上,即便遇到疾病或受伤的情况,身体的恢复速度也会较常人更快。此外,运动的医疗保健功能更能给一些病人、残疾人和老年人群体带来效果,这是他们延缓衰老和保持身体部分系统功能正常运转的重要方式。不过,需要医生或运动康复人员开具符合自身实际需求的运动处方,保证运动时间、运动强度等科学合理,如此才能在预防损伤的基础上达到医疗保健的目的。

第二章 方兴未艾：气排球走进大众体育

2. 社会功能

（1）为群众体育构建一个新的发展平台

20世纪90年代，我国颁布了《全民健身计划纲要》。这一计划正式拉开了我国发展全民健身运动的序幕。在此之后，一系列与全民健身有关的文件出台，各种健身活动大量涌现出来，得到了广大人民群众的响应。由此可见，社会各界对全民健身非常重视和期待，并将群众体育视为改善我国人民生活质量的重要途径，其在当下和未来的发展前景可以说是非常乐观的。在现代社会背景下，人们对诸多事物的理念早已发生了深刻的变化。人们在生活相对富足和余暇时间大大增加的条件下，有了更多的时间来思考应该以何种状态生活、提高生活的质量，以及如何实现全面小康社会理论中对人们提出的关于体质和精神方面的要求。

伴随着现代社会的不断发展，体育活动的内容和形式呈现出多元化的发展趋势。除了社会性的群众体育外，还有竞技体育和学校体育等多种形式。与竞技体育和学校体育相比，群众体育更加注重人们体质水平的发展和提高，特别是对最大限度地发挥人的主观能动性和自我塑造能力，以此实现改善人的身体和精神状态的目的，这正是群众体育存在和受到人们青睐的重要原因。群众体育在社会发展进程中的作用也是不容忽视的，其意义就在于能够对这种被社会发展和群众体育计划呼唤出来的创新体育予以总结，并将其纳入新的群众体育计划中。这无疑是为在新时代推行的群众体育计划构建一个崭新的平台，能为人们参加体育活动锻炼奠定良好的基础。

（2）对社会道德的规范作用

群众体育具有重要的健身和健心功能，除了这两种功能外，其还具有培养人的意志和品德的作用。体育运动在某种意义上规范着人的行为，这得益于几乎每种体育项目对参与者都有规则上的约束。人们参加体育运动，就自然要遵循运动规则，以此完成在运动中的各种行为，这会使人形成新的思想意识和道德观念。体育道德自律于人的内心，它是以对个人施加规范性的影响而引导人们做出正确的道德判断和自我调节。长此以往，这种意识不仅能规范运动者在运动中的行为，也有助于他们时刻规范自己在社会中的行为，促进社会的和谐发展。

体育不仅仅是一种单纯的身体活动，它还衍生出一套自身的文化体系，这也是对人类文化和文明的一种丰富，特别是在人的精神文化方面上的作用越发值得关注。

总之，经常参加群众体育运动锻炼的人，除了身体素质获得发展外，还能有效提升自身的道德水平和整体素质，这对于我国社会主义现代化建设以及和谐社会的构建具有重要的意义。

（3）引导正确的大众价值观

价值观是人们对价值问题的根本看法，而导致价值观多样化的原因就在于人们不同的经历和所处的环境。在不同价值观的引导下，人们便形成了不同的价值取向，追求着各自认为最有价值的东西。对于群众体育来说，不同的人在不同价值观的影响下会对其有不同的看法，如对其价值和意义的判断。但实际上，群众体育也能在一定程度上引导人们的价值观，推动着人们的发展。

引领大众体育的时尚运动 >>> 气排球

群众体育对于社会大众价值观的引导主要体现在以下几个方面：

①由于体育活动存在着一定的规则，因此参与体育活动的人通常都具有一定的规则意识，非常注重人与人之间的平等。参与群众体育中的人不分民族、不分男女老幼，凡是参与的人都要遵守运动的规则，都有参与群众体育的权利。群众体育活动构成了相对平等的、使人乐于接受的模式。因此，群众体育活动是最能体现人人平等追求的活动形态，能让人们感受到公平和平等，这会对其未来的发展产生非常重要的影响。

②经常参加体育活动，还能促使参与者变得诚实有爱，能有效培养人们诚信友爱的精神和信念。例如，在身体对抗性较强的足球运动中，出现碰撞倒地是非常常见的，如果只是在合理的拼抢动作范围内，则不必太过在意，双方表示歉意和友好后就可以继续恢复比赛，这是人们诚实有爱品格的良好表现。在体育活动中的双方都是热衷运动的参与者，有着同样的获得运动效益的期待，但同时要做到尊重对手、尊重裁判，坚持公平公正的比赛，体育运动对人们这一方面意识的培养具有非常重要的作用。

③经常参加体育运动锻炼，还能极大地丰富人们的情感体验。群众体育为人们提供了难得的以体育为主要形态的沟通交流场所，这也是人们试图通过体育运动来展现个人情感和活力的平台。人们在参与体育运动锻炼的过程中，可以品尝胜利后的喜悦，也会遭遇失败后的沮丧，更能追求内心的自我超越，这些丰富的情感体验对社会情感的调节具有非常重要的意义和作用。

（4）促进国民经济的发展

促进社会生产力提高的重要因素是人力资源。可以说，人的综合素质是生产力的核心，因此一定要非常重视人才的培养。

人所具备的素质是多样化的，健康素质则是其中重要的基础，是承载其他素质的重要载体。一个人只有具备良好的健康素质，才谈得上学习知识和将所学用于实践。因此，世界各国都格外重视体育对于劳动者身体素质的提升作用，期待劳动者能有健康的身体和足够的精神来从事生产活动。为此，我国也应注重提高包括健康素质在内的国民整体素质，这对于我国社会主义现代化的建设与发展具有深远的影响和意义。

伴随着时代的不断发展，群众体育逐渐呈现出系统化、市场化的发展趋向，众多体育服务机构也逐渐成立起来。一方面这可以向社会提供更多的就业机会，另一方面其也逐渐成为第三产业中新的经济增长点，这对于我国经济发展具有重要的推动作用。

在现代体育事业日益发展的背景下，群众体育的内涵也越来越丰富和深刻，并逐渐渗透进人们生活的方方面面。更重要的是，它较好地诠释了人与社会和谐发展的理念，在提升人们自身素质的同时还能适应社会发展的需要，最终实现人与社会的和谐发展。这就是群众体育的重要价值和意义。

知识拓展

2016年8月19日至20日，全国卫生与健康大会上，习近平指出"人们常把健康比作1，事业、家庭、名誉、财富等就是1后面的0，人生圆满全系于1的稳固"。

2016年10月25日，中共中央、国务院发布《"健康中国2030"规划纲要》，提出，"发

第二章 方兴未艾：气排球走进大众体育

展群众体育产业,促进全民健身与全民健康的深度融合"。

2017年10月18日,习近平总书记在十九大报告中明确提出,新时代,要坚决贯彻和实施"健康中国战略",要大力发展全民健身,促进人民健康发展。

当前,人民群众的体育参与热情高涨,全民健身理念深入人心。

二、在群众体育中推广气排球的意义

气排球属于一项新兴的运动项目,其是在室内排球的基础上演化而来的,发展气排球运动对于丰富人民群众的运动健身体系,促进人们体质的增强具有非常重要的意义。

（一）为引导学校体育教学改革奠定必要的基础

为推进我国"体育强国"战略的实施,学校作为重要的人才培养和输出阵地,承担着非常重要的任务。气排球运动具有良好的健身价值和娱乐特性,同时兼具技术性和教育性,使得其本身具有较大的推广价值。在学校中推广气排球运动具有重要的意义。

气排球运动推广的价值具体体现在以下几个方面：

第一,气排球的规则与室内排球比较相似,对于运动场地与排球网的要求并不高,因此入门门槛相对较低,适合绝大多数人参与。

第二,气排球的运动量和运动难度都较为适中,并不需要参与者具备多么高超的运动水平,没有较高的技术要求。学生可以更加自由地参与到气排球运动中来。

第三,气排球运动还具有一定的教育性特点,蕴含着浓厚的教育价值,符合现代学校教育的要求。

气排球运动的运动量并不大,运动强度也不高,适合在学校中开展。在一个相对宽松的氛围中参加这一项运动,学生能极大地提升自己的锻炼水平。虽然,排球进入学校体育课堂的时间比较早,属于重要的体育课程,占据着相当重要的地位,但是受排球运动技术特点等因素的影响,传统的排球运动教学并没有取得理想的效果。气排球作为排球运动的演化形式,由于安全系数高、好学易懂等特点受到广大学生的喜爱。将气排球运动引入到学校中,能有效提高学生的身体素质,提高学生的运动技能,培养学生的团队意识和集体主义精神。气排球运动的这些特点与价值非常符合学校体育教育的理念,因此值得在校园中大力推广与发展。另外,推广气排球运动更能有效地推进学校体育教育改革,培养高素质的体育运动人才。

（二）为践行全民健身战略提供新的思路

相对于室内排球运动,气排球运动对球体质量和硬度要求都比较低,可以说入门门槛是比较低的,不同年龄、不同体质水平和运动基础的人都可以很好地参与其中。正是因为这一特点,气排球运动才有着良好的群众基础。气排球运动的推广与发展对于我国国民素质的提高与发展具有重要的意义和作用。

一方面,气排球属于一项团体项目,参与者在参加气排球运动的过程中,不仅能增强自

身的身体素质,而且还能改善自己不良的心理情绪,这与现代教育理念中的快乐体育有异曲同工之妙。[①]在这样的情况下,运动者的生活压力能得到很大程度的缓解,从而获得身心健康发展。

另一方面,气排球运动属于一项有氧与无氧结合的运动,大部分属于有氧运动,通过参加这一项运动,运动者的手、足、视力和听力等都能得到很好的锻炼,这对于挖掘人体运动潜力、锻炼器官系统功能与提高身体机能都具有非常重要的作用。

与室内排球运动相比,气排球运动技术明显对人的要求较低,在比赛中,竞争与对抗还是十分激烈,只是没有身体接触。通过参加这一运动,运动者能得到很好的锻炼,在运动中也不会发生一些大的运动损伤,因此气排球运动的安全系数非常高,适合广大的人民群众参与。

(三)为体育文化和精神文明建设打造新的平台

"体育强国"是我国的一个长远战略或目标,要想实现这一目标,除了加强体育事业的硬件建设外,还要注重软件方面的建设,如加强精神文明建设、营造良好的体育文化氛围等。作为体育文化的重要内容,气排球运动的发展也扮演着十分重要的角色。气排球运动的发展能为体育文化以及我国精神文明建设打造良好的平台,这主要体现在以下两个方面。

1. 气排球运动推广有利于体育文化的建设和发展

体育文化的建设属于精神文明建设的重要内容,要做好这方面的工作,首先就要具备良好的团队意识、合作能力。因为气排球属于一项团体性运动,通过参加各种形式的气排球活动,参与者能很好地培养和提高自己的合作意识、协调能力等,增强彼此间的感情和亲密度,在彼此间的团结合作中推动气排球运动文化的进一步发展,这对于体育文化的建设与发展具有重要的意义和作用。

2. 气排球运动的推广有助于社会主义精神文明建设

相信伴随着全民健身运动及气排球运动的发展,人们能更加深刻地认识到气排球运动的价值,热爱健身运动的人会更加广泛地参与到气排球运动中来。这对于活跃运动气氛、丰富人们的业余文化生活具有重要的作用和意义。随着体育运动的不断发展,各种类型的气排球比赛也会逐渐增多,通过参加气排球比赛,人们能增进彼此间的联系与交往,推动社会主义精神文明建设。可以说,气排球运动自身具有健身价值、健心价值和促进人的社会适应能力发展的特点,为社会主义精神文明建设提供了有利的条件。因此,气排球运动理应得到推广与发展。

[①] 李若果,党云辉."振兴三大球"背景下推广气排球的重要意义[J].体育科技文献通报,2020,28(03):99+102.

三、气排球运动在群众体育中推广的态势

党的十九大报告中指出,通过多年来的发展,我国的社会主义现代化建设取得了历史性的成就,人民的生活水平有了很大的改善。伴随着人民生活水平的提高,群众体育也获得了不错的发展。但需要注意的是,尽管兴起于我国民间的气排球运动由于其自身的特点和作用深受广大群众尤其是中老年人的喜爱,有着很好的发展前景,但是由于地区差异和经济政策等多种因素,一些地区的气排球在群众体育中的普及和发展不是很好,遇到了一些阻碍,这需要今后大力发展与改善。

四、气排球运动在群众体育中推广与发展应坚持的原则

(一)以人为本原则

在新的时代背景下,宣传与推广气排球运动要坚持"以人为本"的基本理念。这一理念非常符合现代社会的发展要求与规律,并且已经渗透在社会诸多领域中。对个人而言,个体顺利发展的基础是健康,而参加体育运动则是保证这种健康一直存在的良好方式。气排球运动能满足人们对维持健康的重要需求,因此在宣传与推广气排球时,要将"以人为本"的基本理念融入其中,并始终秉承这一宗旨开展气排球的各种宣传与推广活动,这样才能取得理想的推广效果。

(二)兴趣主导原则

参加气排球运动并不是一种被动的行为,而是一种从主观思想上乐于参与的活动。因此,气排球工作人员在宣传与推广气排球运动的过程中要严格遵循兴趣主导的基本原则开展各项活动,这也是气排球运动开展的一个重要切入点。为此,要进一步推动气排球运动的发展,就需要格外注意从人们对运动的兴趣出发搞宣传和推广工作。以此为基础,然后激发人们参与气排球运动的积极性,这对于气排球运动的宣传与推广是非常有利的。

坚持兴趣主导的基本原则,需要工作人员在宣传与推广的过程中注意以下几点要求。

(1)应切中大众的气排球运动兴趣,设置内容丰富、形式多样的气排球活动内容,吸引大量的人群参与其中。

(2)应注重对大众的体育意识和气排球运动行为趋向的培养,以此树立人们正确的运动健身观。为此,应利用多种媒体渠道进行运动参与目的的教育。

(3)应精心设计气排球活动内容、形式与流程,使之不仅能激发大众参与兴趣,而且能切实为他们获得运动效益提供保障,能确保将大众的兴趣转化为参与气排球运动的动力。

(4)应注意遵循不同大众的身心特点来激发参与气排球运动的热情。

(5)基层群众体育组织人员和指导人员要树立榜样作用,注重强化自身的带动作用,对人们参加气排球运动的行为产生积极的影响。

（三）区别对待原则

群众体育的参与基础广泛，因此，要想使群众体育的开展能够尽可能地满足不同人群的需求，就需要充分考虑不同社会大众群体的特点，做到有针对性地开展活动。这就是群众体育开展的区别对待原则。我们在宣传与推广气排球运动时也要注意遵守这方面的原则。

体育人口的构成是社会中的不同群体，不同的群体往往有着多方面的差异，如性别、年龄、职业、身体状况、心理状况等，这些差异会导致他们有不同的参与群众体育活动的目的、方式、过程和效果。这就要求设计气排球活动时必须确定合理的内容、恰当的方法和适当的运动负荷等。这样才能吸引大量的运动爱好者参与其中，实现自己的目标。

为贯彻区别对待的基本原则，应从如下几个方面进行。

第一，应了解不同群体参与气排球运动的需求。具体做法为观察、了解和调查不同群体的特点和运动参与偏好。

第二，应区别安排运动负荷。这要求组织者要具备一定的体育运动专业知识，针对不同群体的特点来制订相应的气排球运动负荷，这样才能吸引各种人群参与气排球运动，从而为气排球运动的宣传与推广奠定良好的基础。

第三，关注同一群体中的个体差异。即便是在同一类人群中开展气排球活动，不同人之间的个体差异也会存在，这和每个人的成长经历、运动能力、初始身体状态等都有很大关系。因此，一定要注意个体之间的差异，采取不同的宣传与推广手段，这样才能取得理想的推广效果。

（四）全面发展原则

全面发展原则主要体现在两个方面：一方面是指包括个体身、心等素质的全面发展，另一方面是指应将全体社会成员都纳入群众体育活动组织和服务的范畴。在宣传与推广气排球运动时要注意这一方面的原则。

群众体育项目众多，每一位健身参与者都希望能够通过体育锻炼实现自我的全面发展。为此，作为群众体育的重要组成部分，在气排球运动宣传与推广的过程中要注意开拓丰富的活动内容资源，实现全民参与的广阔覆盖面，确保每一名气排球参与者都能取得理想的发展效果，这对于气排球运动的宣传与推广具有重要的意义和作用。

第二节　气排球运动在青少年中的开展

一、在青少年中推广气排球运动的意义

大量的实践与事实表明，气排球运动在青少年群体中的推广具有重要的意义和作用，这集中体现在以下三个方面。

首先,受学业压力的影响,很多青少年在平时很少参加体育锻炼,这就导致他们的身体素质普遍较差。通过推广气排球运动可以带给青少年良好的身体锻炼的体验。气排球运动简单易操作的特点可以激发广大青少年参与此项运动的热情,将气排球运动当作自己的兴趣爱好。

其次,经常参加气排球运动可以培养青少年的多种心理品质。青少年在参加气排球运动的过程中,通过教练员或教师的指导,可以从中产生兴趣,从而自觉地去参加运动锻炼,充分发挥自己的潜能。在气排球锻炼的过程中,由于很多动作有一定的难度,需要不停地去重复练习,这时就需要青少年具有足够的耐心和坚韧的毅力。青少年可以从中感受到失望、成功、喜悦等复杂的情绪,能很好地提升青少年的心理品质。

最后,气排球属于一项集体性运动。在参与这项运动的过程中,青少年远离学习紧张的气氛,缓解学习的压力,可以锻炼友好交往的能力,提高青少年与人交往的能力以及团结协作的能力。

二、气排球运动在青少年中的开展状况

总体上来看,目前我国很多学校没有重视气排球这项运动的发展,在一些设置气排球课程的学校中,气排球课程设置也不合理,教学内容单一,教学方法也比较形式化。可以说,目前我国很多高校对于开展气排球这一课程没有进行合理的安排,很难将气排球运动在青少年推广中的优势显现出来。相比于室内排球对学生的技术要求很高,很多学生无法完成高难度动作而言,气排球运动很容易上手,一些动作技术学生甚至可以自行创新。在轻松自由的气排球运动环境中,可以培养学生的兴趣爱好以及创新思维。很多高校领导者未能了解气排球课程的意义,不能对其课程进行科学安排,无法发挥气排球运动的优势。[1]

此外,很多教师及教练在气排球课程中没有对所要教学的内容进行规划,在进行考核时,也只是对一些简单动作看是否掌握,并没有对学生进行实践指导,也没有充分了解每个学生所掌握的程度,进而影响了青少年学习气排球运动的积极性。

第三节 企事业单位气排球运动的开展现状

开展职工体育活动有利于培养企事业单位员工的健康人格,尤其是在当前这个高速发展下的信息化时代,人们的生活和工作节奏加快,开展职工体育活动有助于促进人际关系和谐发展。职工体育无论是对于企业发展、社会建设,还是对于职工个体健康都有着非常重大的意义。

---

[1] 吴昆.青少年气排球发展现状及对策研究[J].当代体育科技,2019,9(22):209+211.

一、在企事业单位的宣传不到位

调查发现,在企事业单位中,参与气排球运动的人员年龄在 60 岁及以上的占一半以上,民众对气排球运动参与度也比较低,能达到每月 2 次及以上的不足一半,民众参与度不足制约了气排球运动在企事业中的宣传与推广。相关部门在宣传力度上还不足,经常接触到气排球运动相关宣传的不足四成,对气排球运动推广工作造成一定的不利影响。[①] 因此,今后一定要加强气排球运动在企事业单位的宣传。

二、企事业单位人员参与气排球运动的热情不高

调查发现,有很多企事业单位员工对气排球感兴趣的不足五成,自愿参与气排球活动的人不足两成,由此可见,企事业单位工作人员参与气排球运动的积极性不高,这极大地限制了企事业气排球运动的开展。

三、企事业单位气排球基础设施有待加强

调查发现,企事业单位员工参加气排球运动并没有一个固定的场所,并且缺乏专业的指导教练,这使得企事业气排球运动的推广与发挥作用阻力重重。在阻碍企事业单位气排球运动发展的因素中,场地、专业教练、气排球活动形式等占据前几名。

> **知识拓展**
>
> 2018 年 10 月 21 日,由中国排球协会支持、中国企业体育协会主办的全国职工气排球比赛在安徽池州体育馆落下帷幕。这是中国企业体育协会首次面向全国职工举办的气排球赛事,全国各行各业、机关、企事业单位共 20 支参赛队、200 余名运动员进行了 52 场比赛。

第四节 企事业单位气排球运动发展中遇到的困难

受各种主客观因素的影响,气排球运动仅在我国一部分地区开展势头良好,在很多地区,气排球运动的存在感都不高,甚至有很多人都不了解气排球是一项什么样的运动。因此,这就需要开展气排球运动的宣传与推广工作。虽然气排球运动由于自身丰富的健身性和娱乐性的特点深受广大群众的喜爱,但其在推广与发展的过程中仍然存在不少困难,这需要社会各个方面加强彼此间的交流与合作,推动气排球运动更好的发展。

---

① 张丹. 社区气排球运动开展现状调查与推广模式的构建[J]. 体育风尚,2020(08):118+120.

第二章 方兴未艾：气排球走进大众体育

一、组织管理机制有待改善和提高

发展到现在，气排球运动并没有在我国全部地区获得大范围的推广，在很多地区还处于一个宣传与普及的阶段。虽然有些地区形成了一定的规模，但总体上来看规模并不大，并且也缺乏一定的规范和制度，没有统一的规则和组织，整个气排球运动的发展处于一个无序的状态，这对于气排球运动的推广和普及是非常不利的。要想做好气排球运动的推广与普及工作，必须要建立一个科学完善的组织管理机制，保证气排球运动健康有序的发展。对于一些企事业单位，虽然会定期地举办一些体育文化活动，但气排球活动还是显得比较少，并且也缺乏必要的组织，这非常不利于气排球运动在企事业单位的发展。

二、缺乏具有专业知识和技术的人才

在我国气排球运动的推广方面，很多地区都缺乏深入，甚至有的地区的群众体育普及程度也不高，气排球运动更是难以获得发展。对于一部分人来说，他们甚至都没有听说过气排球这项运动，没有接触过气排球，缺乏气排球理论知识及基本的常识。而且，教练员或技术指导员、裁判等的综合素质也不够高。这对于气排球运动在我国的推广与发展是非常不利的。[1] 为推动气排球运动的普及与发展，必须要加强这方面人才的培养，只有如此才能保证气排球运动的健康有序发展。对于企事业单位而言，员工参加气排球运动需要专业的人员给予指导，因此必须要培养大量的专业技术人才，这是形势所需。

三、场地和器材设施方面的缺乏

尽管气排球运动对场地、设备及器材的要求不是很高，但并不是毫无要求。由于气排球本身的重量较轻，在户外有大风的条件下就难以正常地进行，因此一般正规的气排球比赛都在室内进行。实际上我国很多地区都缺乏必要的气排球场地，大多数场地都是借用羽毛球场地。因此，场地、器材与设施的缺乏严重影响到气排球运动的普及和发展。企事业单位也是同样如此，他们组织参加气排球活动或是在户外或是借用其他场地，这种场地缺乏的状况对于企事业单位气排球运动的发展也是十分不利的。

四、宣传力度不够，活动经费短缺

气排球运动发展的时间并不长，在很多地区的普及程度也不是很高，很多人并不了解这项运动，甚至都不清楚气排球是一项什么样的运动。如今这一发展现状，除了运动本身的因素外，与气排球的宣传不到位也有着一定的关系。除此之外，经费欠缺、组织不力也是一个

---

[1] 卢夏楠．基于全民健身视角下我国气排球在群众体育发展中的相关问题研究[A]// 中国体育科学学会体育社会科学分会．2018年全国体育社会科学年会论文集．中国体育科学学会体育社会科学分会：中国体育科学学会体育社会科学分会，2018：4．

非常重要的原因。实际上,任何一项体育运动的发展都离不开必要的经费,经费的短缺会严重阻碍气排球运动的发展。对于企事业单位而言,要想促进气排球运动的发展,为员工创造良好的体育锻炼环境,也需要加强这一类活动的经费投入力度。

第三章　继往开来：与球共舞，垫起气排球新时代

本章导航

气排球运动是由室内排球演变而来的，属于一项民间发展的体育项目。伴随着现代社会的飞速发展，气排球运动也迎来了一个发展的春天。气排球运动自发展之始就与成都这一座魅力的城市发生着极为密切的联系。气排球在成都大、中、小学校，在人民群众之中，在企事业单位中都有着一定的影响力，获得了不错的发展。近年来，通过成都市排球协会的努力宣传与推广，并组织各种类型的气排球活动或赛事，吸引了大量的气排球参与者，这对于成都市气排球运动水平的提升具有重大帮助。

第一节　气排球运动在成都市学校开展的经验与启示

近年来，气排球运动在成都市各学校都得到了广泛的开展。通过各种气排球活动的举办，气排球运动在成都市各学校都得到了良好的普及与推广。

2004年，成都市排球运动协会举办了首届小学生气排球比赛，当时的参赛队伍仅仅只有6支。经过几年的初步发展，到2011年成都市第八届小学气排球比赛时，参赛队伍达到了126支，上千名小学生参加。在又经过了3年的快速发展后，到2014年第11届小学生气排球比赛时，参赛队伍突破了200支，创历届参赛规模之最。

2015年至2018年的四年间，每届成都市小学生气排球比赛的参赛队数都稳步上升。到2019年时，参赛队突破300支，100多所学校参与其中，27片气排球比赛场地同时开战，比赛场面十分壮观。

2018年11月24日，为进一步全面贯彻《高等学校体育工作基本标准》等文件精神，丰富校园体育文化生活，增强大学生身体素质，推动四川省大学生气排球运动的发展，成都市排协与成都市高等学校体育协会在电子科技大学清水校区共同首次主办了2018年成都市大学生"阳光体育"校园气排球比赛暨"运动成都"2018年四川省首届大学生气排球锦标赛。赛场上大学生们激情四射，喜爱气排球运动的心情溢于言表，丝毫不亚于排球运动。

2018年12月12日，成都市排协首次承办的2018年成都市气排球联谊赛在西北中学成功举行。来自各区市县排协、体协、教育系统的20支队伍、200余名运动员参加。联谊赛以"淡化竞技性、加强健身性、增加凝聚力"为目的，队伍之间重在参与和交流，以更好地在校园中、社会上推广此项运动。

2019年4月13日~14日,在成都龙泉驿区第二小学举行了"运动成都"成都市第16届小学生气排球比赛和四川省大众少年气排球比赛,有126所学校、342支运动队、3000余人参加。

2019年10月26日~28日,在西南交大犀浦校区举行了"中国体育彩票"2019年中国大学生排球锦标赛(四川赛区)暨"运动成都"2019年四川省大学生排球比赛,吸引了来自全省26所高校、44支运动队、650余名运动员参加。

近十年来,成都市排球运动协会组织的主要气排球竞赛与培训活动具体见表3-1。

表3-1 成都市排球运动协会组织的主要气排球竞赛与培训活动

序号	时间	内容	人数
1	2010年1月11日	成都市公安局2010年"蓝盾杯"迎春气排球比赛	180人
2	2010年1月13日~15日	2010年成都市院机关迎新春气排球比赛	170人
3	2010年3月26日	成都市第七届小学生气排球比赛	500人
4	2010年6月24日	金牛区第五届运动会气排球比赛(老年、成年组)	150人
5	2010年9月28日	四川省交通厅气排球比赛	100人
6	2011年3月19日	"运动成都"2011年成都市优秀体育后备人才系列选拔赛"体彩杯"第八届小学生气排球比赛	1100人
7	2011年4月30日	"'运动成都'社区广场健身活动月"活动小学生气排球集体操表演	200人
8	2011年10月28日	2011市第十二届运动会排球(青少年丙组)气排球资格赛	250人
9	2012年4月7日	"运动成都"2012年成都市优秀青少年学生体育后备人才系列选拔赛第九届小学生气排球比赛	1210人
10	2012年4月22日	"运动成都"2012年社区广场健身活动月~成都市小学生气排球集体操比赛	600人
11	2012年6月17日	成都市第十二届运动会"体彩杯"(成年组)气排球比赛	140人
12	2012年7月7日~8日	成都市第十二届运动会"体彩杯"(青少年组)气排球比赛	200人
13	2013年3月30日~31日	"运动成都""体彩杯"2013年成都市第十届小学生气排球比赛	1500人
14	2013年5月11日	武侯区教职工运动会气排球比赛(协助)	800人
15	2013年9月29日	"运动成都"2013年成都市小学生气排球集体操比赛	420人
16	2013年9月29日~10月7日	2013第十届中国(成都)国际美食旅游节~气排球活动	1000人
17	2014年1月22日	2014年城隍庙社区气排球比赛	120人
18	2014年3月19日~21日	2014年成都市(体育教师)业余排球(气排球)教练员培训班	90人
19	2014年4月12日~13日	2014年成都市第十一届小学生气排球比赛	1530人
20	2014年4月26日	2014年成都市小学生气排球集体操比赛	360人

第三章 继往开来：与球共舞，垫起气排球新时代

续表

序号	时间	内容	人数
21	2015年4月11日~12日	2015年成都市第十二届小学生气排球比赛	1800人
22	2015年5月	2015年成都市(中小学体育教师)业余排球(气排球)教练员学习暨成都市"振兴三大球"教练员辅导班	180人
23	2015年10月30日	2015年"中国体育彩票超级大乐透杯"成都市小学生气排球集体操比赛	300人
24	2016年3月、5月	"运动成都"2016年成都市(中小学体育教师)校园排球(气排球)教练员学习辅导班	170人
25	2016年5月26日~27日	运动成都"成都市第三届全民健身运动会气排球比赛	130人
26	2016年5月26日~27日	"运动成都"成都市第十三届运动会(成年组)气排球比赛	140人
27	2016年11月25日	"运动成都"2016年成都市小学生气排球集体操比赛	320人
28	2017年3月15日~17日	"运动成都"2017年成都市校园排球(气排球)教练员学习辅导班	160人
29	2017年4月15日~16日	四川省少年气排球比赛 "运动成都"2017年成都市第四届"安利纽崔莱"全民健身运动会第14届小学生气排球比赛	2500人
30	2017年6月22日~23日	2017年"成资一体化"气排球联谊赛(成都主场)	100人
31	2017年9月16日~17日	"运动成都"2017年成都市首届气排球邀请赛	400人
32	2017年12月9日	"运动成都"2017年成都市第39届"学生阳光体育排球活动月"小学生气排球集体操比赛	450人
33	2017年12月5日	"运动成都"成都市第四届"安利纽崔莱"全民健身运动会总决赛气排球比赛	100人
34	2018年2月25日	四川省第十三届运动会群众比赛 成都市(气排球)代表队选拔赛	150人
35	2018年3月28日~30日	"运动成都"2018年成都市校园排球(气排球)教练员学习辅导班	160人
36	2018年4月14日~15日	2018年四川省少年气排球比赛 "运动成都"2018年成都市第15小学生气排球比赛	2700人
37	2018年10月20日~21日	"运动成都"2018年成都市第五届全民健身运动会 "中国体育彩票杯"2018年四川省气排球邀请赛 暨"运动成都"成都市第二届气排球邀请赛	450人
38	2018年11月10日	"运动成都"2018年成都市第40届"学生阳光体育排球活动月"小学生气排球集体操比赛	400人
39	2018年11月24日~25日	2018年成都市大学生"阳光体育"校园气排球比赛 暨"运动成都"2018年四川省首届大学生气排球锦标赛	110人
40	2018年11月24日	"运动成都""中国体育彩票杯" 2018年成都市首届青少年校外气排球比赛	1400人

续表

序号	时间	内容	人数
41	2018年12月12日	"中国体育彩票杯"2018年成都市气排球联谊赛	230人
42	2019年3月20日~22日	"运动成都"2019年成都市校园排球(气排球)教练员学习辅导班	150人
43	2019年4月13日~14日	2019年四川大众少年气排球比赛 "运动成都"成都市第16届小学生气排球比赛	3000人
44	2019年5月11日~12日	2019年四川省高校气排球教练员、裁判员培训班	60人
45	2019年5月31日~6月1日	2019年中国大学生气排球锦标赛(四川赛区)暨"运动成都"四川省第二届大学生气排球比赛	320人
46	2019年6月1日	"运动成都"2019年成都市高校体育教职工气排球比赛	120人
47	2019年9月14日~15日	2019年四川省气排球邀请赛、"运动成都"成都市第六届全民健身运动会2019年成都市第三届气排球邀请赛	420人
48	2019年11月2日	"运动成都"2019年成都市第41届"十大阳光体育排球活动月"小学生气排球集体操比赛	400人
49	2019年11月23日	2019年成都市"成德眉资体育同城化发展"气排球联谊赛暨"运动成都""中国体育彩票"2019年成都市气排球联谊赛	200人
50	2020年6月~7月	"运动成都"成都市第七届全民健身运动会——"线上运动会"排球、气排球比赛	170人
51	2020年6月29日~7月2日	成都市第十四届运动会群众组气排球比赛	550人
52	2020年10月17日	"爱成都·迎大运"2020年成德眉资体育同城化气排球城市对抗赛	150人
53	2020年11月14日~15日	"爱成都·迎大运" "运动成都"成都市第17届小学生气排球比赛 "运动成都"成都市第2届中学生气排球比赛	1200人
54	2020年11月28日	四川省"百城千乡万村"气排球公益培训暨"爱成都·迎大运""运动成都"2020年成都市体育教师(排球教练员)培训班	110人
55	2021年10月13日~15日	"爱成都·迎大运"2021年龙泉驿区中学排球小学气排球运动会	1500人

第二节　成都市排球运动协会的气排球推广成功经验

一、成都市排球协会对气排球运动的推动

"运动成都"成都市第39届"学生阳光体育排球活动月"作为"成都市十大学生阳光体育活动"的重头项目，参与人数和规模巨大，社会反响强烈。活动于2017年9月15日～10月15日在全市20个区（市）县全面展开，共有来自450余所学校的43万余名学生参与，人次高达387万。"活动月"中，协会领导、工作人员分别到荷花池小学、石笋街小学、龙泉二小等学校进行调研，学校普遍利用大课间时段组织小学生垫球比赛、班级排球（气排球）联赛。其中，机投小学、三圣小学多年坚持将气排球作为校本课程；龙泉驿十陵小学、新都东湖中学将气排球操作为大课间特色项目。学校的各种举措把"每天锻炼一小时"真正落到了实处，排球也正逐渐升华为学校主流的校园文化。此外，天府新区、金牛区、彭州市等区（市）县排协也根据实际情况组织排球（气排球）比赛，有力地推动了学校阳光体育的广泛开展，切实提高了学生的体质健康水平。

2017年6月28日，成都市排协与成都体院体育教育训练系在成都体院正式签署战略合作协议，市排协正式成为成都体育学院教育教学实践基地，为体育教育训练系的学生提供更多的社会实践机会和见习、实习岗位，全方位培养能适应社会发展的高素质排球人才。

2017年8月18日，成都市排协与天津市排协在天津体育学院进行了缔结友好协会的签约仪式，这是双方在排球事业和协会发展上迈出的实质性一步。它对于成都市进一步挖掘、培养后备人才、提高排球运动竞技水平具有重要意义，实现了真正意义上的"走出去、引进来"。

2017年8月17日～23日，成都市排协同天津市排协在天津体育学院共同主办了"津成"排球教练员专项技能与排球运动最新发展趋势高级研修班。这是市排协第一次"走出去"举办培训，以此作为进一步提高我市中小学排球教练员综合业务能力，提高教练员教学及训练水平的重大举措，期间还组织教练们观摩全运会青年男子和成年女子组排球比赛。

2017年11月，成都市排球协会推荐年轻教练参加了由国家排管中心主办的"2017年全国气排球裁判员培训班"，这为成都市气排球的发展奠定了更扎实的基础。另外，协会裁委会还选派年轻的国家级裁判挑大梁、担重任，为成都大学、西南石油大学、西华大学等高校培训了200余名三级排球裁判员，同时有5名年轻裁判通过了国家排管中心的国家级排球、气排球裁判考核。这些举措充实了成都市裁判队伍，加强了梯队建设，增添了裁判队伍新鲜血液，完成了新老裁判的更替、传帮带工作。

2018年4月至11月，成都市排协走进全市22个区（市）县，举办了22场"气排球进校园"公益巡回培训。这是成都市排协的一项重要创举，旨在贯彻落实《中共中央国务院关于加强青少年体育增强青少年体质的意见》《国务院办公厅关于强化学校体育促进学生身

心健康全面发展的意见》等文件精神,进一步推动学校体育工作健康发展,丰富学校阳光体育活动内容,提高青少年学生参加体育活动的积极性。全市共计2 000余名教师参加培训并学习、掌握了气排球的基础知识、技术要领、竞赛规则等内容,同时,老师们也肩负起在各自学校推广气排球运动的重任,将此项运动带回校园辐射了30多万名青少年,让学生们找到一项真正喜爱的运动并掌握一项终身受益的运动技能,能够走出教室、走进操场、走进阳光下。

2018年12月12日,市排协首次承办的2018年成都市气排球联谊赛在西北中学成功举行。来自各区市县排协、体协、教育系统的20支队伍、200余名运动员参加。联谊赛以"淡化竞技性、加强健身性、增加凝聚力"为目的,队伍之间重在参与和交流,以更好地在校园中、社会上推广此项运动。

2018年和2019年,成都市第40届和41届"十大阳光体育排球活动月"于9月15日~10月15日在22个区(市)县全面展开,两届"排球活动月"均有来自全市约470所学校的47万余名学生参加,参与人次高达420万。通过这些活动,使广大学生走向操场、走进大自然、走到阳光下,有利于青少年们在体育锻炼中享受乐趣、增强体质、健全人格、锤炼意志。

2019年11月23日,在成都市全国重点乒乓球运动学校举行了2019年成都市"成德眉资体育同城化发展"气排球联谊赛暨"运动成都""中国体育彩票"2019年成都市气排球联谊赛,吸引了来自成都、眉山、资阳以及成都市体育局直属单位、区(市)县排球协会的200余名运动员参加。

二、成都市气排球推广的现状

(一)成都市气排球运动推广的形式多样

早在2008年,成都市就成立了气排球推广小组,以成都市体育局直属单位城北体育馆为主,下设排球运动协会、社会体育部、办公室。各部门分工都非常明确,确保了气排球活动的正常进行。成都市排协着重气排球理论培训、竞赛活动。为了能更好地推广气排球运动,协会领导及工作人员查阅了大量的关于气排球运动的资料,观摩其他省市的气排球比赛,深入研究气排球运动的特点与内涵,积极开拓创新,研究制定简单易行的推广方案,制作了《气排球竞赛规则》《气排球运动教学》等光碟、《气排球运动教学与组织》等电子课件;社会体育部将重点放在成都市20个区市县的学校、社区、工会三个板块来推广与普及,并让20个区(市)县制订实施方案:在学校、社区、工会内部组织比赛,选拔队伍,然后参加成都市排球协组织的总决赛,以竞赛促进气排球的推广普及;办公室以气排球的推广宣传为主,通过电视、网络报道等让成都市市民真正认识与了解气排球这一项新兴的运动项目,进而喜欢上该项目,[1]这对于气排球运动的推广与发展是非常有利的。

为进一步推动成都市气排球运动的发展,在成都市体育局、教育局等上级部门的带领

---

[1] 吴亮,任德利,雷莉莉,荆友枫.成都市气排球运动推广普及中存在的问题和发展对策[J].重庆工商大学学报(自然科学版),2011,28(02):203-206.

下，开展了大量的气排球宣传与推广活动，同时采取了各种措施与手段在全民中推广气排球运动。例如，成都市20个区市县各确定一名联络员，明确联络员在工作中的职责，确保气排球的推广实施得以贯彻和落实。从2008年3月到11月成都市排球运动协会开展了13次气排球理论培训，把气排球的基本理论知识及基本技战术传授给各学校、社区、工会的负责人，发给他们气排球的音像资料、规则手册及器材。气排球以这种推广形式在成都市全面推广普及起来。

（二）气排球的推广普及成效显著

1. 活动形式由有组织性到与自发性相结合

成都市气排球经过多年的发展，有了显著的成果。气排球运动具有球体软、重量轻、球速慢、难度小、安全性强等特点，而且竞技性、健身性较强，娱乐观赏性较高，受人员、场地、规则的限制小，适合不同性别、年龄、技术水平的人参加，因此除了成都市每年举行的学校、社区、工会的气排球比赛，很多区县、机关、单位内部也开始举行气排球比赛。例如，2009年举行了成都市直属机关运动会暨首届气排球比赛；2009年在郫县举办了"文明成都，运动成都，活力成都"气排球比赛。这些活动的举办都取得了显著的成效，帮助人民大众很好地认识与了解了气排球这一项运动。

2. 比赛队伍、比赛组别增多

成都市的排球文化氛围可以说是非常浓厚的，整个成都市的排球运动基础和水平也比较好，这与其悠久的历史传统是分不开的。历来，成都市的体育部门都比较重视排球运动的发展，紧抓气排球基础教育，大部分学校每年都会举行大量的气排球活动或比赛，这就为气排球运动的发展创造了一个良好的环境。2004年举行的成都市第一届小学生气排球比赛参赛队伍只有几支，到2010年第七届时参赛队伍已达70支，气排球已得到成都市小学生的欢迎和喜爱，这为成都市气排球的宣传与推广奠定了良好的基础。从小学生开始培养气排球运动人才，这对气排球的长远发展具有深远的影响和意义。

3. 参赛队伍竞技水平有所提高

气排球虽然是由室内排球演变而来的，但它与室内排球在技术上还有着一定的区别，在推广之初，很多队伍对气排球的一些专业技术还没有掌握，比赛中来回球较少，技战术不高。通过多年的不断发展，很多队伍形成了固定的训练时间，对气排球的技战术进行了研究，技战术水平有所提高。在2009年由国家体育总局在山东威海举行的"第一届全国老年人体育健身大会"的气排球比赛中，成都市青羊区代表四川省参加了比赛，并获得男女团体金牌。由此可见，成都市气排球运动水平呈现出上升的趋势。

4. 有助于排球后备人才的培养

尽管气排球与排球在技术上有些许不同，但成都市排协在对教练员进行培训时，明确要求老师只能用排球的技术动作去教学生，不允许出现气排球技术中的托垫、捞垫、捧垫等，因此并不影响青少年从气排球过渡到排球运动上，反而学生从小培养起来的兴趣更有助于习练排球,扩大排球后备人才数量。

三、成都市排球协会发展气排球运动的成功经验

成都市排协为推动本地区气排球运动的发展采取了各种手段与措施,其他城市或地区的气排球运动可以充分借鉴成都市排协的成功经验为自己所用,从而促进气排球运动的进一步发展。

(1)坚持以创新、协调、绿色、开放、共享的发展理念,组织好各类全民健身竞赛和培训活动,为整体提高成都市气排球运动水平和挖掘、培养优秀后备人才奠定基础。

(2)坚持创新发展理念,增进与西部中心城市排球协会的联盟合作,激发基层协会发展活力和创造力。保持协会大力普及排球(气排球)运动、扩大排球(气排球)人口,为全面提高成都市国民体质和健康水平做贡献。

(3)建立全民健身专业人才培养机制,继续提升教练员、裁判员综合素养,为会员单位、传统学校创造更多学习、交流的机会,为整体提高成都市气排球运动水平奠定基础。

(4)面对人民群众日益增长的体育健身需求,全面贯彻落实十九大体育精神,坚持"以人为本",精心组织各类气排球竞赛、培训活动,扩大气排球人口,做好人民群众增强体魄、幸福生活的基础保障。

(5)充分发挥成都作为首位城市的辐射带动作用,引领示范到西南地区及各市(州),加强各排球协会之间的紧密联系,实现区域协同发展,推动气排球事业共同进步。

(6)在"互联网+"的新经济形态下,推广"慕课",充分发挥"互联网+教育"的优化和集成作用,深度融合到气排球领域中,为气排球发展智能化提供支撑。

四、成都市气排球运动发展的建议

(一)完善气排球宣传体系,拓宽运动主体范围

为宣传与推广气排球运动,成都市排球运动协会采取了以下措施与手段来完善气排球宣传体系,极大地拓宽了气排球运动主体范围。

第一,成都市各区(市)县的相关社区采取各种手段与措施进一步完善了气排球宣传体系。在这一宣传体系中,涵盖了气排球宣传的内容与形式,气排球宣传与推广的案例分析等内容。同时,成都市排协还利用广告、宣传语、定期宣传活动等形式,提升了气排球运动的宣传力度,拓宽了气排球运动的主体范围,这为其他省市气排球运动的发展提供了良好的借鉴。

第二,合理安排气排球运动宣传与推广的时间。成都市排协协调气排球宣传时间,尽量在下午运动时间或者假期进行宣传,增加气排球运动宣传范围,让广大的人民群众都能认识与了解这一项目,从而为气排球运动的开展提供有力保障。[1]这是一个值得注意的方面。

---

[1] 张丹.社区气排球运动开展现状调查与推广模式的构建[J].体育风尚,2020(08):118+120.

第三章　继往开来：与球共舞，垫起气排球新时代

第三，成都市的一部分社区重点培养了一批专业宣传人员，极大地提升了气排球运动宣传的质量和效果，吸引了大量的人参与气排球运动，这一做法值得其他省市的气排球管理部门借鉴。

（二）创新气排球运动形式，激发人们的参与兴趣

第一，成都市一些社区组织开展了多种多样的气排球活动，形成了良好的气排球运动氛围。如组织气排球活动或比赛、开展气排球宣传周、气排球形象大使选拔等活动，这些都能为气排球运动的开展奠定良好的基础。

第二，成都市社区制定了一系列气排球运动发展的激励措施。通过各种比赛奖励形式，极大地提升了民众参与气排球运动的积极性，这非常有利于气排球运动的进一步推广与发展。

（三）充分发挥竞赛杠杆的作用

体育运动自身有着极大的魅力，通过自身魅力的展示，更多的人能够了解它，熟悉它，喜欢上它并积极地参与，从而促进它的发展。成都市排球运动协会组织各类气排球竞赛，如以年龄段为组别的老、中、少气排球比赛，家庭排球比赛等。成都市排球运动协会组织气排球技术水平较高的运动队，到各个区县举办表演赛来提高他们参与气排球的兴趣。对还没有开展气排球的区县赠送一些器材，派教练员指导他们参与气排球运动。通过这些气排球赛事或相关活动的举办，很好地宣传与推广了气排球这项运动。

（四）进一步完善气排球组织管理制度

气排球运动的普及与推广还需要相关部门及领导的高度重视，如果没有领导的重视和支持，气排球运动就难以获得健康的发展。为促进气排球运动的发展，成都市体育部门领导给予了充分的人力、财力、物力的支持并积极带头参与到气排球运动中。在组织管理方面，成都市城北体育馆增加负责推广气排球的成员，时刻跟踪调查气排球的推广情况，在推广方面有规划、有步骤、以点带面促进全市的发展，并取得了显著的成效。

（五）拓宽经费来源，扩大宣传力度

气排球运动的推广与发展需要投入大量的资金，除政府承担部分的投资外，承办单位还积极吸引社会赞助或广告来拓宽气排球经费的来源。同时，加大宣传力度，加强与传统媒体和网络媒体的合作，利用报纸、杂志、互联网积极宣传气排球的特点、功能、竞赛，有比赛时，适时地进行转播，让更多的人来了解气排球，认识气排球。

知识拓展

2020年7月2日,成都市第十四届运动会群众组气排球比赛在龙泉驿区龙泉中学体育馆收官。经过为期三天的精彩角逐,分别诞生了男子和女子青年、中年、老年6个组别的冠亚季军。其中,温江区代表队斩获女子青年和老年组两个冠军。龙泉驿区代表队获得男子青年组季军。

第三节 气排球运动推广与发展的策略

一、进一步完善气排球的组织管理制度

气排球运动的发展时间并不长,属于一种新事物,人们对这项运动的了解还不够,因此推广起来是有一定的难度的。需要注意的是,在推广气排球运动时,上级部门及领导一定要高度重视,给予其更多的关注,保证气排球运动获得健康而快速的发展。为保障气排球运动的发展,体育部门及领导要给予气排球组织充分的人力、财力和物力支持,充分吸引大量的社会企业加入气排球运动中,让气排球这项新兴的运动成为社会上一道亮丽的风景线。

要推动气排球运动的发展,少不了健全的组织,在组织与管理气排球运动的过程中,气排球运动组织的负责人要做到各尽其责,分工明确,加强彼此间的配合,充分调查气排球运动的发展与推广情况,根据调查到的信息制订一个有针对性的发展规划,可以优先发展一个城市或地区的气排球运动,然后以其带动其他地区气排球运动的发展,这样不失为一个好的发展策略。

二、完善教练员、裁判员的培养体制,提高其业务水平

为提高我国气排球运动的竞技运动水平,气排球运动部门可以加强与高校间的交流与合作,学校积极引进气排球运动,成为体育课程的重要补充。学生可以自愿报名参加气排球运动培训班,通过一定的考核后选拔出优秀者充当教练员和裁判员,这样能有效提高气排球教练员和裁判员的业务水平。以成都市气排球运动的推广为例,成都市由市排协和20个区治县的负责人联系统一安排到各区治县开展气排球的推广和普及活动,这极大地提升了本市的气排球运动水平,学生也通过一系列的实践活动提升了自身的教练水平和业务水平,[1]这对于气排球运动在我国的推广与发展是非常有帮助的。

---

[1] 吴亮,任德利,雷莉莉,荆友枫.成都市气排球运动推广普及中存在的问题和发展对策[J].重庆工商大学学报(自然科学版),2011,28(02):203-206.

三、加强气排球在高校中的推广与发展

作为一项新兴的运动项目,我们可以把气排球运动引入高校中,设置气排球选修课,吸引大量的学生参与其中,这样能起到很好的气排球宣传与推广的效果。另外,还可以加强高校体育教师气排球运动的学习和培训,让他们充分意识到发展气排球运动的意义和价值,在教师的带动下学生积极地参加气排球运动相关的活动或比赛,从而能形成良好的气排球运动氛围,这对气排球运动的推广与发展具有深远的影响和意义。

四、大力组织与发展气排球竞赛,促进运动水平的提升

气排球这一项崭新的运动项目有着无穷的魅力,不仅有着很好的健身价值,还能给人带来愉悦的身心体验,能促进彼此间的沟通与交流,增进人际关系。为促进气排球运动的发展,我国各省市的排球运动协会应大力组织各种类型的气排球竞赛,不限年龄,不限性别,任何人群都可以参加比赛,这对于气排球运动的推广与发展具有重要的意义。相关部门可以组织一支技战术水平较高的气排球队伍前往各地进行比赛与交流,这能有效地推动各地气排球运动的发展。

五、拓宽经费来源,积极开拓气排球市场

为促进气排球运动的健康快速发展,除政府出资外,还要积极吸引社会力量投入气排球运动的建设与发展中。相关部门还要积极拉赞助或广告拓宽经费来源,加大宣传与推广的力度。在互联网高度发展的今天,各种多媒体技术手段得到了非常广泛的利用,在这样的背景下,要加强传统媒体和网络媒体的合作,利用互联网技术手段加大气排球的宣传力度,让人们充分认识到这一运动项目的价值,抛除偏见,从而推动气排球运动的健康发展。如排球协会可以与商家合作,出售气排球及相关器材,为人们购买气排球装备提供便利,这对于气排球运动市场的开拓与发展是非常有利的。

中 篇 掌握气排球理论与知识

第四章 气排球与青少年健康促进

本章导航

> 气排球是由室内排球演化而来的一种体育项目,伴随着全民健身运动的不断发展,这一运动项目受到不同年龄、不同性别、不同阶层群体的欢迎和喜爱。气排球运动技术较为简单,运动强度适中,适合各个年龄阶段的人群参与。起初参与气排球这项运动的人群当中,中老年人较多,但随着我国全民健身运动的发展,越来越多的青少年也加入气排球锻炼队伍中。参加气排球运动,能促进青少年的身体、心理、社会适应能力等各方面的发展,这非常符合现代学校教育的要求。

第一节 体育领域的中国"制造"——气排球

排球运动对于中国人来说并不陌生,这一项运动在我国有着非常重要的地位,中国女排曾经取得过辉煌的成绩,"女排精神"也影响着一代又一代体育人。排球这一运动对参与者的各项素质要求较高,可以说,入门门槛还是比较高的,在普通老百姓中推广与普及具有一定的难度。

为改变排球运动难以普及与推广的局面,我国对其进行了创新性的改造,从而创造出了气排球这一项运动。气排球属于我国土生土长的一项群众性排球活动。1984年,内蒙古呼和浩特铁路局集宁分局组织大量的离退休职工用气球在排球场上进行运动。由于气球过轻并且易爆,存在着很大的缺陷,后来又用儿童软塑球取代了气球。这项活动的开展,引起了大众注意,于是气排球这项运动得以诞生,随后气排球的用球也得以改造,同时还效仿室内排球创造了比赛规则。自此,"气排球"运动得以正式形成。

总体而言,气排球是一项集运动、休闲、娱乐于一身的群众性体育项目,它的运动量较小并且可以控制,各个年龄阶段、不同性别的人都可以参与。经常参加这项运动,对于运动者身体素质、心理品质以及社会适应力的提高都具有重要的意义和作用。

第二节 与众不同的气排球

气排球运动是由排球运动演变而来的,可以说气排球是排球的衍生物,它与排球有着很大的相似性,也有着一定的区别。在社会上有很多人都是首先接触了排球运动后才逐渐接触、认识与了解气排球这项运动。伴随着现代社会的不断发展,气排球这一运动形式以其鲜明的个性与时尚的特点受到一部分健身爱好者的青睐,成为他们业余时间经常参加的一项体育运动。

气排球运动之所以在全民健身运动日益发展的今天受到健身者的青睐,其中一个重要的原因就在于气排球运动有着与众不同的特点。气排球运动这些与众不同的特点主要体现在以下多个方面。作为热爱健身的运动爱好者在参与气排球健身前一定要了解这些特点,这样才能更好地参与到气排球运动之中。

一、简单方便易操作

相对于排球运动而言,气排球的技术动作比较简单,即使没有接触过这一运动的人在经过一定的学习和了解后,也能很快上手,由此可见气排球这项运动比较简单方便,入门门槛并不是很高。经过一段时间的学习后,初学者就能很好地掌握气排球运动的技巧。

与一般的排球运动相比,气排球的技术动作更加容易掌握,规则也浅显易懂。一般的室内排球与气排球所用的球是不一样的,气排球的球球体重量更轻、体积大、球体柔软、反弹高、球速慢,因此技术动作更容易掌握。而在运动条件与环境方面,气排球受到的限制也相对较少,没有排球基础的人也能很好地参与其中,在短时间内能提高自身的气排球技术水平,因此说气排球这项运动有着较强的可操作性,适合绝大多数人群参与。

二、运动安全可控

与排球运动相比,气排球运动的运动量要更小一些,并且这项运动也相对安全一些。这与气排球这项运动的特点、规则及场地环境特点等是密不可分的。因此,气排球运动呈现出安全可控的特点。

(一)气排球球体较轻,易控制

气排球重量轻、球体柔软、体积大、反弹高、球速慢、易控制等特点,使气排球运动的运动量要远远小于室内排球。也正因此,气排球运动非常适合排球运动初学者练习,非常适合体质较差者、女性、儿童、老年人参与练习。

知识拓展

气排球由软塑料制成。比赛用球重约120克,比普通排球轻100～150克;圆周74～76厘米,比普通排球圆周长15～18厘米;比赛场地13.4米×6.1米(采用羽毛球场地即可),比普通场地长宽各少5米和3米;比赛网高男子2.1米,女子1.90米,混合网2.00米。参赛队员5人。球的颜色为黄色。其打法和记分方法与竞技排球基本相同。

(二)气排球入门较快,不会对运动者机体造成负担

气排球运动规则相对简单,对于初学者而言也容易理解和掌握、适应,运动者在接触气排球运动练习之后能很快"入门",在与同伴的对抗练习中能很快适应,而且运动量可结合自身的运动适应情况进行及时的调节,不会造成运动过量而导致过度疲劳或者引发运动性伤病的产生。

(三)气排球环境适应性较高,更加安全

气排球对环境的适应性非常高,只要有一片空地,有一个气排球,就能开展气排球运动;运动者可以自己进行练习,也可以与同伴一起进行练习;练习时间结合自己的身体需要来确定,练习方式和时间十分自由。任何一项体育运动都不是绝对安全的,而是相对的,气排球与普通的排球相比,即使大力砸球到身上也不会造成较严重的伤害,有着较大的安全性。

三、适用人群非常广泛

气排球运动有着广泛的适应性。任何热爱体育运动的人,不分性别,不分年龄,都能参与其中。或是独自练习,或是与同伴练习;或是进行游戏训练,或是进行对抗;定期或不定期地进行体能、技战术训练等。运动者在进行气排球运动的过程中,不用过分担心因自己技术操作不当、体力不支等原因而导致运动损伤,发生运动损伤的概率是非常低的。气排球运动的安全性可以说是非常高的。

参加气排球运动的人都可以结合自己的运动喜好、运动时间安排、体能及运动经验等参与活动,因此,各个年龄段、不同性别的人都非常适宜参加这项运动。除了能增强体质外,还能增进彼此间的沟通和交流,营造和谐的社会氛围。

气排球运动强度并不大,适合所有的无特殊身体情况的人的参与,据统计,气排球全场比赛的时间一般为30～40分钟,运动密度在33%～43%之间,参加活动者的心率变化每分钟40次以内。这样的运动强度适合不同年龄阶段的人参与,不会对人体构成伤害,具有很高的安全性。

四、技术全面性和独特性

（1）人们在参加气排球运动的过程中，无论在场上处于何种位置、扮演何种角色，都应积极地参与其中。气排球运动要求参与者心态平稳，技术全面，充分发挥整体的优势，采用合理的技战术。气排球运动者应能独自完成并配合同伴完成各种气排球的击球与战术配合活动。

（2）与室内排球相比，气排球具有球的重量相对较轻、圆周大，所使用的比赛场区小、球网低等，这使得气排球运动的技术具有和室内排球运动技术所不同的特点。在气排球运动过程中，人们可以充分发挥自己的想象力创新技术，促进技术水平的提高。

（3）气排球运动规则与室内排球大体相同，但也有不同的地方。一般来说，气排球规则规定所有运动员在离中线2米外才能进行下压的进攻性击球，因此，在气排球运动比赛中，比较有威胁性的击球大多是远网扣球，运动者完成此类击球时的难度较大。尤其在高水平的气排球运动比赛中，几乎是每球必拦，每球必扣，攻防转换快，来回球多，对运动者的技术水平有着一定的要求，因此气排球运动者一定要在平时注意加强自身运动技术能力的锻炼。

五、战术集体性与开放性

战术的集体性与开放性也是气排球运动的一个非常重要的特点，这一特点具体体现在以下两个方面。

一方面，气排球属于一项集体性的球类对抗运动，在比赛中，比赛双方之间的对抗非常激烈。这种对抗性随着比赛水平的提高而更加强烈。一个球队要想占据比赛的主动，获得比赛的胜利，除了运动员要具备出色的个人技术外，还要加强团队之间的配合，只有配合默契了，才能更好地实施各种战术行为。战术分为个人战术与集体战术两个部分。个人战术是集体战术的重要组成部分，而集体战术配合则充分体现出了个人战术行动的合理组织。要想获得比赛的胜利，运动中的个人必须要与同伴加强交流，通力合作，将个人技术充分融于集体配合中，这样才能为本队的战术实施奠定良好的基础，才有利于取得比赛的胜利。

另一方面，气排球的战术行为呈现出一定的开放性特征。与一般的竞技体育运动一样，气排球比赛中的形势也是瞬息万变的，存在着各种不确定性因素。尤其是气排球运动的技术实施有更多的创造性可能，这就更加使得运动者在运用气排球技术与战术的条件和时机时有着较大的差别。受时间、位置、对手等各种因素的影响，运动员的战术配合与战术组合日益呈现出多样性的特点，这使得气排球战术具有较强的开放性。作为气排球运动的参与者，一定要把握气排球运动的这一特征，实施合理的战术行为，从而为取得比赛的胜利奠定坚定的基础。

六、趣味性和观赏性强

气排球这项运动有着很强的趣味性和观赏性,这使得气排球运动散发出无穷的魅力,深深吸引着大量的运动爱好者。气排球运动的趣味性与观赏性主要体现在以下两个方面。

一方面,气排球运动的入门门槛相对不高,并不需要运动者具备多高的入门技术水平,甚至毫无经验和运动基础的人也能很快掌握气排球技术,并能积极地怀着饱满的热情参与到气排球运动中。这是因为气排球运动学习过程中的竞技性要求不高,不同运动水平的运动者都能同场进行练习与对抗。即便是从未从事该活动的人,也很容易迅速加入气排球的竞技性比赛中。气排球比赛的隔网特点,使运动中双方身体接触极少,受到的运动损伤也较少,整个运动过程中充满了欢乐,能使运动者获得极大的喜悦之情。

另一方面,气排球球体具有弹性好、重量轻、飞速慢、不易落地的特点,其在飞行的过程中会出现各种变化,于是就出现了各种各样的击球方式和变化。击球和球飞行的诸多不确定性使得气排球运动充满了不可预测性,因此比赛过程中可能会产生各种各样的意外和惊喜,从而增强比赛的趣味性和观赏性,使参与者与观赏者都能陶醉其中,深刻感受到气排球运动的魅力。

知识拓展

2017年9月16日~17日,"运动成都"2017年成都市首届气排球邀请赛在成都体育学院进行,除了成都的本土参赛队伍,还有来自重庆、乐山、汉源、眉山、达州等地的球队和由各行各业气排球爱好者组成的队伍。

气排球比赛具有较强的观赏性和趣味性,伴随着全民健身运动的深入进行,在成都市参加气排球运动的人越来越多,同时呈现出参与人群年龄逐渐年轻化的趋势,这与气排球运动简单易操作、富有趣味性和观赏性的特点是分不开的。

七、推广与发展前景好

气排球运动的安全系数较高,参加这一运动的人不易发生运动损伤,其有着较高的健身价值。除此之外,气排球运动的成本较低,不需要投入太多资金,因而具有广泛适应性等。这些都决定了其必然是一项非常容易推广和普及的球类运动。

伴随着我国全民健身运动的不断发展,气排球作为一项我国独创的富有中国特色的运动项目,深受广大健身爱好者的欢迎和喜爱,并且在教育领域的初步教学尝试中取得了不错的教学效果,这些都充分表明气排球运动有着广阔的推广与发展前景。

知识拓展

2016年,由中国老年人体育协会、中国排球协会联合主办的全国老年人气排球晋升国家级教练员、裁判员培训班4月20日在绿城南宁开班,拉开了中国老年人体育协会气排球推广的帷幕。作为2016年首次举办的气排球活动,培训班吸引了全国各地近百名学员参加,这为我国气排球运动的进一步推广与发展奠定了良好的基础。

第三节 气排球促进青少年身体健康

与室内排球一样,气排球运动同样具有促进身体健康的价值。经常参加气排球运动锻炼,能使青少年的身体机能水平得到极大的改善和提高。

一、改善青少年生理功能

气排球这项运动综合了很多运动项目的优点,有独特的健身价值与魅力。气排球的运动强度高于门球、太极拳等项目,趣味性又远远超过长跑、马拉松等项目。再加上气排球运动的球体在空中运动的特点(气排球在运行中始终处于飘浮不定的状态),运动者在比赛过程中为避免击球的众多因素影响,击出的球更具创造性,就需要在快速的击球过程中迅速正确分析并处理应对,这就需要脑力和体力的充分参与。因此,长期参加这项运动,运动者的各项生理功能都能得到极大的改善。

(一)改善心血管系统功能

在人体各项生理系统中,心血管系统扮演着十分重要的角色。这一系统为生命体的存在和人体的各种基本生理活动、身体运动提供必要的血氧和各种营养物质,能有效保证人体各项器官的正常运转,对于人的生命活动的维持具有重要的意义。

总体而言,气排球运动属于一项有氧供能运动项目,运动者长期参加这一项运动,能有效改善自身的心肺功能,提高心肺耐力水平。一般在运动处方和计划中,建议每周3~4次,每次的锻炼时间不少于30分钟。在运动强度上,即刻的目标心率应该维持在最大心率(即220)的65%~80%之间,这样的运动量与个体的身体运动健康状况是相适应的。

总之,经常参加气排球运动锻炼,运动者会在运动的过程中消耗大量的血氧,这有助于提高机体的血氧供应能力,有效改善机体的心血管系统功能,这是气排球运动的一项重要生理功能。

(二)改善神经系统功能

在人体的各项系统中,神经系统扮演着十分重要的角色,它是人体主要的调节机构。人体各个器官功能的实现都有赖于神经系统的调节,运动者各项运动技能也是在神经系统直接或间接的控制下协调完成的。由此可见人体神经系统的重要性。

对于气排球这项运动而言,气排球的传球动作主要通过手指完成,而手指上丰富的神经末梢与大脑皮层中枢紧密相连,经常进行包括传球在内的气排球运动,需眼观六路,耳听八方,不断刺激和调整大脑神经活动过程的强度、灵活性和均衡性,同时能改善脑细胞的供氧能力,提高大脑神经系统的工作能力。

另外,经常参加气排球运动锻炼,人体的中枢神经系统功能能得到极大的增强,个体意念与动作的协调配合程度也能获得极大的提高,个体能在大脑活动和思维的支配下更好地完成各种技术动作。除此之外,运动者的神经系统功能得到提高了,其他系统的生理活动也能相应地获得提高。

(三)改善呼吸系统功能

在人体各项生理系统中,呼吸系统是维持人体生命活动的一项重要系统。呼吸系统的正常工作维持着人体最基本的氧气供应和废气排除。在人体中,肺部与鼻、喉、气管、支气管等呼吸道共同组成人体的呼吸系统。呼吸运动时气体的通道即呼吸道,交换气体的场所就是所谓的肺部。正因如此,人体各项系统功能才能获得发展,人的生命活动才能得以维持与发展。

大量的实践表明,参加任何体育运动都能对人体呼吸系统起到一定的改善与促进作用,气排球运动也不例外。实际上,气排球运动对人体呼吸系统的改善效果是非常显著的,经常参加这一项运动能有效改善运动者的呼吸系统的生理功能。

相关研究表明,女子的肺活量一般在2 500毫升左右,男子的肺活量在3 500毫升左右,经常参加运动健身的女性肺活量可达3 500毫升左右,而经常参加运动锻炼的男性肺活量则可达4 000~7 000毫升。由此可见,运动锻炼对改善人体的呼吸系统功能具有明显的效果。

另一项研究表明,经常参加气排球运动健身的人,要比没有运动经验的人的肺活量要高许多。而且,参加气排球运动锻炼之后的人,若要达到同样的肺通气量,每分钟呼吸频率大大缩减,可保持在8~12次。

运动者在参加气排球运动的过程中,需要与同伴之间密切配合。各种技术动作或团队之间的配合都需要运动者的呼吸系统为机体生理活动提供更多的氧气功能。为了满足运动吸氧量和氧的利用效率,呼吸系统的构造和功能会向良好方向转变。例如,肺组织弹性保持良好的状态,胸廓活动范围增加以加深呼吸时的深度,肺活量增大,肺的换气量增大,呼吸系统储备能力增大,能适应对呼吸系统要求较高的活动。并且在这一运动的过程中,运动者的呼吸功能充分呈现出一定的节省化现象,这样能有效保证机体的运动能力,促进机体各项素质的发展和提高。

（四）改善运动系统功能

在人体各系统中,运动系统是重要的组成部分。这一系统是人们工作、劳动和运动的器官,是由肌肉、骨骼和关节所组成的。大量的事实表明,经常参加气排球运动,人体的运动系统机能可以得到发展和提高,这突出体现在以下几个方面。

第一,经常参加气排球运动,人体骨骼的新陈代谢速度能逐步加快,血液循环系统也能得到很好的改善与发展,在这样的情况下,人体的骨头密度提高,骨细胞生长能力增强,从而使骨骼变得更粗壮、更坚固,人体肌肉和骨骼的抗压能力得到明显增强。

第二,大量的实践表明,人们经常参加运动锻炼能有效增强肌肉的工作能力,改变肌肉的结构与形态,改变肌肉机能。经常参加气排球运动,人体的肌肉会更加发达,人体肌肉的生长速度加快,不管是数量上还是形态上,肌肉内的毛细血管都会因为气排球运动而发生改变。在这样的情况下,人体肌肉的毛细血管的血氧供给情况得到了有效的改善,肌肉工作效率得以大大提高。

第三,经常参加气排球运动,运动者的韧带与关节能获得很好的发展。人们在参加气排球运动的过程中,各种技术动作的完成、场上的移动配合等都需要在关节的作用下进行肢体的运动。运动者身体各关节的不断活动有助于提高和巩固关节及其周围组织,增加关节灵活性,使人体的关节活动范围逐步变大,关节的稳定性与灵活性也就会随之增强。与此同时,在关节周围的韧带的灵活性也会获得一定的发展,这对于运动者身体关节灵活性的提高具有非常重要的帮助。

（五）改善消化系统功能

经常参加气排球运动锻炼,能促进运动者的消化系统功能的改善,这突出体现在以下两个方面。

一方面,经常参加气排球运动,可对消化器官形成物理性按摩促进吸收,各种技术动作的完成能够积极影响人体消化器官的正常运作,帮助运动者改善消化功能,促进人体快速吸收营养物质。

另一方面,运动产生消耗带来的饥饿感有助于改善厌食症,也能在一定程度上增加食欲,从而使运动者养成良好的饮食规律。

二、促进青少年生长发育

气排球属于一项全身性的运动,在运动的过程中,青少年的全身器官都参与其中,在这样的情况下,青少年身体激素水平、内环境状况、各身体组织等都会发生一定程度的变化,从而使机体获得健康发展。

气排球运动对青少年身体生长发育的改善主要体现在以下几个方面。

（一）改善人体体脂水平

随着现代社会的不断发展，人们的物质生活水平得到了极大的改善。营养过剩和运动不足等导致患有"肥胖症"的人越来越多，并且呈现出年轻化的趋势。参加气排球运动，可以帮助学生将体脂控制在健康的范围与水平，保持健康的身体状态，促进青少年身体从不良的"横向增长"向健康的全面生长发展。

气排球的运动强度相对较小，并且具有一定的可控性。对于不同的个体而言，人体骨骼和关节的比重非常稳定，肌肉的比重变化不明显，附着在肌肉上的脂肪是影响人体形态的重要因素。通过参加气排球运动，机体摄入的热量会得到一定程度的消耗，在这样的情况下可以充分动员人体脂肪供能，促进运动中和运动后体内的脂肪分解，增加脂肪的利用率，也就是使人的体脂得到大量消耗，从而保持一个正常的体脂水平，并促进机体的健康发展。

知识拓展

相关研究表明，气排球运动能燃烧运动者身体中的脂肪，起到良好的减肥效果。人们参加运动锻炼都会消耗一定的能量，运动到30分钟后才慢慢转为消耗脂肪，因此要想实现瘦身的效果，运动锻炼的时间必须要超过30分钟。而一场气排球比赛能打很长时间，并且运动强度也适中，这对于肥胖人群而言不失为一种减肥的好方法。

（二）促进人体骨骼生长

在人体各项生长发育的指标中，最为明显的一个指标就是"骨骼发育"，骨骼的生长发育可以说是最能体现出人体生长发育的变化。通过参加气排球运动，人的骨骼能获得健康的生长与发展。

人体骨骼具有一定的弹性，伴随着年龄的不断增长，骨骼也会相应地生长与发展。坚持参加气排球运动锻炼，运动者的全身骨骼能获得很好的发育，尤其是气排球运动中的多次击球动作，需要运动者反复弹跳，能有效促进运动者的腿部骨骼的生长，身高会获得明显的增高。

对于处于青春发育期的青少年而言，此时是人体生长发育的敏感期。这一时期参加气排球锻炼，可促进青少年的身高增加，这也正是新时期提倡将气排球运动纳入学校体育教学体系的一个重要因素。参与气排球运动能使学生和家长看到最明显和实惠的身体良性变化。

（三）促进人体肌肉增长

人体的运动离不开肌肉的活动，骨骼肌是运动者重要的肌肉类型，通过不断地运动，能促进骨骼肌自身的结构、形态、性质等良性发展。气排球运动中的人体移动、跳跃、伸臂、击球、拦网等动作,都需要身体各部分肌肉的配合才能完成,坚持长期参加气排球运动,人体肌肉能得到极大的锻炼,尤其是手臂和腿部肌肉能变得更加健壮,更有韧性与弹性,在这样的情况下,人体各部分肌肉能处于一个良好的状态,从而保证机体的健康发展。

(四)促进人体器官发展

大量的实践早已表明,经常参加气排球运动锻炼,人体的生理功能能得到极大的改善,这一改善主要是通过各生理系统构成器官生命活动的完善来实现的。在参加气排球运动的过程中,人体各个器官、细胞组织都处于良好的工作状态。

运动者在参加气排球运动锻炼的过程中,整个机体都非常活跃,为了维持这一状态,运动者身体的各个器官都会比安静状态下具有更高的工作效率。例如,心脏必须搏出更多的血氧;肺要实现扩张并加快气体的转换;五官要更加灵敏专注地观察运动环境并做出运动反应;大脑需要快速、缜密地思考并做出判断。这些运动要求对身体器官来说是不小的考验。在气排球运动过程中,身体各器官活性与工作效率提高,是机体适应运动、参与运动的重要基础性要求。长期坚持参加气排球运动,人体各器官保持在一个高度的运动适应水平,有利于整个身体系统正常地运转。

综上所述,人体属于一个统一的有机体,这一有机体中的各个器官都密切联系在一起,通过坚持参加气排球运动锻炼,人体各个器官能获得健康的生长与发育,人体健康水平得到有效提升。

三、增强青少年身体素质

(一)增强力量素质

在人体的各项体能素质中,力量素质是重要的基础,人体参加各种运动都离不开力量素质。力量素质可以说是其他素质的重要基础,如果缺乏力量素质,人体的各项体能素质都不能得到健康的发展和利用。

气排球运动的用球,质量要比室内排球运动的质量轻,但是,在击球时,同样需要运动者进行大力击球,因此,气排球运动技术动作的完成对运动者的力量素质的增强是显而易见的。长期的气排球运动锻炼可以有效增强运动者的手臂力量,促进身体力量素质的发展和提高。

此外,在气排球运动中,有很多技术动作都是在空中完成的。对于空中的球的控制需要运动者跳起在空中完成技术动作,而经常性的跳跃可以很好地发展人的弹跳力,这是气排球运动对人体力量素质的重要影响。

(二)增强耐力素质

气排球属于一项有氧与无氧的混合运动。运动者在参与运动的过程中,既需要有氧运动的参与,又有冲刺跑的无氧运动参与,对于运动者耐力素质的发展和提高具有重要的意义。

气排球运动的球体轻、球速慢,但是高水平的气排球运动对抗的激烈程度丝毫不亚于室内排球运动,坚持长期参与气排球运动能有效提高机体的抗疲劳能力,增强运动者的耐力素质。

(三)增强速度素质

与其他运动项目相比,气排球运动的各种技术动作都比较特殊,击球技术、拦网技术,都要及时准确,这就需要运动者在及时判断好球的飞行之后迅速移动、起跳,这对于运动者的速度素质是一种很好的锻炼与提升。

气排球的击球动作包含着动作速度、反应速度、位移速度等这些速度素质,由此可见速度素质对气排球运动的重要性。在气排球比赛中,运动员为了救球,在很多情况下都需要机体在很短的时间内实现动作的位移;跳起击球过程中,运动者必须同时伸出手臂做出击球或拦网动作,否则就可能因为击球和拦网的不及时而导致错失良机。良好的速度素质有利于运动员及时做出反应并采取果断的战术行动,这对于赢得比赛至关重要。

(四)增强柔韧性素质

气排球这项运动涉及很多的击球动作,运动员击球动作的顺利完成还需要良好的柔韧素质。以跳起击球为例,运动者在击球时,身体处于一种伸展状态,后展的身体或外展的手臂需要肌肉的韧带具有良好的活动范围,这就表现为对运动者的柔韧性素质的要求。运动者在气排球运动过程中的移动,如大跨步,需要腿部有良好的柔韧性。运动者要想更好地参加气排球锻炼,就应在平时的练习中加强柔韧素质训练,这样不仅能保证技术动作的完成度,而且还能有效预防与避免运动损伤。

(五)增强灵敏性素质

气排球这项运动有着鲜明的特色,球在空中飞行的时间较长,对球的空中飞行判断,有助于提高人的空间、时间和定向能力。气排球运动技术动作的完成有助于提高运动者的灵敏素质,这种灵敏素质主要包括思维的敏捷性和动作的敏捷性。

四、提高抵抗力

运动者经常参加气排球运动锻炼,能促使身体各项素质获得极大的发展和提高。它有助于运动者各项生理功能的改善,有助于提高个体对运动环境的适应能力,还有助于提高运动者对自然环境、社会环境的适应能力,可以有效提高身体对外界不良因素的抵抗力。

五、提高智力

大量的实践与事实表明,经常参加气排球运动锻炼,有助于促进大脑血氧供应,改善大脑营养,提高大脑思维能力,因此,通过参与气排球运动锻炼,人的智力可以获得极大的发展和提高。在全民健身运动发展的今天,我们应积极鼓励人们参与气排球运动锻炼,这样不仅能增强身体素质,还能促进人体大脑血氧和思维活跃,促进智力水平的发展。

人们在参加气排球运动锻炼的过程中,对智力水平的提升主要体现在以下两个方面。一方面,人体的运动状态会在一定程度上增加血液循环和提高氧的利用率,从而使大脑获得充足的营养物质。另一方面,人们学习与掌握气排球技术动作需要经过一定的思考,这种思考对人的大脑神经系统是一种很好的锻炼,可以促进大脑更好地工作,使得大脑可以快速运转并不断提高工作效率。此外,人们经常参加气排球运动锻炼,提高气排球技能,需要不断地记忆、思考,这对于运动者记忆力、思考能力等的发展与提升具有非常大的帮助。

六、提高运动能力

尽管气排球运动的运动量较小,但对运动者的体能也有着一定的要求。坚持参加气排球运动锻炼,能有效提高运动者的一般运动能力和专项运动能力,这已是被大量的实践所证明了的事实。

运动者在参加气排球运动的过程中,需要身体各个部位的参与,如挥臂、跑动、跳跃等动作,这些动作都能有效改善运动者的机体血液供应,增加机体的物质代谢,保证骨骼和肌肉的功能生长、结构生长、形态变化,增加弹性、韧性和硬度,延缓、减少机体功能退化,可以提高运动者的体育运动参与能力。

第四节 气排球促进青少年心理健康

气排球运动有着很强的趣味性和娱乐性,青少年在参加这项运动的过程中,不仅能增强体质,还能有效缓解学习压力,保持健康的心态,形成良好的个性品质,促进心理健康。气排球促进青少年心理健康重点体现在以下几个方面。

一、缓解学习与生活等压力

受学业压力的影响力,青少年难免会出现一定的心理问题,通过参加气排球这一项运动,能有效排解青少年的心理压力,促进青少年的身心健康发展。除此之外,参加气排球运动还能极大地丰富青少年的精神文化生活,缓解各种学习与生活压力,从而使其以饱满的精神状态参与到学习与生活中。

二、疏导不良的心理情绪

气排球运动的击球方式非常特殊,运动者可以利用全身部位击球。由于这一项运动属于隔网对抗型的运动,双方不存在身体的直接接触,不易产生伤害事故,可消除运动者对球的恐惧感,大大提高了人们的参与积极性。因此,作为一项健身体育运动项目,气排球运动健身的运动节奏是轻松愉快的。参与者一起锻炼,一起聚众谈心,能获得精神上的愉悦,能有效排解不良情绪,促进心理素质的发展。

对于青少年学生而言,受学业压力等方面的影响,他们或多或少会出现一定的负面情绪,这是不可避免的。但需要注意的是,如果复杂的情绪积累且得不到释放就会影响学生的身心健康,而时尚的气排球运动可以作为学生疏导情绪的一个重要运动项目选择。在参与气排球运动过程中,学生专注于运动本身,情绪在运动过程中得到释放,而且在与同伴协同参与的气排球运动中,队员具有协作精神和配合意识,在这样愉快的运动氛围下,运动者能获得身心的全面发展。

三、丰富与完善情感

(一)体验运动快感

大量的实践表明,经常参加运动锻炼能有效促进人体的生理内环境发生一定的变化,身体各器官的生理活跃性大大提高,激素水平也会有很大的变化,可释放内心积压情绪的同时,促进内酚酞的分泌,使运动机体感到快乐。

气排球运动可以说是一种能全方位锻炼人体的球类运动。通过参加气排球运动,青少年在锻炼身体素质的同时还能完善自己的心理品质,获得愉悦感。

一方面,青少年参加气排球运动需要掌握一定的技术与战术才能顺利完成运动过程,而气排球技术和战术的学习与掌握过程,主要是通过长时间的练习实现的,他们可以在轻松愉快的锻炼中体验到快乐。

另一方面,气排球属于一项隔网对抗性运动,青少年在攻守对抗中能尽情地释放出人类攻击性的本能,可激发出攻击的兴奋性,使运动者忘记疲劳,忘记伤痛,忘记一切烦心事,完全陶醉在兴奋和快乐之中,这也正是体育运动给运动者所带来的运动体验。气排球就属于这样一种能带给人愉悦的身心体验的运动。

(二)体验运动成就感

青少年在参加气排球运动的过程中,通过一段时间的学习,技战术水平都得到了一定的提升,因此,就会获得一定的成就感,这种成就感能极大地丰富他们的情感。

学习与提高气排球运动技能,需要青少年付出一定的时间、精力与耐心。通过一段时间的学习后,青少年能掌握与提高自己的技战术水平,从而获得一种"付出终有收获"的成就感。这种成功体验,会以自我欣赏的方式将其成就信息传递给大脑,从而产生愉悦感和幸福感。

气排球属于一项攻守对抗性项目,这种对抗主要包括身体、技战术、意识以及意志力等多个方面的对抗,比赛过程中,或进攻或防守,在付出了大量体力和汗水后,最终获得比赛的胜利,而胜利则会让人深刻体会到成功感和成就感。这种成功可以是比赛获胜,也可以是赛出成绩和水平达到或超出预期,完成自我和整个团队的自我超越。这种成功的兴奋与喜悦是一种非常特殊的情感体验,可令每一个运动者都为了追求这种成功与成就而奋力拼搏,久而久之就升级成为一种对成功感的追求和向往。这种成功和成就感不仅可以丰富青少年的生活内容,提高生活质量,还能对青少年积极进取的学习与生活态度产生重要的影响。

（三）体验团队认同感

人们生活在社会环境下,都会有一定的社会归属感。人不能离开社会环境而独立存在,与社会中的其他成员存在着一定的交际关系。

与室内排球运动一样,气排球也属于一种集体球类项目。参加气排球运动是一种有助于体验人际交流愉悦感的活动,特别是对价值观、人生观和交友观尚未完全形成的青少年的人际交往能力具有更大的帮助。

现代社会属于一个充满竞争的社会,同样是一个重视合作的社会。在现代社会中,几乎已经很少有只通过一个人的努力就能实现较大目标的情况了,而是已经转为了团队合作模式开展工作。因此,团队中人与人之间的交流是否顺畅和有效就成了评定团队战斗力高低的标准之一。然而,人际交流不止在日常的工作中体现,在学习、生活等各个角落,只要有人的地方就涉及个人与他人的交流问题。

对于青少年学生而言,他们与同伴进行交流、交往,也与对手进行交流、交往,还与裁判员、场外观众形成良好的互动关系,总之,气排球运动能为学生提供一个良好的社会交际环境,还能够增强人与人之间接触和交往的机会。青少年在参加气排球运动的过程中,每一个技术和战术的实施都不是个人的独立行为,都应放到团体行为中去考虑,这就需要团队成员之间加强沟通与交流,长此以往,队员之间就会形成默契,增强团队的认同感。因此,这项运动有利于培养青少年的集体主义精神。

四、促进个性心理品质的养成

（一）解放个性

个性是人们身上表现出的带有稳定性和经常性的心理特点。大量的实践与事实表明,经常参加气排球运动能有效促进青少年个性心理素质的发展和提高。这突出体现在以下几个方面。

第一,个体之间存在客观差异性,气排球运动技战术的学习和实施可促进青少年个性的发挥,每一名参与者都能结合自己的特点打出属于自己风格的技战术。

第二,气排球运动中不同的参与者在场上担任不同的角色,个体是否适合这个角色、是否能完成角色所赋予的任务与个体的个性心理发育密切相关。就气排球运动中的主攻队员来说,气排球运动要求主攻队员必须是个人能力强、个性鲜明和人格独立的人,要敢于冒险和创新,只有这样,才有可能在复杂的条件下坚定必胜的信念,从而取得比赛的胜利。

第三,气排球运动是一种团队与团队之间的对抗,同时也是人与人之间的对抗。每一个人的发挥都能决定团队的战斗力,团队的行为需要依靠每一个人来配合,必要时还要牺牲个人利益,如得分或上场时间。个人对团体关系的理解和处理方式不同,也会在一定程度上影响自己的个性心理品质。

(二)调节心态

气排球比赛充满着竞争与对抗,有竞争就会有失败。因此,要想获得比赛的胜利就需要平时坚持参加刻苦的训练,要能接受可能失败的事实,要养成"胜不骄败不馁""宠辱不惊"的良好心态。经常参加气排球运动对于这种心态的养成具有重要的作用。

五、培养优良的精神意志品质

(一)锻炼意志

与其他运动项目相比,气排球运动的技术动作是比较简单的,入门门槛并不是很高,经过一定的学习与锻炼后,很容易参与其中。但需要注意的是,尽管气排球技术动作容易上手,但如果要做到技术动作的精细化和精确性,并能在比赛中灵活地运用却不是一件容易的事情。从入门到具备高水平气排球运动技能,需要学生花费很长的时间不断地重复进行练习,这个艰辛、枯燥的长时间练习,对身心消耗是很大的,需要学生克服来自身体和心理的各种困难,最终才能掌握技能。一位优秀的气排球运动员的成长,更是要付出常人无法承受的艰苦训练。因此,气排球运动的学习过程,可以说是一个锻炼人的意志品质的过程,经常参加气排球运动能有效增强人的意志力。

要想取得比赛的胜利,运动者需要具备顽强的意志品质。在比赛中遇到各种困难时,要能忍住伤痛、克制情绪、克服疲劳、坚定信念、稳定发挥,即使是在极端复杂的困难条件下,也要有信心与强有力的对手进行顽强的斗争。长此以往,运动者才能养成顽强的意志品质,这也是塑造人的意志品质的一个过程。

(二)提高抗压能力

气排球运动有助于提高青少年学生的抗挫折能力,这主要表现在以下两个方面。

一方面,经常参加气排球运动,能很好地培养和提高学生的自律能力。气排球运动作为团体运动项目,个体失误往往会对场上局势的发展产生或大或小的影响,因此,个体在训练和比赛中,必须时刻考虑团体的利益,不计较个人的得失,为团体的胜利心甘情愿做出贡献。

另一方面,经常参加气排球运动,能帮助青少年培养良好的情绪和心态。气排球比赛中进攻和防守都是经常出现的赛况,每一个运动队都会面临这种攻守不断转换的比赛形势,一时的胜利与失败也时常出现,这些都是竞技体育运动对抗中不可避免的。攻守是双方竞争优势的一种较量，青少年在参加气排球运动过程中，需要时常经历不断重复"进攻—失败—再进攻—再失败—积极拼抢—再进攻"的状况，这就要求青少年应学会沉着冷静应对，不断努力提升技战术水平和意识，坚定能超越和战胜对手的信心，在挫折与失败中积累经验和教训，从而争取比赛的胜利。长此以往，青少年的抗压能力会得到很大的提升。

第五节　气排球提高青少年社会适应性

大量的实践表明，经常参加气排球运动对于促进学生的社会性发展具有非常重要的意义，能提高青少年适应社会竞争、促进合作等各方面的能力。

一、有效提高青少年的劳动能力

对于校园中的学生而言，他们在学校中主要是学习文化知识、专业知识、职业技能和运动技能等，通过这些知识与技能的学习，为进入社会后快速适应社会奠定良好的基础。

经常参加气排球运动，能有效增强学生体质水平。"身体是革命的本钱"，健康的身体是学生走出校园、进入社会，成为社会劳动力的重要劳动力资本。

学生参加气排球运动，在促进个体身体素质和生理机能发展的同时，还有助于提高个体的免疫力，这些运动健身促进价值是学生自身能切实感受到的实惠。这种运动受益的结果就是为学生塑造了一个健康的身体，有助于学生在激烈的社会竞争中占据一席之地，获得不错的发展。

学生在踏入社会后，成为社会劳动力的一个部分，无论从事何种岗位、从事何种工作，都需要一个健康的身体作为基础。如果学生没有强健的身体，就不能很好地适应各种社会工作，不利于自身的长远发展。

二、促进社会角色的适应与转换

人们生活在社会中，在各种复杂的社会关系中生存与发展，扮演着不同的社会角色，这些社会角色都是根据社会的需要而确定的。当个体的某种社会地位和身份角色发生一定的变化时，人的心态也要随之调整，否则就难以适应社会的发展。人们要想在社会上求生存、谋发展，就需要在不同的社会关系中胜任不同的社会角色，要在社会中处理好各种人际关系，才能获得发展和进步。

气排球属于一项集体运动，场上的每一名运动者都有着不同的分工，扮演着不同的角色，需要相互之间的配合才能顺利完成比赛。在气排球比赛中，比赛双方少不了技战术对抗，为保证比赛的顺利进行，运动者需要进行一定的战术调整，那么场上运动员的位置也就需要进行调整，而相应的任务就会出现变化，角色的功能也随之发生变化。运动者在参加气排球比赛的过程中，要尽快适应各种角色，进入到角色之中，这样才能保证比赛的顺利进行。因此,青少年在参与气排球运动的过程中,适应能力与角色转换能力也得到了促进与发展。

三、培养社会参与意识

气排球运动是伴随着全民健身运动发展而来的,具有丰富的社会体育文化内涵,参与气排球运动有助于培养青少年的社会参与意识,提高青少年积极参与体育运动的意识和行为。

气排球对于青少年社会参与意识的培养主要表现在以下几个方面。

第一,气排球这一运动项目具有多方面的价值,对青少年的身心健康具有重要的促进作用。它提倡全民积极参与,充分体现了人民群众在体育参与中的平等性,人人享有参与体育运动的权利。人在社会中只有工作不同、角色不同,社会地位无贵贱之分,人人平等的观念在体育运动中得到广泛反映,这种平等意识有利于青少年社会平等意识的建立和形成。

第二,通过参加气排球运动,青少年能建立一种"要想收获必须有所付出"的情感体验。青少年参与气排球运动,对气排球运动知识与技能的获得就是一个学生付出努力与期待收获的过程。气排球运动过程中,骨骼、肌肉、关节、各器官的内在生理变化,以及身体形态的外在变化,都是建立在坚持不懈、持之以恒的体力、精力消耗基础上的,经常参加气排球运动,能帮助人们建立正确的奋斗观。

第三,青少年在参加气排球运动的过程中,需要不断地探索,但是任何知识与技能的掌握都不是一蹴而就的,而是需要循序渐进地进行。在学习的过程中也需要一定的理论指导和实践参与,科学的气排球运动理论能对学生的思想与行为进行引导,使其运动过程更科学,更快实现运动效果。

四、提高社会交际能力

(一)提高青少年的人际沟通能力

集体性的运动项目能为个体与他人进行人际交往构建一个良好的平台,促进运动者与他人接触、沟通与交流,从而获得进一步发展。气排球就属于这样一项运动。由此可见,气排球运动具有促进人际沟通与交往的能力。这一能力主要从以下两个方面得以充分的体现。

一方面,青少年在参加气排球运动的过程中,都要经历由开始不会、不懂,到后来能独立完成运动训练的过程,这个训练过程需要与教师、同伴不断交流,或请教或切磋或分享经验。

另一方面,青少年在参加气排球运动比赛的过程中,会进行一定的技战术交流,达成一致意见才能实施比赛战术行动,而良好的沟通有助于减少分歧,选择正确的比赛决策。

(二)提高青少年的人际关系协调能力

人们要想更好地在社会上立足,就要处理好人与人之间的关系,要具备良好的人际关系协调能力。人际交往是现代社会生存和发展的重要基础,任何一个正常的人都不可能脱离其他人而单独存在。尤其是在现代社会,竞争激烈,生活节奏快,各种人群面临着多方面的压力,迫于生存、生计无闲余时间进行休闲交际,人与人之间缺乏感情交流,关系淡漠,人际关系的沟通与协调就更加显得重要和珍贵,这是人适应社会发展的必然要求。个体的生存与发展不可避免地要与其他人打交道,建立良好的人际关系有助于取得成功。

通过参加气排球运动,青少年的人际关系协调能力能获得一定的提升。具体来说,气排球的活动情况具有复杂性,如何在各种冲突(与对手的冲突、与同伴的冲突、与裁判的冲突、与观众的冲突等)之间寻求和谐,要求青少年必须善于协调处理各种人际关系,有利于青少年形成相互理解、相互信任的思想品质,这对于青少年建立和谐的人际关系具有重要作用。

知识拓展

近年来气排球运动在成都快速发展,逐渐成为职工群众喜闻乐见的一项体育运动。2017年6月22日~23日,由成都市体育局、资阳市教育体育局联合主办,成都市城北体育馆、双流区文化旅游和广电新闻出版局(体育局)、成都市排球运动协会、资阳市体育中心和资阳市气排球协会共同承办的"运动成都·怡然资阳"2017年"成资一体化"气排球联谊赛(成都主场)在双流区体育中心圆满举行。来自资阳市市直机关、雁江区、安岳县、乐至县和成都市双流区、武侯区、龙泉驿区、温江区的百余名运动员参加。

五、懂得社会竞争与合作

(一)增强青少年的竞争意识与能力

伴随着现代社会的发展,竞争也越来越强烈,在这样的背景下,人们要想更好地生存与发展,就必须要具备良好的竞争意识与能力。气排球运动就具有一定的竞技性特点。竞争的本质就是超越他人和超越自我。这种竞争性从一开始就已深深植入体育运动参加者的主体意识之中。因此,长期参与气排球运动,有助于强化学生的竞争意识。

人们参加气排球运动,需要建立一种良好的竞争意识,气排球运动中的各种因素(对手、比赛条件、观众、裁判等)可对人的身体能量和意志品质进行消耗与磨炼,这些困难需要人们不断克服,这样才能获得比赛的胜利。

需要注意的是,气排球运动中的个人竞争意识与拼搏精神应建立在尊重团队作用的基础上,以最大限度地发挥团队竞争优势为目的,提高团队凝聚力,以团队形式开展竞争,而不能摒弃团队利益独自"出风头",这样很难获得理想的比赛成绩。

(二)增强青少年的合作意识与能力

有竞争就有合作,这是一个社会发展的规律。激烈的竞争也会在一定程度上促进相互间的合作,学会合作可以提高竞争实力,更有利于在竞争中获胜。一方面,现代社会处处存在竞争,每一个人都应该认识到,任何一个个人单凭自己的力量是不可能在社会竞争中取得长久的胜利的,必须与他人进行合作,才能增加竞争获胜的可能。另一方面,现代社会分工复杂而精细化,任何一项工作的完成都必须依靠团体的力量进行。现在世界范围内的联合生产、创造已经非常普遍,竞争环境中善于寻求合作才能更好地达成目标。

气排球属于一项集体性项目,通过参加气排球运动,能培养人们团结协作的意识与精神。在气排球比赛中,双方隔网以集体形式对抗,战术实施不仅要依靠个人,而且要重视同伴之间的配合与协作,强调协作意识和协作能力。参与者需要与同伴默契配合,只有在运动中学会竞争与合作,将团队协作精神充分发挥出来,才有可能在比赛中取得最后的胜利,这对于青少年学生在社会中的立足与发展具有很大的启示。

六、提高青少年社会活动组织与管理能力

(一)培养青少年的活动组织能力

气排球属于一项组织严密和协调运作的集体性运动项目,这一项目的顺利进行离不开必要的组织与管理。作为一项集体项目,气排球运动比赛中,集体的协同配合始终贯穿其中。气排球运动中的传切、掩护、突分和策应配合,综合多变的防守战术体系的顺利完成,都需全队的密切合作、协同配合完成。在这一过程中,需要每个人都参与到技战术的组织与实施中,每一个团队成员都是技战术的组织者、实施者。气排球运动以其团队协作的运动本质为队友之间相互沟通、协作提供了良好的平台,很好地锻炼了青少年学生的组织与管理能力。

(二)培养青少年的领导管理能力

大量的实践表明,通过参加气排球运动,运动者能很好地提高自己的合作意识和竞争能力,对于自身沟通意识和组织能力的提高也具有重要的意义和作用。这些良好的品质可以影响人的价值观念,可以有效提高管理能力,也可以培养个人的领导能力与组织能力。

气排球运动中的技战术运用并不是盲目的,而是随着对手的变化而变化的,具有一定的科学性和合理性,它要求通过要进行观察、分析、判断,快速果断地做出行之有效的应答。从赛况的发生,到做出技战术应对,这一过程短暂,却是运动者经历了一系列复杂的分析、判断、对比、决策,最终才做出结果并调动身体采取行动。这种运动体验有助于提高青少年学生进行快速、缜密思考的能力,对于其领导管理能力的提升也具有非常大的帮助。

七、提高青少年的社会创造创新能力

虽然气排球运动技术中有许多动作都是相对固定的,但在实际运用中,却需要根据对手不同,及时作出合理的反应。这就要求青少年在比赛中要随机应变,在比赛中创造出新的、巧妙的动作以及动作配合,如此才能自如应对各种赛况,才能"出其不意攻其不备",赢取比赛胜利。长期参加气排球运动训练,有利于培养青少年的创新意识与能力,这对于青少年在社会上立足与发展具有非常重要的意义。

第五章　独具魅力的气排球文化

本章导航

气排球运动在不断发展中形成了气排球文化。气排球文化具有独特的魅力,包含很多方面的内容。本章主要对气排球场地、器材与设备,气排球礼仪与竞赛规则,气排球竞赛组织与编排进行介绍。另外,本章还重点阐述了气排球裁判法以及气排球裁判员的培养。近些年来,以成都市为首的各大城市纷纷加强了气排球运动的发展,通过举办大量的气排球培训活动,提升了当地运动者的气排球运动水平。

第一节　气排球场地、器材与设备

一、比赛场地

通常会将气排球的比赛场地分为比赛场区和无障碍区。

（一）面积

气排球的比赛场区为一个长方形,长为12米、宽6米。比赛场区四周至少有2~3米宽的无障碍区,从地面向上至少有7米以上的无障碍空间。

（二）场地地面

场地地面必须平坦。地面不能粗糙,也不能太光滑,避免任何隐患存在。

（三）场地上的线

1. 基本要求

场地上所有的界线都是5厘米的宽度,颜色与场地颜色有所区别。

2. 界线

比赛场区是由两条边线和端线组成的,比赛场地面积中包含了边线和端线。

3. 中线

中线连接两条边线的中点。中线的中心线将比赛场区一分为二,规格为长 6 米、宽 6 米的两个相等场区。

4. 进攻线

每个场区各画一条距离中心线 2 米的进攻线。进攻线外侧各间距 20 厘米、长 15 厘米三段虚线为进攻线延长线。

5. 发球区短线

发球区是由两条短线组成的,即端线后两条边线的延长线上各画一条长 15 厘米,垂直并距离端线 20 厘米的短线,两条短线之间的区域为发球区。

6. 跳发球限制线

距端线后 1 米处画的一条平行且与端线长度相等的平行线。

7. 教练员限制线

由一组长 15 厘米、间隔 20 厘米的虚线组成。虚线从进攻线的延长线至端线延长线,距边线 1.05 米并平行于边线。

(四)裁判台、记录台、球队席

裁判台设在球网的一端。记录台设在裁判台对面的边线无障碍区外,记录台两侧设球队席(图 5-1)。

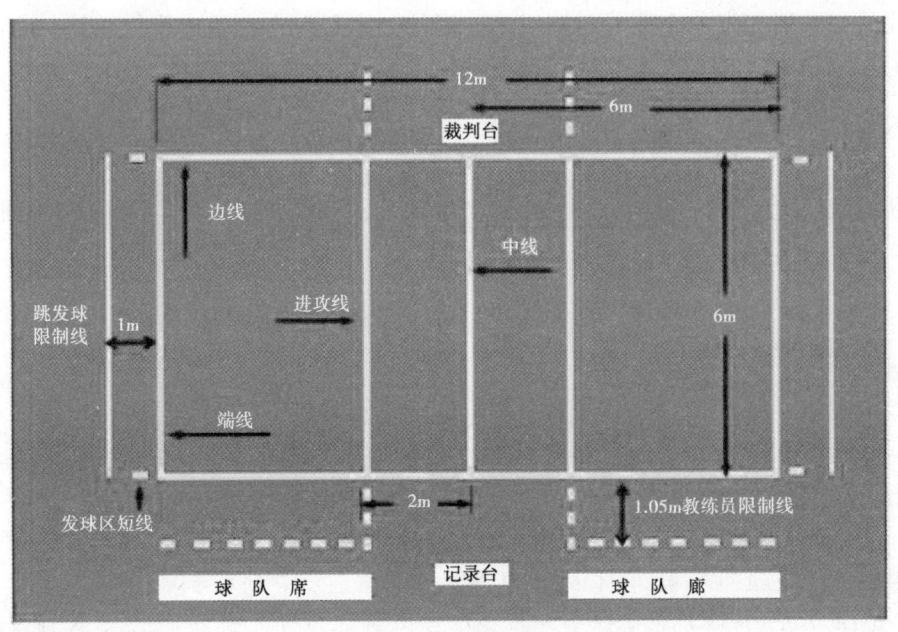

图 5-1 比赛场地图

二、球网、网柱和球

(一)球网

1. 球网

球网长7米,宽0.8米,网孔8厘米见方。网的上沿缝有5厘米宽的双层白色帆布,中间用柔软的钢丝绳穿过,网的下沿用绳索穿起,上下沿拉紧并固定在网柱上。

2. 标志带

标志带主要处于球网的两端,宽5厘米,长0.8米,垂直于边线。

3. 标志杆

标志杆长1.8米,直径1厘米,处在两条标志带外沿、球网的不同侧面,高出球网1米。标志杆每10厘米涂有红白相间的颜色。

(二)球网高度

球网高度并不是统一的,男子网和女子网是有差别的,具体来说,男子网高为2.1米、女子网高为1.9米。

(三)网柱

网柱是由圆形光滑的金属材料制成的。网柱分别架设在两条边线外0.5~1米的中线延长线上。

(四)球

气排球的球为圆形,是由柔软的高密度合成革制成的。颜色为彩色。圆周长为72~78厘米,重量为120~140克,气压为0.15~0.18千克/平方厘米。

知识拓展

"国标"型气排球逐渐普及

2019年5月25日至26日,梧州市第三十七届青年运动会气排球项目比赛在梧州市综合训练馆进行,来自市内多个单位、企业的气排球队展开激烈角逐。

本次气排球项目的比赛中,运动员按年龄与性别分为中年男子、中年女子、青年男子、青年女子4个组别参赛,有40支队伍超过400名运动员到场参赛。

从2018年开始,梧州市青运会气排球项目不再采用黄色的"桂标"型气排球作为比赛用球,而是改为蓝白相间的"国标"型气排球。据了解,为了适应比赛,该单位从2017

年开始就使用"国标"型气排球作为日常活动用球,现在所有队员都能娴熟地运用该球使出各式球技。

第二节　气排球礼仪与竞赛规则

一、气排球礼仪

（一）服装礼仪

1. 服装

气排球队员要身着统一的服装,具体要求为：上衣前后须有号码,序号为1~10号。身前号码高度不小于15厘米,身后号码高度不小于20厘米,号码笔画宽度不少于2厘米。

队长的衣服要与其他队员区分开来,主要区别在于,队长的上衣有一条与上衣颜色不同的长8厘米、宽2厘米的标志。

2. 运动鞋

运动鞋必须是没有后跟的胶底鞋,其具有柔软轻便的特点。

3. 饰物

任何易造成伤害的饰物都是不允许佩戴的。

（二）比赛礼仪

在气排球的比赛过程中,球队队员也要遵守一定的礼仪,具体有以下几个方面。
（1）比赛过程中不得面向球网叫喊。
（2）给对方送球时,必须从球网下将球送过,贴地滚过去是最好的选择。
（3）由于气排球是合成革的,很容易受外力损坏,所以不管什么时候,都不要用脚踢球。
（4）所有的队员都要服从教练员的指挥与安排。气排球比赛暂停的时候,所有运动员必须离开比赛场地回到替补席。
（5）发球队员做发球准备后,以裁判员的哨音为准。

知识拓展

2018年，成都市排球运动协会气排球进校园公益巡回培训活动（新都站）在新都区升庵中学举行。成都市排协秘书长王恩芳、副秘书长徐仁莉、训练培训委员会主任黄绵成等参加活动。

这次培训是成都市排球运动协会携手四川宇生富公司与新都区体育局、教育局开展的一次公益活动，来自新都区的中小学体育教师参加了这次培训。在本次培训期间，气排球国家级裁判朱成军向各位老师详细地讲解了气排球的特点、基本技术、战术技巧等，然后带领老师们到升庵中学排球馆进行实地训练指导，让参加培训的老师们切身体验了气排球运动的独特魅力。

二、气排球竞赛规则

（一）比赛方法

采用每球得分制，胜一球就得1分。

1. 胜一场

采用三局两胜制。

2. 胜一局

第1、2局先得21分并且超过对方2分为胜一局。

决胜局，先得15分同时超过对方2分的队获胜。

决胜局任何一支队先到8分时双方队员交换场地进行比赛，比赛按照交换时的阵容继续进行。

3. 得一分

当出现以下几种情况时，即可得1分。
（1）球成功地落在对方场区内。
（2）对方犯规。
（3）对方受到判罚。

4. 弃权与阵容不完整

（1）如果在比赛时，某队被召唤后却仍然拒绝比赛，那么就视为该队弃权。判罚结果为：对方以每局21∶0的比分和2∶0的比局获胜。

（2）某队无正当理由而未准时到达比赛场地，也视为弃权的表现，具体处理措施同规则（1）。

（3）比赛阵容不完整的判罚结果为，输掉该局或该场比赛，判给对方胜该局或该场比赛所必要的分数和局数。阵容不完整的队所得分数和局数可以保留。

(二)比赛行为

1. 比赛的状态
(1)比赛开始
第一裁判员鸣哨允许发球,发球队员击球为比赛开始。
(2)比赛中断
在排除裁判员由于比赛中出现犯规而鸣哨的情况后,裁判员鸣哨则视为比赛中断。
(3)界内球
球触及比赛场区的地面(界线也包含在内)。
(4)界外球
下列情况为界外球:
①球接触界线以外的地面。
②球触及场外的任何物体。
③球触及标志杆以及标志杆以外的球网、网绳或网柱。
④球的整体从网下穿过。
⑤球从过网区以外过网进入对方场区。
⑥球整体越过中线的延长线。

2. 比赛中的击球
比赛中的击球,就是队员与球的任何接触。队员必须在本方场区和本方无障碍区空间击球(规则"拦网"第三条除外)。
(1)球队的击球
每队击球的次数不能超过三次(规则"拦网与球队的击球"第一条除外)。
①连续击球
一名队员不能有连续击球的行为(规则"击球的性质"第三条、"拦网触球""拦网与球队的击球"第一条除外)。
②同时触球
两名或三名队员可以同时触球,其具体判罚各不相同。
A. 同队的两名(或三名)队员同时触到球时,会被判罚两次(或三次)击球(拦网除外)。
B. 不同队的两名队员在网上同时触球,则比赛继续进行,获球一方可在此按照正常击球规则进行击球。
③借助击球
队员在比赛场区内的击球不允许借助同伴或任何物体。
(2)击球的性质
①身体的任何部分都可以击球。
②球必须被击出,接住或抛出都不允许。
③击球时,身体不同部位在一个动作中连续触球是允许的。

（3）击球时的犯规

① "四次击球"。

② "借助击球"。

③ "持球"。

④ "连击"（规则"击球的性质"第三条、规则"拦网触球"、规则"拦网与球队的击球"第二条除外）。

3. 发球

后排右（1号位）队员在发球区内将球击出而进入比赛的行动，称为发球。

（1）首先发球

① 第一局和决胜局由抽签选定发球权的队首先发球。

② 第二局由前一局未首先发球的队发球。

（2）发球次序

① 以位置表上的顺序为准。

② 当胜一球时，必须轮转进行发球，由前排右（2号位）队员轮换至1号位发球。

（3）发球的允许

第一裁判员在发球队员已持球在手，并且双方队员已做好比赛准备时，鸣哨允许发球。

（4）发球的执行

① 球被抛起或持球手撤离后，必须在球落地前，用一只手或手臂将球击出。

② 发球时，是允许球在手中移动或拍球的。

③ 发球击球时，发球队员不得踏及端线和发球区以外地面。

④ 跳发球起跳时，脚不得踏及或超越跳发球限制线；但是，如果起跳空中击球后，脚落在任何位置都是允许的。

⑤ 在第一裁判员鸣哨后8秒钟内，发球队员必须将球击出。

⑥ 只要在8秒之内，即便发球队员将球抛起，未触及发球队员而落地，也是允许再次发球的。

⑦ 在裁判员允许发球鸣哨的同时或之前发球，那么发球队员是要重新发球的。

（5）发球时的犯规

① 发球犯规

下列犯规应判发球犯规进行换发球，即使对方位置错误。

A. 发球次序错误。

B. 没有遵守"发球的执行"的规定（规则"发球的执行"）。

② 发球击球后的犯规

球被发出后，出现以下情况仍被判为发球犯规（规则"发球犯规与位置错误"第二条除外）：

A. 球触及发球队队员或球的整体没有从过网区通过球网的垂直面。

B. 界外球。

C. 球越过发球掩护的个人或集体。

(6)发球犯规与位置错误

① 如果发球犯规(规则"发球犯规")与对方位置错误同时发生,判发球犯规。

② 如果发球后犯规(规则"发球击球后的犯规"),与对方位置错误同时发生,判位置错误犯规。

4. 进攻性击球

除发球和拦网以外的所有直接击向对方的球。

(1)进攻性击球的限制

① 进攻线后(后场区),队员可以对任何高度的球完成进攻性击球,但击球起跳时,脚不得踏及或越过进攻线。

② 队员可以在进攻线前(前场区)完成进攻性击球,但要保证球的飞行轨迹比击球点高,并且过网进入对方场区时向上弧度明显。

③ 击球后脚落在前场区是允许的。

④ 接发球队队员不能对在本场区内高于球网上沿的对方发球完成进攻性击球。

(2)进攻性击球的犯规

① 在对方空间击球。

② 击球出界。

③ 在前场区,完成进攻性击球,球的飞行轨迹低于击球点,球过网时向上的弧度不够明显。

④ 对处于本场区内高于球网上沿的对方发球完成进攻性击球。

5. 拦网

(1)拦网触球

在一个动作中,球可以迅速而连续触及一名或更多的拦网队员。

(2)拦网与球队的击球

① 拦网的触球不计入球队三次击球中。

② 拦网后,任何一名队员都可以进行第一次击球。

(3)拦网的犯规

① 后排队员完成拦网或参加完成拦网的集体。

② 拦对方的发球。

③ 拦网出界。

④ 从标志杆外进入对方空间拦网。

⑤ 拦网队员过网拦网,在对方进攻性击球同时或之前触球。

⑥ 当球飞向过网而尚未过网,有同队队员准备击该球时完成拦网。

6. 触网

(1)队员触网即犯规,比赛过程中在任何情况下都不能触网。

(2)队员击球后可以触及网柱、全网长以外的网绳或其他任何物体,但不得干预比赛。

(3)由于球被击入球网而造成球网触及球队,不算犯规。

（三）比赛间断与延误比赛

1. 正常的比赛间断

"暂停"和"换人"都属于正常的比赛间断。

（1）正常间断的次数

每局比赛中，每队最多请求两次暂停，换人的次数4人次（4人制）或5人次（5人制），所换队员不受位置限制。

（2）请求间断

① 在比赛死球时，裁判员鸣哨发球前，教练员或场上队长用正式手势，请求换人或暂停。

② 一局开始前允许请求换人，并计入换人次数。

（3）比赛间断的连续

① 一次或两次暂停与双方的各一次换人相连续，中间无须经过比赛过程。

② 同一队未经过比赛过程不得连续提出换人请求，但在同一次换人请求中可以替换1人或多人。

（4）暂停

① 每次暂停时间为30秒。

② 暂停时，比赛队员必须离开比赛场区到球队席附近的无障碍区。

（5）换人

① 换人必须在换人区内进行。

② 换人由教练员或场上队长请求，换人时，场外队员要做好上场的准备。

③ 如果要替换二名或二名以上的队员，要用手势表明请求替换人次。

（6）特殊换人

某一队员受伤或生病不能继续比赛时，必须进行合法的换人。如果不能进行合法换人时，可以采取超出换人限制的特殊换人，特殊换人时，场外的任何队员，都可以替换受伤队员，但是受伤队员不可在本场比赛中再次上场比赛，特殊换人不作为换人次数计算。

2. 延误比赛

（1）延误比赛的类型

一个队拖延比赛继续进行的不正当行动为延误比赛。包括以下行为：

① 换人延误时间。

② 在裁判员鸣哨恢复比赛后，拖延暂停时间。

③ 请求不合法的替换。

④ 再次提出不符合规定的请求。

⑤ 球队成员拖延比赛的继续进行。

（2）对延误比赛的判罚

① "延误警告"和"延误判罚"是对全队的延误比赛的判罚。

A. 延误比赛的判罚对全场比赛有效。
B. 所有延误比赛的判罚都记录在记分表上。
② 在一场比赛中,对一个队的成员的第一次延误比赛,给予"延误警告"。
③ 在一场比赛中,同一队的任何成员造成任何类型的第二次以及其后的延误比赛,都给予"延误判罚",对方得1分,并由对方发球。
④ 局前和局间的延误比赛判罚记在下一局中。

3. 例外的比赛间断

(1)受伤

① 比赛中出现严重伤害事故,裁判员应立即中断比赛,允许医务人员进入场地。该球重新比赛。
② 如受伤队员不能进行合法替换和特殊替换,则给予受伤队员5分钟的恢复时间。一场比赛中同一队员只能给予一次恢复的时间。5分钟后仍不能进行比赛,该队被宣布阵容不完整(规则"弃权与阵容不完整"第三条)。

(2)外因造成的比赛间断

比赛中出现任何外界干扰,都应停止比赛,该球重新进行。

(3)被拖延的间断

① 任何意外的情况阻碍比赛进行时,第一裁判员、比赛组织者和主管委员会成员共同研究决定,采取措施使比赛恢复正常。
② 一次或数次间断时间累计不超过2小时。
③ 一次或数次间断时间累计超过2小时,则全场比赛重新开始。

4. 局间休息与交换场区

(1)局间休息

第一局结束后休息2分钟,决胜局前休息3分钟。

(2)交换场区

① 第一局结束后,比赛队交换场区。
② 决胜局中某队获得8分时,两队交换场区,不休息,队员在原来的位置继续比赛。如果没能及时交换场区,应在此错误被发现时立即进行交换,保留交换场区时两队已得比分。

(四)不良行为

1. 轻微的不良行为

对轻微的不良行为不进行处罚,但第一裁判员有责任防止运动队出现接近被处罚程度的行为。这里使用两种形式:
(1)通过场上队长进行口头警告;
(2)向相关队的成员出示黄牌,虽然没有处罚,但要登记在记录表上,警告该队其行为已经接近被处罚的程度。

2. 给予处罚的不良行为

球队的成员对裁判员、对方、同伴或观众的不良行为，按程度分为3类。

（1）粗鲁行为：违背道德准则或文明举止。

（2）冒犯行为：诽谤或侮辱的言语或形态，或有任何轻蔑的表示。

（3）侵犯行为：人身攻击、侵犯或威吓行为。

3. 判罚的实施

（1）轻微的不良行为。

警告：不处罚

——形式1：口头警告；

——形式2：出示黄牌。

（2）粗鲁行为：裁判员出示红牌，对方得一分并发球。

（3）冒犯行为：裁判员出示红牌＋黄牌（同持一手），取消该局比赛资格，无其他判罚。被判罚的球队成员必须坐在本队球队席上。如果被判罚的是教练员，则失去该局的指挥权利。

（4）侵犯行为：裁判员出示红牌＋黄牌（双手分持），取消该场比赛资格，离开比赛控制区，无其他判罚。

4. 不良行为的判罚

针对个人，全场比赛有效，记录在记分表上。

5. 同一成员在同一场比赛中重犯不良行为

按判罚等级加一级判罚，即对该成员的判罚要重于前一次。

6. 对冒犯行为或侵犯行为的判罚

无须有先一次的判罚。

7. 场上队员被取消该局或该场比赛资格

必须立即进行合法的替换，不得继续参加该局或该场的比赛。如果不能进行合法替换，则宣布该队"阵容不完整"（规则"弃权与阵容不完整"第三条）。

8. 局前与局间的不良行为

局前与局间的不良行为，按规则"判罚的实施"进行判罚，并记录在下一局中。

知识拓展

成都市排协自2008年起，就在校园中逐步推广"气排球进校园"活动，气排球运动渐渐成为学校首选的寓教于乐、简单安全的体育运动项目。据粗略统计，"气排球进校园"公益巡回培训目前已覆盖成都市22个区（市）县，累计参与人次达2万余人次，倍受全市广大青少年的喜爱。

第三节　气排球竞赛组织与编排

一、气排球的竞赛组织

赛事的组织与管理工作本身是比较复杂的,一定要做得非常细致。因为,管理与组织工作的好坏会对比赛能否顺利进行产生直接影响。

(一)气排球竞赛组织的一般要求

竞赛的开展,要对比赛的时间、地点、规模这三个条件进行充分考虑。

1. 确定比赛时间

在确定比赛时间方面,要考虑以下几个因素:
(1)本次比赛所需时间长度。
(2)比赛时间安排同有关赛事的衔接。
(3)考虑赛事安排时间与项目特点相吻合。
(4)要考虑运动员实际情况。

2. 选择比赛地点

在选择比赛地点时,要对下列因素进行综合考虑:
(1)交通、接待条件。
(2)体育设施、场馆条件。
(3)举办地对该项目的兴趣、爱好。
(4)考虑与上一级比赛在条件(地点、气候)上的相同。
(5)注意调动各方举办竞赛的积极性。
(6)从商业化、社会化效益角度考虑。

3. 确定比赛规模

气排球比赛的规模,可大可小,这需要根据实际情况进行统筹考虑,同时,还要兼顾社会和经济两个效益。

关于比赛规模,其主要取决于两个方面的因素:一是比赛任务,二是比赛人数。

(二)气排球竞赛组织与管理

1. 竞赛组织对比赛的组织与管理
(1)赛前组织与管理的主要任务
气排球竞赛前组织与管理的任务主要有以下几个方面:

① 将比赛的组织方案确定下来。
② 审定竞赛工作计划。工作计划中要包含工作计划细则、组织机构、经费预算和竞赛规程等方面内容。
③ 明确组织机构。
④ 组织与开好赛前技术会议。
（2）比赛中的管理：赛前、赛中、赛后的规范管理
2. 竞赛业务部门（竞赛组）的主要工作
（1）赛前工作
拟定竞赛规则；组织报名；编排印刷秩序册；准备比赛用表格；安排练习场地；安排裁判员业务学习；安排教练员裁判长会议。
（2）赛中工作
安排竞赛工作；协调组织裁判员工作；审查运动员资格；处理竞赛问题；登记发布成绩。
（3）赛后工作
印刷成绩册；参加裁判员总结会；处理竞赛善后工作；总结竞赛工作。

二、气排球的竞赛编排

（一）气排球竞赛编排工作的基本知识

1. 竞赛编排
按照参赛队的数量和竞赛规则，采用相应的方法来对各队的比赛场次及日程进行合理编排。

2. 轮次
一般而言，参赛队赛完一场球，即可视为比赛进行一轮。

3. 场数
一次赛事总计比赛场数。

4. 节数
通常而言，比赛一天的时间会被分为三节，即上午、下午、晚上。

5. 场地容量
一块场地在一节时间里可以安排的比赛场数。

6. 抽签
这是编排工作中经常采用的机遇性手段之一，运动队在比赛中所处位置号的确定通常会用这一手段。

7. 种子队

这一编排方法在淘汰赛中经常会用到。

8. 位置号

运动员在竞赛秩序表中所处的位置号码是位置号。

9. 竞赛负担量

竞赛负担量就是指一个队根据规则在一定时间的比赛场数（次），以此为依据，能保证比赛运动量和比赛的进行。

(二) 气排球竞赛编排工作的基本程序

在气排球竞赛编排过程中，要按照以下程序步骤来进行。

1. 编制比赛的每一轮比赛秩序

通过特定方法的采用来标志出淘汰或循环制的比赛秩序。

2. 抽签进入自己的位置号

通过抽签等机遇性手段，来确定运动队所处的比赛秩序中的数字位置，从而将自己每一轮比赛的对手明确下来。

3. 编排竞赛日程

在准确掌握竞赛的轮数、场数、天数和场地使用情况及运动员运动负荷量等因素后，将比赛秩序日程化。这一程序一定要保证其公开性与公平性。

4. 编印秩序册

秩序册包含的内容有：比赛的竞赛规程、组织委员会名单、办事机构名单、仲裁委员会和裁判委员会名单、运动队名单、活动日程表、竞赛日程表、成绩表等。

(三) 气排球竞赛制度、编排工作及成绩计算方法

1. 赛制的选择

组织比赛时，一定要对其存在的利弊加以权衡，从而将最佳的竞赛制度选择出来，这就需要对以下五个要素或五个重要的变量加以充分考量。

（1）完成全部比赛的比赛场次。
（2）完成全部比赛所需的时间。
（3）完成全部比赛所需的场地。
（4）比赛组织的公平性。
（5）比赛编排的可操作性或客观性。

2. 循环制的编排方法

循环制具体可以分为单循环、双循环、分组循环。各队比赛场次相同,公平竞争,机会均等,决定名次办法合理,能客观反映队伍成绩,是其优点;而比赛场次多,比赛周期长,对人力、财力、物力均有一定要求,则是其不足之处。

（1）单循环赛

参加比赛的各队之间均相互比赛一次,即为单循环赛。

① 循环赛的比赛场数计算公式：场数 = 队数（队数 −1）/2

② 循环赛的比赛轮数计算方法：参赛队为奇数时,比赛轮数等于队数,参赛队为偶数时,比赛轮数等于队数减1。

③ 单循环赛的编排方法：

A. 一般编排方法

编排的方法为"逆时针轮转方法"。表 5-1 是 7 个队参加比赛的比赛秩序编排表。

表 5-1　7个队单循环比赛的传统编排方法

第一轮	第二轮	第三轮	第四轮	第五轮	第六轮	第七轮
1—0	1—7	1—6	1—5	1—4	1—3	1—2
2—7	0—6	7—5	6—4	5—3	4—2	3—0
3—6	2—5	0—4	7—3	6—2	5—0	4—7
4—5	3—4	2—3	0—2	7—0	6—7	5—6

B. "贝格尔"编排方法

目前,气排球比赛大多采用国际上的一种编排方法——"贝格尔"编排法,这样就能使上述问题得到解决了。

第一轮与传统方法基本相同,第二轮的编排有所差别。表 5-2 是 7 个队比赛的编排秩序。

表 5-2　7个队单循环比赛"贝格尔"编排法

第一轮	第二轮	第三轮	第四轮	第五轮	第六轮	第七轮
1—0	0—5	2—0	0—6	3—0	0—7	4—0
2—7	6—4	3—1	7—5	4—2	1—6	5—3
3—6	7—3	4—7	1—4	5—1	2—5	6—2
4—5	1—2	5—6	2—3	6—7	3—4	7—1

（2）双循环赛

双循环赛,就是指参加比赛的各队之间均相互比赛两次。

一般来说,会将双循环赛分为两个阶段,由两个单循环赛组成。需要强调的是,在比赛秩序编排方法方面,双循环赛与单循环赛是相同的。

（3）分组循环赛

这种编排方法通常会用于参赛队伍较多时。一般来说,可以将其分为预赛和决赛两个阶段,其中,预赛是把比较多的参赛队伍先分成若干个小组进行比赛,赛出小组名次;决赛是将预赛中各个小组产生的名次进行相应的比赛,决出最后名次。

① 预赛阶段

预赛的分组循环赛采用的竞赛秩序编排方法通常为单循环编排方法。通常要设立种子队进行编排,这样能使各个小组参赛队伍的水平相对平均,最大限度克服分组的队伍实力不公平现象。通常情况下,分组循环赛按分组数或分组数的2倍数确立种子队。

设立种子队抽签分组时,由种子队先抽签,确定各种子队的组别,然后其他各组再抽签进入各个组别。不设立种子队进行抽签分组时,可以上届比赛名次为依据来进行"蛇形"编排,如16个参赛队分成A、B、C、D四个组,进行"蛇形"编排分组(表5-3)。

表5-3 "蛇形"编排法分组表

第一组	第二组	第三组	第四组
1	2	3	4
8	7	6	5
9	10	11	12
16	15	14	13

② 决赛阶段

决赛阶段的比赛可以采用的编排方法有很多种,比如常见的同名次赛、循环赛、淘汰赛及淘汰附加赛。

(4)循环制比赛日程的编排

以排好的比赛秩序表为依据,再按规程规定的方法将数字换成队名,然后填于秩序表中,最后编好比赛日程表(表5-4)。需要注意的是,在编排日程表时要尽力做到各队的比赛场地和比赛时间机会均等。

表5-4 比赛日程表

日期	时间	组别	比赛队	场地
6月27日	9:00	女	南昌—厦门	1
	9:40	女	北京—阜阳	2
	10:20	男	上海—苏州	3
	11:00	男	福州—南京	4

(5)循环制成绩计算方法

① 胜一场得2分,负一场得1分,弃权得0分,按积分多少决定名次。积分多者名次列前。

② 如遇两队或两队以上积分相等,按计算C值的办法决定名次,C值高者名次列前:C值=A(胜局总数)/B(负局总数)。

如 C 值仍相等,则按计算 Z 值的办法决定名次,Z 值高者名次列前:

$$Z 值 = X（总得分数）/ Y（总失分数）。$$

3. 淘汰赛

淘汰赛,主要运用于参赛队数较多,比赛时间短且比赛场地极缺时。这一编排方法的特点是具有强烈的对抗性,输一次即失去比赛的资格,对于锻炼队伍来说是不利的。目前,基层气排球比赛的参赛队数多,经常采用淘汰赛制。一般而言,淘汰赛分为单淘汰和双淘汰。

（1）单淘汰赛

运动队按排定的秩序进行比赛,胜队进入下一轮比赛,负队淘汰,赛至最后一场比赛胜者为冠军,负者为亚军,即为单淘汰赛。单淘汰赛比赛秩序的编排如图5-2所示。需要通过增设附加赛的形式来决出3、4名和其他名次(图5-3)。

①单淘汰赛比赛场数

参赛队数减1。

②单淘汰赛轮数计算方法

计算方法为2的乘方数即比赛轮数。

③单淘汰赛编排中如何设定种子队

种子队的设立,能使一些队不在前几轮中遇到淘汰的情况得到保证。种子队通常是由排名在前的队担任的,种子队的数目为参赛队队数的1/6或1/12。

④单淘汰赛如何确定"轮空"队位置

"轮空"主要出现在参赛队不是2的乘方数时,通过"轮空"的方式,来有效解决单淘汰赛的比赛秩序的不完整性的问题。

具体编排秩序见图5-4。

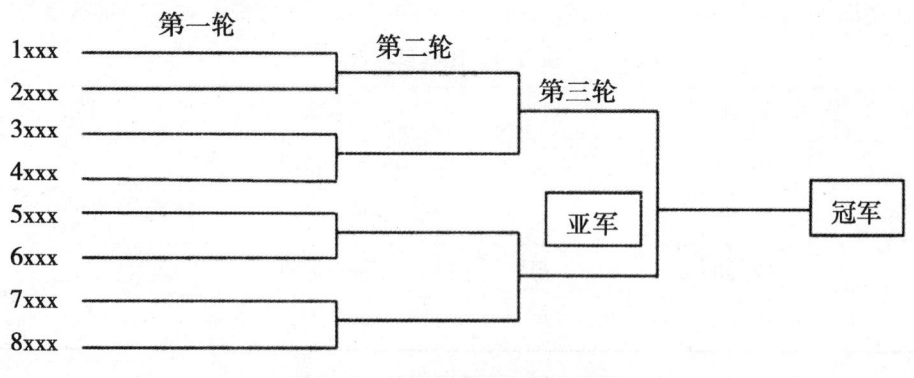

图 5-2 单淘汰赛比赛秩序编排

图 5-3 附加赛编排

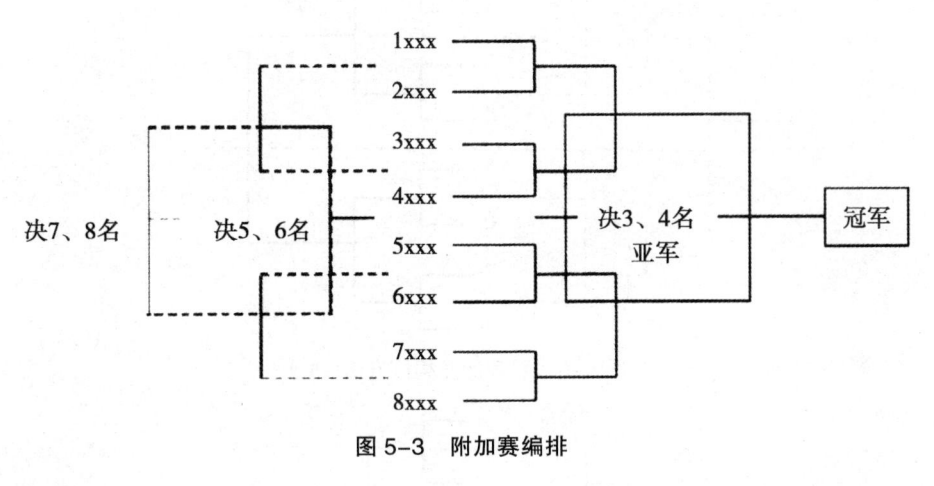

图 5-4 设定种子队和轮空队

（2）双淘汰赛

双淘汰赛，就是运动队按照排定的秩序进行比赛，失败两次才被淘汰。

①双淘汰赛的场数计算：比赛总场数 =2X-3（X 为参赛队数）。

②双淘汰赛的编排方法：见图 5-5、图 5-6。

4. 混合制

混合制，就是将淘汰赛制和循环赛制结合起来的一种竞赛办法。

（1）第一阶段先分组进行单循环比赛：将参赛队分为若干个组，进行单循环赛，决出各个小组名次。

（2）第二阶段交叉决赛办法：第一阶段各个小组前 2 名交叉决出 1～4 名，各小组 3、4 名则通过比赛决出 5～8 名，后面名次的决赛办法依此类推。具体编排方法见图 5-7。

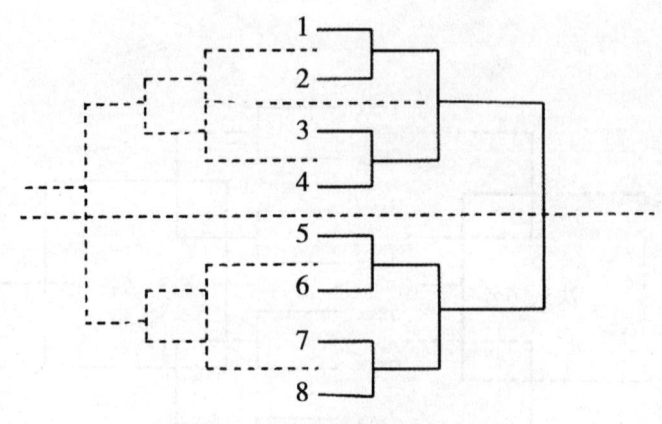

图 5-5 双淘汰赛编排方法（1）

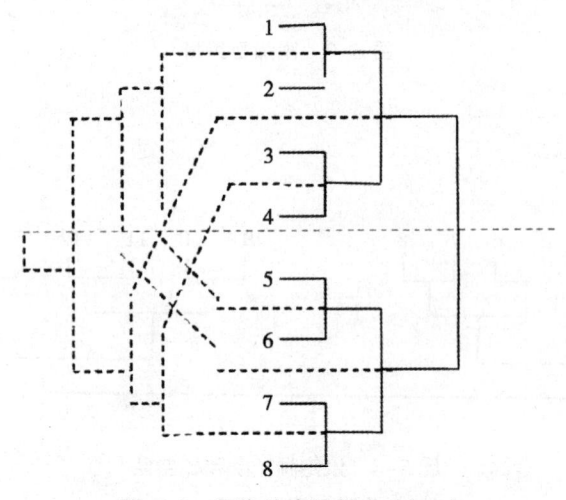

图 5-6 双淘汰赛编排方法（2）

由此可见，不交叉法对于解决同单位的队伍过早相遇问题是较为便利的，而交叉法则对于两队重复比赛现象的解决较为便利。

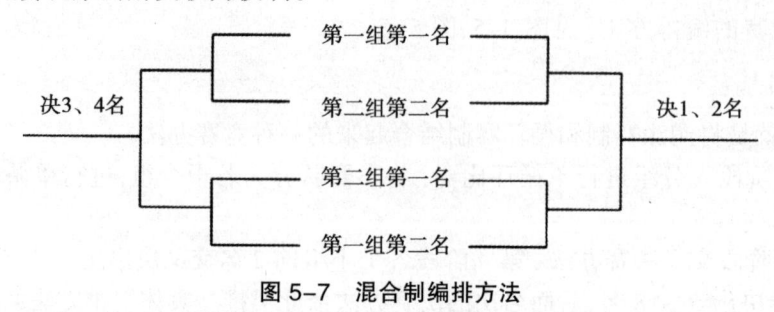

图 5-7 混合制编排方法

第五章　独具魅力的气排球文化

（3）第二阶段佩奇制决赛办法：在第一阶段各小组名次基础上举行的第二阶段决赛办法（图5-8）。

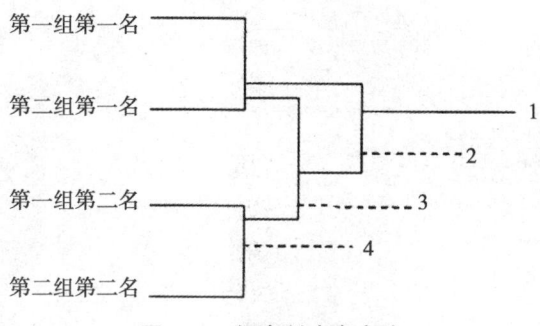

```
第一组第一名 ┐
           ├─┐
第二组第一名 ┘ │
              ├──── 1
              │ ---- 2
              │ ---- 3
第一组第二名 ┐ │
           ├─┘ ---- 4
第二组第二名 ┘
```

图 5-8　佩奇制决赛方法

知识拓展

2020年11月14日~15日，由成都市体育局、成都市教育局主办"爱成都·迎大运""运动成都"成都市第17届小学生气排球比赛、成都市第2届中学生气排球比赛在龙泉驿二小举行。以下图片是参与本次比赛的学生的精彩瞬间。

气排球 >> 85

图 5-9 气排球比赛中的学生

第四节 气排球裁判法及裁判员的培养

一、气排球裁判法

（一）裁判员哨音

气排球比赛由裁判员的哨音和手势组织和指挥,不仅代表裁判员的判断和裁决,反映裁判员的思想和精神面貌,而且可促进比赛有序进行,促进技战术正常发挥,引导观众情绪。

所以,裁判员是法官,规则是法律,哨音是执法,手势是裁决。

1. 鸣哨及时,哨音果断、洪亮

(1)一传犯规不及时鸣哨,二传时才鸣哨,反映出鸣哨不及时。
(2)球落地后不及时鸣哨,显得不果断,犹豫不决。
(3)哨音不洪亮或吹不响,在紧张激烈比赛中,人声嘈杂,听不清哨音。

2. 哨音有节奏,注意轻重长短

(1)发球、发球失误、发球得分:清脆短促。
(2)持球、连击、过网击球、四次击球、触网、过中线、位置错误:重脆稍长。
(3)暂停、换人、准备活动开始与结束:一声长音。
(4)召集双方队长,比赛开始与结束:一短一长。
(5)提醒运动员、教练员注意非技术性犯规:二声短音。
(6)观众喧哗、关键比分:哨声长而重。

3. 减少重哨

(1)一、二裁之一鸣哨后,另一人不再鸣哨。
(2)比赛中的任何判定,不能鸣二声和多音连哨,防止分不清先后犯规时间。

(二)裁判员手势

(1)准确规范。符合规则规定,采用法定手势,准确就是规范化,不能任意改编和增加,不做形象化动作(如中头指头,中身指身)。
(2)及时果断。反映判决的坚定性和准确性,一鸣哨即做出明确手势,动作简快、干净利落,不要犹豫不决,动作僵硬不协调。
(3)交待清楚。
①手势要有节奏,首先指明得分方,再用犯规队同侧手表示犯规原因。
②做手势后两个裁判应相互目视,如二人之间判断不一致,无论维持原判或改判,一裁都要做出最后判定手势,其他人不得再坚持己见。
③手势要有短暂停留,以利他人观察。
(4)法定手势。
①常规手势:得分、换人、暂停、一局结束、交换场区、发球、界内、界外、重发(双方犯规)。
②犯规手势:发球未抛起、四击、连击、持球、过中线、触网、进攻性击球、8秒、过网击球、错位、球触障碍物、掩护或拦网、打手出界。
③判罚手势:延误警告、黄牌、红牌、红黄牌。
④司线员旗势:界内、界外、打手出界、过网区外(触标志杆)、无法判断。

二、气排球裁判员的培养

（一）近年来关于气排球裁判员的培训活动

2014年12月16日，全国气排球裁判员培训班在漳州开班，中国排球协会于光岩同志、漳州基地苏健武主任、培训班副主任陈玉鑫同志等出席培训班，共有来自17个省市自治区的86名学员参加。这次培训班是中国排球协会首次举办气排球项目裁判员培训班。整个培训班将围绕气排球竞赛规则学习、气排球裁判员工作方法与程序、气排球裁判员临场配合、气排球司线员工作方法、气排球记录员工作方法等内容展开。气排球资深专家陈玉鑫、连道明、陈鸿林、陈铁成、黎禾等人给参加培训的学员进行授课（图5-10）。

图5-10　全国气排球裁判员培训

2015年4月4日~5日，宁夏学校体育协会、宁夏排球协会在宁夏大学附属中学举办了"2015年全区排球、气排球教练员、裁判员学习班"。来自全区大、中学体育教师以及宁夏大学和北方民族大学体育学院排球专业的大学生近130人参加了培训。这次培训班特聘浙江外国语学院体育部主任、国家A级排球裁判李宁教授为本次培训班的主讲教师（图5-11）。

2016年，浙江省气排球裁判员培训班在中国五金之都永康市市委党校隆重举行。有205名来自全省的气排球裁判员报名参加了由浙江省气排球协会主办、永康市气排球协会承办的2015年浙江省气排球裁判员培训班。培训班成立了考核领导小组。在两天的培训班期间，由黎和与李宁两位教授为学员讲授《中国排球协会大众排球裁判员管理办法》《气排球竞赛规则的执行和判断方法》，讲解法定手势与比赛管理，进行哨音、手势训练，并举行了理论考试和临场考核。根据裁判员分级管理的原则，考试合格者，颁发相应的裁判等级证书

（图 5-12）。

图 5-11　宁夏气排球裁判员培训

图 5-12　浙江气排球协会裁判员培训

2016 年 10 月 29 日上午，湖北省气排球晋升一级裁判员暨社会体育指导员培训班在武汉华中科技大学举行。湖北省体育局篮球排球运动管理中心领导出席了开班仪式，鼓励各位学员珍惜培训机会，通过专家教授的讲座和临场执裁的双项培训真正掌握气排球项目的知识与技能，全面提高自身的业务水平（图 5-13）。

2018 年，在云南省体育局、云南省教育厅、云南省总工会的鼎力关心支持下，由云南省裁判委员会筹备、组织举办了第一届云南省气排球裁判员培训班。培训班于 2018 年 5 月 19 日~20 日在云南民族大学举办。开班仪式受云南省体育局、云南省教育厅、云南省总工会委托，由云南省裁判委员会主任杨榕先生做动员，指出并明确了裁判员是赛场上的法官，裁判的公正直接影响着项目的发展环境，特别是裁判的公正执裁对了解接触气排球项目的参与者有着直接的教育示范作用(图5-14)。

图 5-13　湖北省气排球晋升一级裁判员培训

此次培训班旨在学习中国排球协会最新颁发的2017～2020年气排球竞赛新规则,推广和普及云南省群众气排球的开展,安排了黄光伟、王莉、倪铭、纪京杰等老师授课。授课内容包括气排球规则解读、气排球裁判法、气排球编排与记录、裁判员临场实践等。

2018年,在湖北省体育局、湖北省篮球排球运动管理中心和湖北省气排球协会的大力支持下,湖北省公安厅于8月28日至30日在黄石市举办了"2018年湖北省公安系统气排球裁判员暨社会体育指导员培训班",共有来自全省14个地市的49名民警参加了此次培训班。此次培训班学员与老师之间建立了良好的师生关系,达成了寓教于乐的教学氛围。通过培训,大大提高了湖北省公安系统对气排球运动的热情,对推动湖北省气排球裁判队伍的发展有极大帮助,从而为进一步促进湖北省气排球项目发展起到示范作用(图5-15)。

图 5-14　云南省气排球裁判员培训

第五章 独具魅力的气排球文化

图 5-15 湖北省气排球裁判员培训

2018年12月1日,由国家体育总局排球管理中心举办的"全国气排球裁判员培训班"在江苏省扬州市扬州工业职业技术学院正式开班。参加本次培训的学员共计124人,分别来自全国24个省市及体协。出席开班仪式的领导有:国家体育总局排球运动管理中心社会发展部主任孟建,江苏省体育局训练中心副主任、江苏省排球运动协会副会长王宁,江苏省教育厅体卫艺处主任李勇,江苏省扬州工业职业技术学院体育部主任、教授赵永林,东南大学教授陈瑜。这次培训班的讲师有:福建师范大学体育学院教授陈铁成、集美大学体育学院教授连道明、东南大学体育学院教授钱景虹、上海律师唐济民。

此次培训旨在加强和规范气排球裁判员队伍,培养更多专业气排球裁判员,为气排球的全面发展贡献力量,进一步推动我国气排球运动深入开展(图5-16)。

图 5-16 2018年全国气排球裁判员培训

| 引领大众体育的时尚运动　>>　气排球 |

　　2018年,为认真贯彻落实《中共中央国务院关于加强青少年体育增强青少年体质的意见》《国务院办公厅关于强化学校体育促进学生身心健康全面发展的意见》等文件精神,进一步推动学校体育工作健康发展,丰富学校阳光体育活动内容,成都市排协从4月26日的第一站到11月7日的最后一站,走遍了全成都22个区(市)县,完成了22场气排球进校园公益巡回培训(图5-17)。

图 5-17　成都市排球运动协会气排球进校园公益巡回培训

　　2019年5月11日~12日,四川省高校气排球教练员、裁判员培训班在西南交通大学九里校区举行。培训详细讲解了《气排球竞赛规则2017~2020》、记录表、竞赛组织与编排、裁判员职业道德以及气排球教学训练方法,并进行了裁判员理论考试与实践。

图 5-18　四川省气排球教练员培训

　　2019年12月8日,全国气排球国家级裁判员培训班,在江苏省镇江市江苏科技大学圆满结束。培训班对全体学员进行了理论考核,并组织全体学员们进行了临场实践教学,将理论与实践相结合。培训班于12月8日下午5点顺利结束,127名学员通过理论考核后将结合 2020 年全年赛事进行实践考核（图 5-19）。

图 5-19　全国气排球国家级裁判员培训

2020 年 9 月 18 日～20 日，由内蒙古自治区体育局主办，内蒙古自治区球类运动管理中心、内蒙古排球协会承办的内蒙古自治区气排球一级裁判员培训班在呼和浩特市举办。经自治区各盟市体育局及排球协会推荐，共有 60 余名优秀裁判员参加培训。培训班严格按照疫情防控要求，精心组织、科学合理安排学员们进行学习和考试（图 5-20）。

图 5-20　内蒙古自治区气排球裁判员培训

2020 年 11 月 7 日上午，"2020 年西藏自治区气排球普及培训班暨气排球裁判员培训班"在拉萨开班。此次气排球项目培训班暨气排球裁判员培训班首次在西藏自治区举办，共有来自 31 个单位的 68 名干部职工报名参加（图 5-21）。

图 5-21　西藏自治区气排球裁判员培训

（二）气排球裁判员培养的注意要点

（1）要热爱或者喜欢这项运动，要有爱心、奉献心，要长期坚持自己的兴趣。
（2）要熟悉气排球规则（要注意气排球有两套规则，估计适用场合）与裁判法。
（3）裁判员要树立公平、公正的执法理念。
（4）做裁判要有正确的姿势与手势，判罚要正确和规范。
（5）比赛中裁判员认为需要吹哨的时候，应该果断、及时、明确。
（6）做好裁判工作，要与其他裁判密切协调，有默契度。
（7）裁判员要明确自己的裁判范围，明确自己的职责范围，不乱判。
（8）做好裁判准备工作与赛后工作。尤其是在赛后，还要做一下本场执裁的总结和经验，或者赛后与其他裁判、教练队员交流比赛过程的执法情况，这样能使自身的裁判水平得到极大的提高。

（三）气排球裁判员培养的策略

1. 培育裁判队伍，解决"执法者"的问题

对于气排球裁判员的培养而言，可以由地方排球协会负责推广。建议协会牵头，着手征集气排球裁判员，鼓励各行各业气排球运动爱好者加入，充分发挥第二职业兼职者的兴趣、专业优势。对裁判员队伍开展定期集中的系统培训，学习竞赛知识、裁判法、裁判员职业道德、裁判员的心理素质等。[1]统筹协调，更多安排临场执裁，积累执裁经验，争取考取全国气排球裁判等级证书，打造一支高素质的裁判员队伍，建立气排球裁判人力资源库。

---

[1] 罗俊波.广州市气排球裁判员现状及培养策略研究[J].知识文库，2017（09）：35-36.

2.加强与体育高校合作,解决"后备力量"的问题

体育局、排协应与高校合作,加强气排球后备人才的培养。在排球课程设置中开设气排球选修课,并在气排球课的教学过程中培养学生的裁判能力。教师重点把气排球和硬排球规则异同分析清楚,同时应把竞赛规则与裁判法渗透到气排球教学过程中,做到学习规则与学习技术、战术同步进行。利用教学比赛使学生加深对气排球规则的理解,锻炼学生会比赛、会组织,并让学生多参与各类气排球比赛,担任裁判及相关工作,形成稳定的合作关系,只有这样才能培养出推动气排球发展的专业人才。

3.加强裁判员之间的学习与交流

(1)体育部门应采取"请进来,走出去"的方式,组织相关人员到气排球运动开展得好的省份进行调研,学习先进经验和做法。

(2)邀请经验丰富的气排球推广专家对气排球工作进行实际指导培训。

(3)定期组织各区体育局、各单位气排球爱好者及裁判员学习讨论。

只有相互交流,认真学习,才能切实提高裁判的执裁水平,促进气排球运动更好地发展。

第六章　气排球运动学练理论

本章导航

> 不论是作为一名气排球运动专业的运动员还是爱好者,在参加这一运动项目时,学习与掌握与气排球运动有关的学科理论知识是十分有必要的,这能为运动者提供良好的指导。本章就重点阐述与气排球运动有关的运动生理学、运动心理学以及教育学等方面的学科理论知识。

第一节　运动生理学理论指导

运动者在参加气排球运动锻炼的过程中,少不了一定的科学理论的指导。除了学习基本的气排球运动知识外,还要学习运动生理学等方面的理论,这样才能帮助运动者科学地参加气排球运动,实现理想的运动锻炼效果。

一、气排球运动与人体肌肉活动

(一)肌肉概述

肌肉在人体系统中扮演着十分重要的角色,它是人体运动系统的重要组成部分。人的各种动作及行为都离不开肌肉运动。肌纤维可以说是肌肉的基本组成单位,若干肌纤维排列成肌束,若干肌束聚集起来构成肌肉。

一般来说,人体肌肉主要包括骨骼肌、平滑肌和心肌三种类型,其中骨骼肌数量最多,大约600多块,主要附着在骨骼上。根据骨骼肌外形的不同,可以将骨骼肌分为长肌、短肌、扁肌和轮匝肌四种类型。

(二)运动中肌肉的工作形式

运动者在参加气排球运动的过程中,肌肉的工作形式主要以收缩运动为主,这一收缩运动主要有向心收缩、等长收缩和超等长收缩等几种形式。每一种形式对于运动者而言都具有重要的意义。

1. 向心收缩

向心收缩是指运动过程中人体肌肉长度缩短,这种收缩形式主要出现在运动者的力量练习中。

2. 等长收缩

等长收缩是指当肌肉收缩产生的张力与外力相同,或某一身体姿势维持不变时,虽然肌纤维有收缩迹象,但肌肉总长度不发生变化的收缩形式。

3. 超等长收缩

超等长收缩是指肌肉先进行离心收缩,再进行向心收缩的形式,这种肌肉收缩形式又被称作"离心向心收缩"。

二、气排球运动与新陈代谢

(一)糖代谢

糖是人体中非常重要的供能物质。人体中的糖主要是从植物或动物类食物中获得的。当糖进入体内后,会在消化酶的帮助下转换为葡萄糖分子,继而被机体吸收。但如果摄取的是果糖,则需要更加复杂一些的转换过程才能被身体吸收。

血糖,是经小肠黏膜的上皮细胞葡萄糖运载蛋白转运进入血液而成的,其功能是合成糖原这种大分子糖的必要要素。糖原有肌糖原和肝糖原两种,从名称可知这两种糖的存储位置不同。需要注意的是,人体的肝脏也能合成葡萄糖或糖原,这就是我们通常所说的糖的异生。

人们不论是参加日常活动还是运动锻炼,机体都需要有必要的能量供应,否则运动锻炼就难以进行。需要说明的是,这些能量基本来自人体内糖的分解代谢。人体中糖的分解代谢有有氧氧化、糖酵解等几种过程形式,不同分解代谢的触发时机不同,并且也有着不同的供能特点。

气排球运动虽然运动量不大,但也会消耗运动者一定的能量。人体在运动的过程中,肌肉中的 ATP、CP 被消耗,此时肌糖原开始无氧分解过程从而开始调动体内供能。这一过程中肌细胞内钙含量也开始上升,同时增加的还有生长激素、甲状腺激素、雄性激素、儿茶酚胺等,种种改变使肌细胞产生了一些适应性变化,进而增大 EK、PFK、磷酸化酶等的活性,而这也是超量恢复理论的重要基础。

一般来说,人体内糖的分解与合成基本处于平衡状态,即便是在运动当中人体消耗了大量的糖,在运动后的能量补充中及机体的合成还是可以补足被消耗的糖。如果体内存储有足够的糖,并且有足够的氧摄入,则通过糖的有氧代谢方式就可以供给机体在运动中所需的能量,这就是糖的有氧代谢。

（二）蛋白质代谢

蛋白质是构成人体的基本营养素。之所以这么说，主要是因为构成人体的基本单位——细胞中的主要成分就是蛋白质。人体中的蛋白质也是在消耗与补充的动态过程中保持一个平衡。如果要测量人体中蛋白质的代谢状况，可通过测定摄入的氮含量和排出的氮含量的方式进行。一般来说，人体的生理活动状况决定蛋白质的代谢状况。"氮总平衡"的状态多出现于正常成年人之中，此时人体体内的蛋白质的分解与合成基本持平。少年儿童则不同，因为他们正处于身体生长的快速期，这使得他们体内的蛋白质合成量大于分解量，由此体内的氮就会呈现出一种正平衡的状态。而患有某种消耗性疾病的人体内的蛋白质合成量小于分解量，由此体内的氮就会呈现出一种负平衡的状态。

大量的运动实践表明，经常参加气排球运动训练对人体蛋白质代谢会产生积极的影响。这一积极影响主要表现在以下两个方面：一方面，经常参加气排球运动锻炼能有效促进蛋白质的生成；另一方面，经常参加气排球运动锻炼能有效促进骨骼肌蛋白质的合成，提高肌肉的质量。

（三）脂肪代谢

脂肪是人体重要的能源物质，能为机体的发展提供必要的能量。一般来说，人体内的脂肪主要来自摄入体内的动物脂肪和植物油。脂肪有疏水性的特点，这使得它要想在人体的水环境中分解就需要酶的参与，或是借助从外界摄入的各种乳化剂。与糖相比，脂肪的吸收与转化就稍显复杂。

人体对脂肪的吸收，一种方式为通过小肠上皮细胞直接吞饮脂肪微粒；另一种方式为脂肪微粒的各种成分进入小肠上皮细胞接受再度分解后重新合成脂肪所形成乳糜微粒，该微粒和大分子脂肪酸一并被转移进淋巴管，而甘油和小分子脂肪酸则会溶于水后被吸收。如此来看，淋巴和血液是脂肪吸收的两种途径。其中，淋巴吸收是最为主要的途径。当脂肪被吸收之后多数会存储于皮下、大网膜或肌肉细胞中，少量脂肪还会以合成磷脂、合成糖脂和合成脂蛋白的形式存储在体内。

脂肪的分解代谢过程最终会产生能量供人体活动所需。但脂肪供能不是运动后第一时间开始的，调动脂肪供能并没有那么容易，往往只是在人体进行那种时间长、运动强度中低等的运动时才会调动脂肪予以供能。脂肪供能是通过有氧代谢完成的，在脂肪的分解代谢过程中其首先会被分解为甘油和脂肪酸，然后继续分解为二碳单位，其最终的分解产物为二氧化碳和水。

（四）其他物质代谢

除了以上代谢方式外，人体还存在以下代谢方式，这些代谢方式对于人体的健康发展也具有重要的意义。

1. 维生素代谢

实际上，维生素在人体内的含量并不是很高，它属于一种微量元素，但对人体生长发育和代谢的维持与运转是不能缺少的重要营养元素。维生素在人体中是不能自行合成的，要想获取维生素只能通过摄入食物的形式。维生素的种类众多，每种维生素对人体都有不同的作用，而人体则需要全面的维生素补充才能保持机体的正常运转。维生素的奇特之处在于，不同类型的维生素都拥有各自独特的结构。虽然维生素对人体起着较多作用，但人体的细胞结构中却不含维生素，维生素也并不参与对人体能量的提供工作。它们最大的功能就是给体内的能量代谢过程和各种调节过程给予辅助力。

一般来说，维生素在人体中主要是参与辅酶的生成过程。如果人体缺乏某种维生素，就会导致某种酶的催化能力受到限制，从而引发体内的代谢失调。不过尽管维生素的作用如此之大，但摄入过量的维生素也是不行的，这会给人体带来极大的危害。因此，人体摄入的维生素一定要足量而不要过量。

2. 水代谢

水对于生命的意义是不言而喻的。人体中含量最多的物质就是水，水也占有人体体重的绝大部分比例。作为如此重要的人体物质，保持体内的水平衡显然是维持人体健康和正常活动的关键。人体中的水分多来自从外界摄入的水或食物，人体可以产生少量的水，这些水是由体内物质代谢过程中产生的附属物质。人体内水的排出有多种方式，主要方式为以尿液的形式排出体外，次要方式还有出汗、粪便排泄以及呼吸等。处于运动中的人体体内的热量会不断聚集，为了维持正常体温，此时就需要通过排汗的方式将热量带出体外。

3. 无机盐代谢

无机盐普遍存在于常见食物中。人体对无机盐的存储主要是以磷酸盐的形式存储在骨骼中。另外，还有一些少量的如钙、镁等少量的无机盐会以离子的形式存在于体内。

无机盐的重要作用在于调节体内渗透压，以及维持体内酸碱平衡。在体液中，无机盐会被解离为离子，体液中的离子有阴阳之分，其在体内细胞代谢过程中的作用是不可替代的。

三、气排球运动与供能系统

（一）磷酸原系统

人体的磷酸原系统是当ATP被分解放能后，磷酸肌酸（CP）随即分解并促进ATP再生成的系统。这是一个持续时间非常短暂的过程，过程中不需要氧的参与，也不产生乳酸，据此也被称为"非乳酸能系统"。生理学研究认为，人体全部肌肉中ATP-CP系统的供能维持人的运动时间仅仅为8秒钟。由此可总结出磷酸原系统供能的特点为供能快、功率高、总量小、持续时间短。

（二）糖酵解系统

当机体的持续运动时间在 8 秒以上且强度较大时，迅速提供短期能量供给的磷酸原系统就会显得鞭长莫及。此时，能够支持运动所需 ATP 再合成的能量来源就要依赖于糖酵解系统提供了。

作为糖酵解系统中的重要原料，肌糖原在分解葡萄糖为乳酸的过程中生成 ATP。如果过程中能持续有氧的参与，所产生的乳酸中一部分会在线粒体中被氧化生能，另一部分则会合成肝糖原。如果没有氧的参与，则在生成能量的同时还会生成乳酸。乳酸是强酸的一种，这种物质在体内堆积过多会破坏内环境的酸碱平衡稳态，它直接会导致肌肉工作能力下降，给身体带来疲劳感。虽然，依靠糖原的无氧酵解这种供能方式只能维持肌肉工作几十秒，但毕竟这一系统在缺氧的时候还能产生能量供体内急需，所以，这种供能方式还是有很大作用的。

总体而言，两大供能系统的供能过程都可以在没有氧的条件下供能，其都是人体运动时的无氧代谢供能系统的组成部分，充当着短时间内人体能量供给者的角色。

（三）有氧氧化系统

人体在氧供应充足的条件下进行运动时，体内所需的 ATP 是由糖、脂肪的有氧氧化来提供的。这种对 ATP 的提供方式具有量大和持续时间长的特点，由此使得有氧氧化系统就成为运动供能的主要方式。

有氧氧化系统具有一定的供能特点，这决定了其是为人们的那种长时间、高耐力的运动提供能量的系统。就人的耐力素质来说，其有氧代谢能力和心肺功能是非常重要的，二者之间的联系非常密切。

四、气排球运动与运动系统

人体的运动系统支持其参与气排球运动，肌肉、骨骼和关节构成人体的运动系统，它们的状态如何在很大程度上可以决定运动者的运动能力。

（一）肌肉

肌肉是运动系统中非常重要的一大组织。构成肌肉的基础单位是肌纤维，大量肌纤维组成一条条肌束，肌束表面有肌束膜包裹，一个个肌束才最终构成一块肌肉。肌肉两边附有肌腱，肌腱附着在骨骼上，其本身基本没有弹性，但韧性良好。在肌肉中成分最多的物质是水，其比例为 75%，其他物质占 25%。肌肉中充斥着非常丰富的毛细血管和神经纤维，其中毛细血管的作用为向肌肉中运输营养物质和带走代谢产物，神经纤维的作用为协调和控制肌肉，在神经系统的支配下，骨骼肌能做出收缩，从而带动骨骼产生动作，或是维持某个静止动作，其为肌肉的正确和精准运动提供保障。

人体中的肌肉,数量最多的要数骨骼肌。骨骼肌,顾名思义就是附着在骨骼上的肌肉。骨骼肌不仅在人体中的数量最多,分布也是最广的。这类肌肉是运动系统的主体之一。正常情况下,人体中有400多块骨骼肌,不同性别、年龄的人体内肌肉之于全身的占比会有一些差异。一般成年男性的肌肉占比约为40%,一般成年女性的肌肉占比约为35%。

肌肉的收缩和放松带动骨骼产生动作,满足人体在运动中的活动需要。一般来说,人体肌肉的收缩形式主要有向心收缩、等长收缩和超等长收缩三种。

(二)骨

人体骨骼有多种多样的功能,这些功能能支撑人体及支持人体的运动行为。下面重点阐述一下人体骨骼的重要功能。

1. 支撑功能

人体中有206块骨骼,它们大小不一、形态各异。骨骼之间的连接最终构成一个完整的、坚实的人体框架,使人在外在形态上呈现出一个稳定性的轮廓,并且还支撑起体内脏器的重量和固定它们的位置,如此才能使血管和神经能有规律地定向执行循环和传导功能。

2. 运动功能

骨骼作为人体运动系统中的重要组成部分,其能充当一个非常理想的运动杠杆。在神经系统的调节下和肌肉的带动下,骨骼能够通过对骨绕关节的运动轴进行牵引而产生各种运动。

3. 保护功能

骨骼之间的相互连接会构成一个体腔的壁,许多器官就在这个腔内空间中运转,无疑这个由骨骼构成的体腔壁就为这些脏器提供了保护,如胸骨对胸腔内心脏、肺脏等器官的保护;骨盆对膀胱和众多生殖系统器官的保护等。

4. 造血功能

骨骼中的红骨髓是人体重要的造血器官。

5. 储备钙和磷的功能

骨盐中含有大量的钙和磷等微量元素,这些元素是体内钙、磷代谢的必备物质。

(三)关节

在人体的运动系统中,关节起着非常重要的作用。关节几乎参与人体所有的运动行为,如果没有关节这一结构,人体的多数动作都是难以实现的。关节的活动是由骨骼肌的带动牵引完成的,通过骨骼肌的带动,运动环节会绕关节的某一轴运动,如此形成各种人体想要做出的动作。

关节的基本运动形式有四种,具体为在矢状面内绕冠状轴的屈和伸运动;在冠状面内绕矢轴的外展和内收运动;在水平面内绕垂直轴的旋转运动;绕环运动。此外,滑动、水平屈和水平伸也是关节的运动形式。

气排球属于一项对人体关节活动素质有着较高要求的运动。经常参加气排球运动也能帮助关节部位活动能力的提升，除此之外，气排球运动还能提高关节囊和韧带的伸展性，增强关节的灵活性，对于促进人体健康发展具有非常重要的作用。

知识拓展

人体八大系统

运动系统：主要由骨、关节和肌肉组成，约占成人体重的60%。全身各骨借关节相连形成骨骼，起支持体重、保护内脏和维持人体基本形态的作用。

神经系统：神经系统是人体内起主导作用的系统。神经系统是由脑、脊髓、脑神经、脊神经和植物性神经，以及各种神经节组成。神经系统能协调体内各器官、各系统的活动，使之成为完整的一体，并与外界环境发生相互作用。

内分泌系统：内分泌腺是人体内一些无输出导管的腺体。它的分泌物称激素，对整个机体的生长、发育、代谢和生殖起着调节作用。人体主要的内分泌腺有：下丘脑、垂体、甲状腺、肾上腺、胰岛、胸腺和性腺等。

血液循环系统：血液循环系统是生物体的体液（包括细胞内液、血浆、淋巴和组织液）及其借以循环流动的管道组成的系统。

呼吸系统：呼吸系统包括呼吸道（鼻腔、咽、喉、气管、支气管）和肺。

消化系统：消化系统由消化道和消化腺两部分组成。负责食物的摄取和消化，使我们获得糖类、脂肪、蛋白质和维生素等营养。消化系统具有摄取、转运、消化等功能。

泌尿系统：主要由肾、输尿管、膀胱及尿道组成，其主要功能为排泄。

生殖系统：生殖系统是生物体内的和生殖密切相关的器官成分的总称。生殖系统的功能是产生生殖细胞，繁殖新个体，分泌性激素和维持第二性征。人体生殖系统有男性和女性两类。按生殖器所在部位，又分为内生殖器和外生殖器两部分。

第二节　运动心理学理论指导

人们参加气排球运动，保持良好的心理状态也是非常重要的。相关研究表明，要想获得理想的训练效果，除了要从身体上努力践行外，心理因素也起着非常重要的作用。

一、运动动机与气排球健身

可以说，动机是驱使个体进行活动的心理动因或内部动力。动机能引起人的活动，并且动机的大小决定了人维持这种活动的时间和情绪。动机总是将个体的活动导向一定目标，以满足个体需要的念头、愿望或理想等。动机是个体的内在过程，行为就是动机的外在表现。

（一）动机的形成条件

一般情况下，动机的形成主要依赖于内外部两方面的因素。

（1）内部条件。动机产生的内部条件主要为"需求"，它是个体由于缺乏某种事物而引发的多种不适感，这种感觉诱使人做出各种行为。

（2）外部条件。动机产生的外部条件主要为个体接受的各种外部环境带来的刺激，这些刺激多为生物性的因素或是社会性的因素。在实际当中，外部环境给人带来的刺激更容易驱使个体产生动机。

（二）动机的分类

依据不同的划分标准，动机可以有很多类型，下面重点做出阐述。

1. 以需求性质为依据进行划分

在以需求作为划分依据的情况下可将动机分为生物性动机和社会性动机。

（1）生物性动机

生物性动机主要是由人的生物属性决定的，如当人感到饥饿后就有了吃饭的动机，感到口渴后就产生了喝水的动机等。

（2）社会性动机

社会性动机是为了满足个体的社会属性而产生的动机。例如，人想在社会中得到肯定，想拥有良好的人际关系等动机。

2. 以兴趣特点为依据进行划分

在以兴趣作为划分依据的情况下可将动机分为直接动机和间接动机。

（1）直接动机

直接动机是指那些以直接兴趣为基础且指向活动过程本身的动机。在实际当中，一些运动者之所以参与某项运动是因为他们本身对这项运动有着极大的兴趣，认为参与这项运动是一种对自身能力的挑战，或是符合自身的兴趣期待，因此只要参与其中就能获得一种理想的效能感和满足感。

（2）间接动机

间接动机是指那些以兴趣导向为基础且指向活动结果的动机。间接动机在实际当中，表现为一些运动者非常喜爱参加某项运动，但他喜爱的原因可能并不是对这项运动本身特别热爱，而只是认为这是获得自信或别人认可所必须进行的行为。在这样的情况下，在间接动机驱使下的个体参加的运动行为，更加注重运动的结果，通常只有令人满意的结果才能让运动者感到更加愉悦，比如取得比赛的胜利。

3. 以情感体验为依据进行划分

在以情感体验作为划分依据的情况下可将动机分为缺乏性动机和丰富性动机。

（1）缺乏性动机

缺乏性动机是以将危险、威胁、缺乏等需要予以排除为特征的动机。这是一种在厌恶心理驱使下产生的动机，由此就决定了只要当目的实现了，即那些令人感到厌恶的元素消失了，动机也就随之减少直至消失。

（2）丰富性动机

丰富性动机是为获得享乐、满足、理解、成就感等心理为特征的动机。简单说，这是一种"欲望动机"，这种动机会驱使人不断地追求这些心理上的刺激感和满足感。如此看来，这种动机不会因为个体的情感得到而消失，而是即便达到了目标，获得了心理的满足后还想得到更多，期待不停地获得。

4. 以动机来源为依据进行划分

以动机来源为依据进行划分可将动机分为内部动机和外部动机。

（1）内部动机

内部动机主要是以生物性需要为基础的，并通过参与某项活动来展示自身能力，进而展现自身价值，获得满足感和效能感的一类动机。例如，运动者在参加气排球运动中体会到了自身身体的力量感，这是他对自身身体力量美的需要和目标，一旦达成，就构成了一种对自己的内部奖励，遂继续给运动者带来进一步的动机激发作用。

（2）外部动机

外部动机主要来自个体外部的客观因素，其是以社会性需要为基础，并通过参与某项活动来获得外部奖励或避免受到惩罚，进而获得满足的一类动机。它是汲取外部力量的动机，个体获得的行为驱动是来自外部的动员力量。

（三）动机在气排球运动中的作用

运动者参与气排球运动需要有充足的运动动机的驱使，这一动机对促进大众气排球健身的作用主要如下。

1. 始发作用

动机可引起和发动个体参加气排球运动，即让运动者做出参与健身运动的决定。

2. 指向或选择作用

动机可引起和发动个体参与气排球运动的方向和目标，即让运动者选择想要参与的运动项目及相应为自身设定一个运动目标。

3. 强化作用

动机是维持、增加或制止、减弱大众健身运动的力量。要想保持一个积极的参与热度，就需要参与动机保持在较高水平。动机强度越高，人们对参与气排球活动的热情和积极性就越高，也更乐于为此付出努力、时间甚至金钱。

二、情绪与气排球健身

情绪也是人的心理因素的重要方面,它会对人的各种行为产生一定的影响,主要为推动或抑制其参与某项事物的态度。一个性格良好、心理健康的人的情绪总是相对稳定和协调的。其实,人们在日常生活中不论做任何事情都会有一定的情绪,在其中如果遭到挫折和困难,遇到困惑的事情等,都会产生一些情绪上的波动,产生不愉快的心情,这些心理只要在短期内出现都是正常的,配合上积极的情绪调整就可以恢复。一个人面对困难与挫折时自身对情绪的调节能力是展现其心理健康水平的标志。从人的健康层面上来说,良好的情绪也关乎总体身心健康。

良好的情绪对运动者参加气排球活动来说对所获得的效益有直接影响。如果是带着良好的情绪参与气排球运动,则能为最终获得效果"增力",表现为更加亢奋的精神和更加充沛的体能。反观如果是带着不良的情绪参与气排球运动,则可能更会从活动的挫折中自暴自弃、态度消极、无精打采、心灰意冷等。

知识拓展

情绪调节的六种方法

(1)呼吸放松调节法:站立或坐好,身体放松,慢慢吸气然后呼气。
(2)音乐调节法:根据心情状况选择适宜的音乐,使身心放松。
(3)合理宣泄调节法:释放心理压力和情绪,倾诉或痛哭一场,使情绪慢慢平复。
(4)理智调节法:冷静分析问题的原因,促使情绪慢慢平复。
(5)暗示调节法:利用各种语言暗示,缓解消极情绪。
(6)升华调节法:将消极情绪转化为积极的行动,"化悲痛为力量",走出逆境,突破自我。

三、智力与气排球健身

人的智力和身体活动始终有着紧密的联系。人在身体发育的同时,智力水平也随之增长,但这种协同增长的趋势会随着年龄的继续增长而出现智力发展与身体发育相脱离的现象。当二者的能力增长出现了分化后,智力与身体活动能力之间的相关性随之降低。但即便如此,智力与身体活动能力之间仍旧有着联系。例如,在学习某项新的运动技能时,运动者也需要运用精确的记忆能力、敏锐的观察能力、丰富的想象能力、快速的思维能力等智力范畴内的素质。相关研究显示,智力水平更高的运动员更有可能成为成绩优秀的运动员。

四、意志与气排球健身

意志,是指支持个体自觉地明确目标、支配行动、克服困难、实现目标的心理过程。意志反映出的是人的意识能动性程度,个体能否对自身的一个行为保有自觉性和持久性,很大程度上就依赖于其意志的强度。

对于参与气排球运动的人而言,心理健康的人对自己参与气排球的目的、目标有着正确的认识。其既有理想,又不脱离实际;既有抱负又不沉溺幻想;既有强烈的竞争意识又不损人利己;行为上合情合理,并能够驾驭自己,脚踏实地,刻苦努力,自觉主动地支配自己的行为以达到预期目标。

第三节 教育学理论指导

对于在校学生以及参与气排球健身的运动者而言,还要学习与了解教育学方面的相关理论,这样才能从中受到启发,从而更好地参与到气排球运动中,获得良好的锻炼效果。

一、教育的内容

（一）综合素质教育

运动者要想更好地参与气排球这项运动,除了具备一定的体能素质、心理素质和技能素质外,还需要具备必要的思想道德素质和人文素质等,这些素质属于素质教育的重要内容。不论是对于在校学生还是一般的健身者,都需要具备这些素质。在气排球运动训练或健身锻炼中,运动者要注意以上教育内容的培养,争取提升自身的综合素质,促进自身的全面发展,这样才符合现代社会发展的要求。作为一名专业的运动员而言,除了在平时中加强运动训练提升运动技能外,更要加强自身综合素质的发展,这些素质能对运动员产生潜移默化的影响,有利于帮助运动员取得优异的比赛成绩。

在平时的运动训练中,作为教练员或指导员要灌输运动者基本的体育运动理论知识,指导运动者科学地参加体育运动锻炼,努力提升运动者的综合素质与运动水平。在运动锻炼的过程中,运动者一定要掌握科学锻炼的方式和方法,以取得理想的锻炼效果。在平时的运动锻炼中,运动者还要努力提升自己的综合能力与水平,完善自己的心理品质,克服各种困难与挫折,确保运动锻炼活动顺利地进行。

总之,要想进一步提升自己的运动水平,运动者必须要高度重视自身教育素质的培养与提高。教育素质并不是可有可无的,它会对运动者的各方面发展产生非常重要的影响,因此一定不能忽视。

> **知识拓展**
>
> 素质教育
>
> 素质教育,是以全面提高人的基本素质为根本目的,以尊重人的主体性和主动精神,以人的性格为基础,注重开发人的智慧潜能,注重形成人的健全个性为根本特征的教育。素质教育,是社会发展的实际需要,要达到让人正确面对和处理自身所处社会环境的一切事物和现象的目的。
>
> 素质教育主要涉及人的身体教育、心理素质发展、思想道德发展、社会适应性、创新意识与能力、社会公德等多方面的内容。

（二）创新教育

对于一名专业运动员而言,必须具备一定的创新意识与能力。因为在平时的运动和比赛中总会出现一定的意外状况,作为运动员一定要学会观察与分析问题,所以没有一定的创新意识和能力是不行的。

在平时的训练和比赛中,教练员要指导运动员积极地培养自己的创新思维与能力,创新各种训练手段和方法,将创新的训练方法充分贯彻应用于训练与比赛中,这样能取得理想的训练成果或比赛成绩。

（三）民主式教育

民主式教育也是教育的重要内容。在平时气排球训练中,教练员的指导要保证科学性,采取民主式教育的方式。在传统的教育思想下,运动员的训练大都是被动性的训练,教练员在其中占据着主导地位,这严重打击了运动员运动训练的积极性,阻碍着运动员的全面发展。

为改变运动员被动接受教育与训练的这一现状,应对运动员进行必要的民主式教育。所谓的民主式教育,就是指改变原有的教育模式,凸显运动员的主体地位,变被动为主动,激发运动员主动参与运动训练的积极性。在这样的情况下,运动员能获得很好的发展和提高。

在民主式教育中,教练员与运动员要建立和保持紧密的关系,加强彼此间的互动与交流,这样才能保证运动训练的顺利进行,进而有利于提高比赛成绩。

（四）纪律性教育

任何体育比赛都有一定的规则,没有规则体育比赛也就无法顺利地进行。运动员在既定的比赛规则下参加比赛,能很好地提升自己的规则意识。这种规则意识的培养和提高,能在很大程度上提升运动员的纪律性,能指导运动员严格遵循规则,在既定的规则下参加训练和比赛。在运动训练和比赛中,任何人都是平等的,都要在既定的比赛规则下参加训练和比赛,否则就要受到一定的惩罚。

在平时的生活中,人们也要讲究一定的规则意识,加强纪律性教育,这样才能维持良好的社会秩序,保证社会的和谐稳定发展。也可以说,按照既定的比赛规则参与比赛,就是维护社会文明、促进社会和谐发展的行为。因此,在平时的训练中,加强运动员纪律性教育是非常必要的,这对于促进运动员的全面发展具有重要的意义。

二、运动训练相关的学习理论

（一）有意义学习理论

罗杰斯提出有意义学习理论,这一理论主要是指我们通常所说的知识的学习和提高并不完全是有意义的学习,有意义的学习必须要融入学习者的经验与个性。一般来说,真正有意义的学习需要具备以下几个方面的条件。

（1）学习者所学习的内容本身就具有一定的意义。

（2）学习目标与学习内容之间有着非常密切的关系。

（3）学习者要具有良好的学习态度和主动学习的意识。

罗杰斯还非常看重学习环境的创建,主张要创建一个良好的学习环境与氛围,要善于在学习中创造良好的学习氛围,这样才能有效提高学习的效率,进而提高学习的效果。而且在这样的情况下,人们的社会适应能力也能得到极大的提升。这就是我们通常所说的有意义的学习。

表现在运动训练中,有意义的学习就是促进运动者身体素质、心理素质、运动智能、技能水平等多方面的发展。对其进行教育的一个重要目的在于提高运动员适应外界环境的能力,并培养其独特的个性,促进其全面发展。

总之,在运动训练过程中,作为一名教练员,一定要提供给运动员有意义的训练手段与方法,并创设良好的学习环境,以激发运动员运动训练的兴趣,提高运动员的运动水平。

（二）自我实现理论

自我实现理论是由马斯洛提出的。马斯洛的自我实现理论非常强调人的本性发展,强调人的能动性发挥与作用,自我实现过程中可以体验到愉悦的快感。这种愉悦的心理体验能有效激发人的积极情感,影响着人的个性化发展,完善人的心理品质。除此之外,马斯洛还认为,自我实现还能在一定程度上促进人的性格发展,对人们具有重大的教育意义。人们参加户外运动或拓展训练,也是一个接受教育的过程,在这一过程中,人们能实现自我,实现自身的个性化发展。通过运动教育,运动者能激起自发学习和锻炼的积极性,从而促进自身运动能力及全面素质的发展和提高。

在具体的运动训练中,教练员要指导运动员科学合理地参加运动训练,要确定一个合适的训练目标,提高运动训练的目标导向性,促进自身价值的彰显与实现。

(三)成就需求理论

成就需求是指个体对成就的某种需要。通常情况下,一个人的成就需求主要是能找到一份满意的工作,从中获得满足感和成就感,这就是成就需求的基本内涵。人们在实现目标的过程中,会不断地努力进取,在这一过程中会获得一定的刺激感和成就感,这也是他们内心所想要体验的。

成就需求很高的人一般都有着很高的需求,通常来说主要体现在以下几个方面。

第一,在需要依靠个人能力解决问题的环境中。一般来说,成就需求较高的人会产生强烈的成就感,他们喜欢做一些具有挑战性的工作,完成既定的任务与目标,然后感到满足的喜悦感和成就感。

第二,成就需求很高的人能够独立完成难度较为适中的工作。

第三,适度的肯定。具有较强成就需求感的人能通过正面评价、职位晋升等手段得到肯定。这些激励措施能有效激发人的积极性,从而提高工作效率,提前完成任务与目标。

成就需求很高的人在提前完成了既定的任务或目标后,会获得极大的满足感,精神上得到极大的慰藉。因此,他们通常都保持很高的成就需求,这促使他们成为工作的核心力量。但需要注意的是,如果他们的高成就需求没有得到很好的重视,他们的情绪就会十分低落,即使给予其很高的物质奖励,也难以取得理想的效果。

成就动机对于人们而言具有强大的内在推动力量。相关研究发现,如果一个人有着强烈的成就动机,就会表现出极大的学习热情与积极性,内部潜在能力也能得到良好的发挥。如果一个人拥有很强的成就动机,他们就会以饱满的热情投入到工作之中。对于一名从事户外运动的运动员而言,就会激发强烈的训练热情,从而提高运动训练的效率。

对于一名专业的气排球运动员而言,如果他们通过后天的努力而取得理想的比赛成绩,他们就会获得极大的成就感,从而更能激发出训练的动力,这种动力效果甚至比物质奖励更为显著。

三、培养目标与教育模式

(一)科学确定培养目标

整个运动训练过程的组织与实施要遵循一定的教育规律。在户外运动训练中,要提出明确的训练目的,不同的训练时期要有不同的培养目标和训练模式。由此可见,只有根据运动员的特点及具体实际合理确定培养目标,才能培养出优秀的运动员。

总体而言,科学确定培养目标的意义主要体现在以下几个方面。

第一,在运动训练中,运动员需要确定一个合理的培养目标,这样才能有的放矢,尽早实现任务与目标。

第二,在确定一定的培养目标后,要以培养目标为基本依据开展各种训练活动。

第三,训练工作等方面的安排要以运动员培养目标为主要依据。

第四,运动训练活动少不了科学的监控,要以运动员的培养目标为主要依据,实现良好的监控效果。

(二)科学设计培养模式

1. 培养模式的概念

整个运动训练属于一个大的系统,这一系统涵盖多方面的要素。其中,教育思想、教育体制、教育机制等都是非常重要的要素和组成部分。在运动人才培养的过程中,要以教育思想为主要方向,以教育体制为条件,以教育机制为保障,以人才培养为核心制定一个科学合理的训练计划,制定切实可行的训练制度,从而为运动训练的顺利进行奠定良好的基础和保障。这就是我们通常所说的培养模式,培养模式的合理与否将对运动员的发展产生至关重要的影响。

2. 运动员培养模式的要素

一般来说,运动员培养模式主要包括以下几个要素。

(1)培养目标

在运动员的培养模式中,培养目标是极为关键的要素,因为只有确立培养目标,整个培养和训练活动才能有的放矢,不至于盲目进行。一般情况下,培养目标的确定要以不同类型、不同层次项目的实际情况来确定。

(2)基本规格

基本规格对于培养模式而言也具有重要的意义,在确定基本规格时一定要事先做好充分的调查与准备,培养对象应具备哪些知识与素质要做好详细的说明。

(3)培养过程

培养过程是运动员培养模式的关键环节,这一环节的内容主要包括培养规划、规划实施与培养监控三个阶段。

(4)评价体系

对运动员的培养少不了一定的评价体系,它是保证运动员培养模式顺利构建的重要保障,通过评价体系所反馈的评价信息,能为运动员培养计划的实施提供必要的事实依据。

3. 运动训练培养模式的内容

通常情况下,一个完整的运动训练培养模式主要包括以下几个方面的内容。

(1)专项大纲模式

专项大纲模式主要有以下两种类型。

①全面大纲模式

这一种模式在运动训练的基础训练阶段、专项初级阶段中运用得最为频繁和广泛,这一种训练模式非常注重运动员的全面性训练,能有效地促进运动员全面素质的发展。

②专门大纲模式

这一模式在运动训练的专项提高阶段、成绩保持阶段中运用得最为频繁,其重点在于模式的专业性。

（2）训练计划模式

通常情况下，运动训练计划模式主要包括以下两种类型。在运动训练中，可以将这两种模式结合起来使用，通常能取得不错的训练效果。

①刚性计划模式

这一模式在运动训练的基础训练阶段、专项初级阶段等运用得较为频繁，在这一模式下，运动员运动训练的整体性比较强，大部分运动员都能够获得良好的指导，从而获得共同发展。

②弹性计划模式

弹性计划模式在专项提高阶段、成绩保持阶段、个人项目训练中运用得较多，重点强调个体的区别性训练。

（3）训练内容体系

在气排球运动中，运动训练的内容非常丰富，身体训练、心理训练、技战术训练等都是最为重要的内容。通过这些内容的训练，运动员能有效提升自身的竞技水平。在具体的气排球运动训练中，运动训练内容的安排与搭配一定要合理，这对于运动训练效果将产生非常重要的影响。

（4）非训练培养途径

除了平时的运动训练课外，还存在着其他培养途径。通常来说，主要指的是那些非训练培养途径，如智能训练、运动意识的培养等。通过这些能力的训练，运动员能获得快速的成长和提高。

知识拓展

2019年10月10日，成都市武侯区首届"诸侯争锋"全民健身气排球培训班在北京第二外国语学院成都附小举行。本次培训活动吸引了武侯区各个街道、社区众多体育工作者和排球运动爱好者前来参与。

本次培训活动由成都市武侯区文化体育和旅游局主办，成都市武侯区排球运动协会承办。活动共两天，主要进行气排球基本技术训练、气排球竞赛规则、裁判员手势介绍、气排球比赛的组织和编排、气排球比赛实战体验等方面的培训。

第七章 气排球运动安全知识

本章导航

气排球运动是一种变化多、节奏转换比较快的运动项目。在这样的运动条件下,运动者的体能会有很快的消耗,出现疲劳,并且甚至可能出现运动性损伤。因此,在气排球运动中做好营养补充、伤病处理与康复、医务监督等科学保障工作显得非常有必要,这是保障大众顺利展开气排球运动的基础。

第一节 气排球运动营养与补充

一、气排球运动的营养分析

(一)营养概述

人体构建出了一套完整的营养利用与代谢的过程。该过程始于营养的摄入,终于营养代谢后的产物排出体外。在体内的过程包括消化、吸收和代谢,身体将营养充分利用以维持各种生命活动。

营养素,是指人从食物中摄取的以供生命活动和机体生长的养分。全面的营养素摄入可以满足人体日常所需的活动和符合规律的身体生长发育,而不全面的营养摄入则可能给身体的某些机能的发挥造成阻碍,甚至影响身体的正常发育。

人体最主要的营养素有如下六大类。

1. 水

水作为生命之源,自然是人体所不能缺少的营养素。人体内的水含量是所有物质中最多的,毫不夸张地说,人体就是由水制造的,人体体重约2/3是水。一旦人体缺乏如此重要的营养素,则会严重影响诸多生理功能。水对于人体的主要作用在于参与人体代谢过程、促进腺体分泌正常以及调节体温。

人体的水主要来自摄入的食物和饮料。对于一个正常的成年人来说,每天基本的水摄入量为2 000~2 500毫升。对于经常参加气排球运动的运动者来说,他们对水的摄入量

第七章　气排球运动安全知识

应适当稍多一些。

2. 糖类

糖类是由碳、氢、氧等元素构成的,其也叫作"碳水化合物"。糖类有单糖、双糖和多糖之分。其中,单糖主要有葡萄糖和半乳糖,双糖有乳糖、蔗糖和麦芽糖,多糖则有淀粉、糖原和果胶。

糖类是人体重要的能源物质,其功能主要如下:

(1)糖类是维持机体正常运转的能量供应物质。

(2)糖类易被人体吸收和利用。

(3)糖类是构成细胞和神经的关键物质。

糖类普遍存在于生活中的常见食物中,如米、面、水果、牛奶、糖果、甘蔗、蜂蜜等。通过对含糖食物的摄入即可满足人体对糖的需求。

3. 脂肪

脂肪是由碳、氢和氧等元素构成的。其在人体中发挥着多方面作用,是人体不可或缺的营养物质。脂肪对人体具有的多方面功能主要如下:

(1)脂肪帮助维持人体的正常体温。

(2)脂肪对内脏器官起到保护作用。

(3)脂肪是构成细胞的成分。

脂肪普遍存在于肉类油脂、蛋黄、花生、芝麻等食物中。

4. 蛋白质

蛋白质是人体的生命之源,其是由氧、碳、氢和氮等元素构成的,是细胞的主要成分。蛋白质有完全蛋白质、不完全蛋白质和半完全蛋白质之分。

蛋白质之于人体的营养功能具体如下:

(1)蛋白质是构成细胞的重要物质。

(2)蛋白质是修复受损细胞的物质。

(3)蛋白质可提供辅助的、补充的能量。

(4)蛋白质协助产生抗体,由此间接起到促进身体体质和提升人体抵抗力的作用。

蛋白质普遍存在于蛋、豆、肉、乳、坚果等食物中。相比之下,肉类中含有的动物性蛋白质要多于植物性蛋白质且更加优质。对于经常参加气排球运动的运动者来说,补充足够的、优质的蛋白质非常重要。

5. 矿物质

矿物质以在体内需求量的多少被分为常量元素和微量元素。常量元素有钙、钠、磷、镁、氯、钾等,微量元素有铁、锌、碘、铜、硒、镍、钼、氟、钴、铬、锰、硅、锡、钒等。

尽管矿物质在人体中的含量不高,但其所具有的营养功能却是不容忽视的。具体如下:

(1)矿物质是构成机体组织的重要成分。

(2)矿物质维持体内的酸碱平衡。

（3）矿物质是机体对其他一些营养物质利用的辅助物质。

矿物质普遍存在于各类食物中，如乳制品中钙量丰富；动物内脏、肉类中含铁和锌较多等。

6. 维生素

维生素是维持机体正常运转所必备的一类小分子营养物质。根据维生素的可溶性可将其分为水溶性维生素和脂溶性维生素两大类。水溶性维生素有维生素 C 族和维生素 B 族等，脂溶性维生素包括维生素 A、维生素 D、维生素 E 和维生素 K 等。

维生素的营养功能具体如下：

（1）维生素 A：健齿、健骨、润肤、助消化等。

（2）维生素 B_1：促进能量代谢及糖代谢，生成 ATP 等。

（3）维生素 B_2：预防脚气病以及缓解口腔溃疡等。

（4）维生素 C：抗氧化、缓解疲劳等。

由于人体不能自行合成维生素，因此要想获得足够的维生素只能通过摄入富含维生素的食物这一方式。蔬菜、水果等食物中各类维生素的含量最高。

（二）气排球运动的营养需求

1. 水

在对水的补充上人们经常会有一个误区，即认为只有当感到口渴的时候才认为需要补水。实际上，一旦人体感到口渴的时候，就代表其身体已经丢失了 3% 的水，此时的机体就处于轻度脱水的状态中。身体脱水会给人带来很多生理上的阻碍，而就运动来说，脱水所直接带来的问题就是造成人的运动能力下降。所以，补水要本着预防原则进行。

运动者在参加气排球运动时应注意在活动的前、中、后三个阶段中都进行科学补水。

（1）运动前补水

运动者要根据气排球运动的具体情况、自身情况和运动季节等来确定运动前的补水方式和补水量。运动前进行的补水主要是为了预防运动者在运动中出现脱水的现象。一般来说，气排球运动前的补水方式应以少量多次为原则，在运动开始前 2 小时补充 0.4～0.6 升的水，这里的水最好是那种含电解质和糖的运动型功能饮料。

（2）运动中补水

运动中补水是对身体在运动中水的流失的一种应急补充行为。运动者在气排球运动中会由于大量排汗导致体内的水大量流失，此时补水的意义在于维持体内水的含量，降低失水造成的身体机能弱化。运动中的补水量以排汗量为依据来确定，一般情况下，运动中补水的总量要在失水量的 50%～70%，所补充的水以含电解质和糖的运动型功能饮料为宜。

（3）运动后补水

事实上，运动者在气排球运动中进行的补水在消耗量和补充量的对比上补充的水是不足的。为此，就要通过运动后补水的形式来补充身体欠缺的那部分水。运动后所补的水应是有一定含糖量的饮料，这对于恢复运动者的血容量大有帮助，但要注意所补的水不应是碳酸饮料。另外,运动后补水也不是越多越好,过多水分的补充会增加排汗量和排尿量,这不仅会导致更多电解质的丢失,也给肾脏和肝脏等脏器带来更大工作负荷。

2. 能量

运动者在参加气排球运动时往往会消耗大量能量,这使得他们在每次运动结束过一段时间后会感到强烈的饥饿感。为此,就需要补充足够的能量以满足正常的机体需求,并且还要将在运动中消耗的能量补充回来。

为了有良好的体能应对气排球运动,运动者在日常总会参加到身体素质训练当中。在众多身体素质训练中,对人体能量消耗较大的是耐力训练和力量训练,因此,参加这两类身体素质训练的运动者就要适当额外增加能量摄入的量。有统计显示,当运动者参加中等强度的耐力训练超过 30 分钟后,肌糖原基本处于耗竭状态,此时机体开始调动脂肪用以供能。如此看来,在运动者参加了更多有氧耐力训练时,应以补充糖和脂肪含量较多的食物为宜。

运动者在进行气排球运动期间的饮食不应含太多的脂肪。尽管脂肪是人体不能缺少的营养素,但此期间摄入过多脂肪会影响运动者机体对蛋白质和铁等营养的吸收,并且脂肪在摄入后会相对更长时间停留在胃中,造成对运动的负担,此时摄入的食物中的脂肪含量在 25%～30% 之间较为理想。

糖是人体的主要能量来源,运动者在气排球运动期间摄入适量的糖是非常关键的。如果运动者机体中的肌糖原水平较低,则会影响他们的运动表现,具体为感到运动中易疲劳,出现疲劳后还不易恢复。补糖的方式要根据气排球运动的程度而定,如果进行的是短时间运动,则不需要额外补糖;如进行超过 30 分钟的大强度气排球运动,则需要额外补糖。补糖要分为运动前、中、后三个阶段。运动前补糖要在开始前 2 小时以及 15 分钟时分别进行;运动中补糖可在轮换休息或暂停时进行,以保证运动者在运动中的能量供应;运动后补糖应在运动后立即进行,此后每 1 小时补充一次,以促进体内糖原储备回归到正常状态。

3. 蛋白质

尽管蛋白质并不是主要的供能物质,但处在运动期间的人也不能忽视对蛋白质的补充。一般来说,蛋白质的补充量与如下几点因素有关。

(1)当运动者处于气排球运动的初期阶段时应适当增加蛋白质的补充。这是因为此阶段中运动者的身体会出现更多细胞损伤的情况,此时补充蛋白质有助于对受损细胞的快速修复。

(2)气排球运动的强度和频率。气排球运动中不同的运动强度和运动频率对体内的蛋白质消耗不同,此时对蛋白质的补充要与运动强度和频率成正比。

(3)当不能及时补充热量以及糖原储备不足时,应适当增加蛋白质的补充量。

(4)对那些有瘦身需求的运动者来说,更应补充蛋白质含量较高的食物。

经常参加气排球运动的运动者应尽量保持他们体内蛋白质的"正平衡"状态,即补充的蛋白质量多于消耗的蛋白质量。此外,蛋白质的补充量还要以气排球活动的强度为依据进行适量增减。例如,当进行力量、耐力等强度较大的训练时,对其蛋白质的补充应达到每日总能量摄入的 15%～18%,如果是强度稍小的其他形式的训练,则补充量应达到每日总能量摄入的14%~16%。

4. 维生素

维生素对维持和调节身体机能有很大帮助。鉴于人体不能直接合成维生素,因此体内的维生素需要不断从食物中摄入补充才行。经常参加气排球运动的运动者更加需要补充维生素,并且在补充时要注意补充的种类力求全面,补充的量力求恰当。需要说明的是,过多的维生素摄入并不会给机体带来额外好处。

二、气排球运动营养补充的错误观点

（一）忽视基础膳食

许多人在营养摄入中更多将补充的重点放在特殊营养上面,而忽视了基础膳食中的营养。确实,一些特殊营养的补充在提高身体机能、满足一定所需方面有很强大的功效,但过多补充这类营养会造成营养结构不合理的情况。

事实上,特殊营养的补充是以基础营养平衡作为基础的。只有在基础膳食营养摄入充足、合理的情况下,特殊营养的补充才能显现出较为明显的功能。

（二）吃糖容易发胖

尽管摄入糖类会导致能量物质转化为脂肪使身体发胖,但单纯认为摄入糖就会使身体发胖显然是一种片面的认识。糖是身体运动和大脑思考所必需的元素,其对身体的重要程度可见一般。糖的摄入是维持身体运转所必需的,只要能控制好糖的摄入量与消耗量就不会使身体发胖。

一般来说,人体摄入的糖被消化吸收以后随血液循环被肝脏、肌肉、脑组织等吸收、贮备和利用,只有当糖的摄入过多,多于身体需求的时候,才会转化为更多的脂肪用于存储能量。当人经常参加运动量较大的运动时,体内糖的消耗就会增加,此时应通过膳食补充体内流失的糖。体内糖的恢复也能促进运动者从疲劳中快速恢复,如此可以以更加饱满的状态和精神参加到下一次运动当中。

有的人为了保持较瘦的体型,宁可少吃或干脆放弃吃淀粉类主食,长此以往必定会造成糖摄入的不足,形成了"糖营养不良"症,如此反而不利于健身运动取得良好效果。

（三）有肉才有营养

人体可以通过进食各种肉类来补充蛋白质。蛋白质是机体重要的营养物质之一,为此,人们非常热衷以进食肉类来作为补充营养的重要食物。但如果只是认为肉是有营养的而吃了太多的肉,就会导致蛋白质、脂肪摄入过多的现象,这对健康也是不利的。

生理学和营养学的众多研究显示,为了满足机体的需求,运动者膳食蛋白质的供应量应为总热量的12%~15%,即每千克体重约为1.2~2克;脂肪的摄入量应为总热量的

25%～28%。而许多人每日摄入的蛋白质远远大于上述标准,甚至高达70%。长期摄入肉类这种高脂高蛋白的食物不仅会导致机体热能摄入过剩,增加体脂含量,影响机体对其他营养素的吸收,还会给多个体内脏器带来负担。如此一来,过多肉类食物的摄入反而与大众健身和健康养生的理念背道而驰。

三、气排球运动的营养补充

(一)气排球运动的膳食平衡

1. 膳食平衡的原则

膳食平衡是指人日常所摄入的食物中包含的各类营养物质数量得当、比例合理、种类齐全,可以满足机体正常运转所需的状态。对于参加活动较多的运动者来说,对他们膳食平衡的要求就更高。不平衡的膳食会影响运动者机体正常的生理功能,阻碍身体素质全面发展,限制其运动能力,严重的还会导致营养不良。

要想做到膳食平衡,在日常饮食中应秉承如下原则:

(1)全面性

膳食平衡的全面性原则要求在选择食物时要尽量考虑到营养的全面性,特别是要避免挑食、偏食的行为。人体所需的营养素有水、糖、脂肪、蛋白质、维生素和无机盐六大类。每种营养都对人的机体的顺畅运转产生作用,这六种营养素中不论缺乏哪种,都会给人体的某些生理功能带来阻碍,这就是膳食平衡要秉承全面性原则的原因。

(2)平衡性

膳食平衡的平衡性原则要求是所摄入的营养素要与人体形成相对平衡,使供应量与消耗量基本持平,过多或过少的营养摄入都不利于身体健康和运动状态的维持。对经常参加气排球运动的运动者来说,如果气排球运动的负荷增大,则应适当提升高能量食物的摄入量。另外,这种营养摄入的平衡性也应考虑到不同季节的运动行为,如在冬天进行运动则应适当增加营养的摄入,以此使因对抗寒冷而消耗的能量得到补充。

(3)适当性

膳食平衡的适当性原则要求摄入的营养素之间的比例搭配要适当,以此满足机体对不同营养素的需求,以及便于机体对营养素的利用。在日常的进食中,要注意荤素搭配,细化到具体的肉类食物来说,也需要红白肉搭配,当然其他营养素摄入也要搭配合理,避免出现某种营养素摄入过多的情况。如果基于身体原因对某些营养素的吸收有障碍,则可适度选择一些营养补充品,但不应过度依赖于此。

2. 膳食平衡的具体要求

(1)各种营养素和热量摄入的平衡

从营养学的观点上来看,普遍认为人要想做到膳食平衡,就需要在一个阶段中摄取一定标准内的全面性营养。为此,我国的营养学会还特意制定了符合我国大众习惯和特点的每日营养摄入标准。对于经常参加运动的人来说,在营养摄入的种类和量上可进行适当调整。

在众多营养中,那些如糖、蛋白质、脂肪之类的可为机体提供热量的营养被称为"热量营养素"。这三类营养的理想摄入量比为6.5∶1∶0.7。对于经常参加运动的人来说,除了要注重热量营养素类营养的补充外,同时不能忽视对维生素和矿物质的补充。

(2)酸碱平衡

不同人体部分或系统有着各自的酸碱度,但这些保持相对稳定的酸碱度很可能由于膳食搭配不佳而被打乱,出现酸碱不平衡的情况,严重的甚至会导致整个人体的酸碱失衡。对于参加气排球运动的运动者来说,他们的身体在运动中会产生过多的酸性代谢物,这些物质会整体提升身体的酸度,带来身体疲劳感。为此,应给运动者增加一些碱性食物予以中和。日常食物中的酸碱性质区分如下:

①酸性食品。动物类食物中如牛肉、鸡肉、羊肉、猪肉等常见肉类均为酸性食物。植物类食物中如大米、面粉、花生等为酸性食物。

②碱性食品。蔬菜类食物中的黄瓜、海带、南瓜、菠菜、萝卜、藕等为碱性食物。水果类食物中的草莓、西瓜、苹果、香蕉等为碱性食物。

(3)氨基酸平衡

世界卫生组织提出了人体所需的八种必需氨基酸的构成比例,见表7-1。研究表明,食物中所含的氨基酸的比例与表中的比例越接近,越能更好地被人体所吸收利用,其营养价值也相对越高。但是多数食品中氨基酸的构成具有一定的不平衡性,这在一定程度上影响了人体的摄取。

表7-1 人体所需的八种必需氨基酸的构成比例

氨基酸	蛋白质(毫克/克)
异亮氨酸	40
亮氨酸	70
赖氨酸	55
蛋氨酸+胱氨酸	35
苏氨酸	40
色氨酸	10
缬氨酸	50
苯丙氨酸+络氨酸	60

(二)气排球运动的合理膳食营养

1. 膳食的合理构成

中国营养学会根据我国国民的饮食习惯和秉承膳食平衡的原则提出了每日合理的膳食结构。具体如下:

(1)膳食摄入秉承多样性原则,以谷类为主。中国人常摄入的食物有谷类、薯类、蔬菜水果、肉类、豆类及其制品和纯热能食物等类型。不同类型的食物所包含的营养成分有相同的,也有不同的。为了能让身体获得尽可能全面的营养补充,就要做到膳食合理且多样化。

(2)食量与运动量的平衡。在合理膳食的要求下,应根据运动者参加运动与否和运动强度来决定进食的量。原则上进食量和运动量成正比。

(3)多吃蔬菜、水果和薯类。肉类食物有着良好的诱惑力和较多的蛋白质与脂肪,但人体所需的众多维生素和矿物质则主要包含在蔬菜、水果和薯类食物中,并且这类食物中往往还包含大量的水,可谓营养价值颇高,因此应适当增加这类食物。

(4)"白肉""红肉"搭配得当。所谓"白肉",就是指鱼、鸡、鸭等肉类,这种肉类中富含优质蛋白、脂溶性维生素、维生素 B 族和多种矿物质。所谓"红肉",是指猪、牛、羊等肉类,这种肉类中含有大量脂肪、蛋白质。两种肉类都能给身体提供必要的营养和能量,但在选择时要注意合理配比和适量。

(5)每天需摄入一定量的乳制品、豆类或豆制品。在众多食物类型中,乳制品和豆类制品中所含的蛋白质和维生素数量最多,此外,这两类食物中还含有丰富的钙。因此,在每天的膳食中都应包含这两类食物。

(6)吃清淡少盐的食物。食物中放入超出标准的盐固然能更加吸引人的味蕾,但过量的盐摄入体内会给人的健康带来不利影响,特别是会对人的心血管系统的正常运转带来阻碍,使人大概率患上心血管系统疾病。一般来说,每人每日摄入的盐应低于 6 克。

2."4＋1营养金字塔"

"4＋1营养金字塔"理念的提出在于指导人们构建好每日的膳食平衡。下面就对这个膳食结构形态进行逐级分析。

(1)第一层可谓金字塔的底座,是基础。这一层中的主要食物为粮豆类,对于我国大众的饮食习惯来说,粮豆类作为主食的重要选择,自然是人们每日摄入最多的食物。一般情况下,运动者每日应摄入粮豆类食物 400～500 克,其中粮食与豆类的搭配比为 10∶1。

(2)第二层的主要食物为蔬菜类和水果类。蔬菜和水果的营养价值自不必多说,其所在金字塔中的位置也决定了每日摄入量仅次于粮豆类食物。运动者每日应摄入蔬菜和水果 300～400 克,其中蔬菜与水果的搭配比为 8∶1。

(3)第三层是奶和乳制品。各种奶类以及乳制品中含有大量的优质蛋白和钙。运动者每日应摄入奶和乳制品 200～300 克。

(4)第四层为肉类食物。肉类中含有丰富的蛋白质、脂肪、维生素 B 族和多种矿物质,这些营养素都是运动者所不能缺少的。运动者每日应摄入肉类 100～200 克。

(5)第五层,也就是金字塔的塔尖。该层主要为盐,尽管身体中也需要钠的摄入,但就目前我国大众的饮食习惯来看,往往较容易摄入过多的钠,长期如此对身体健康有害。

总体来看,一二层的食物为人体提供了高达 65% 的碳水化合物;三四层的食物为人体提供了 25% 的脂肪和 10% 的蛋白质。

（三）气排球运动的膳食建议

1. 培养科学的饮食习惯

（1）合理安排一日三餐

①合理的饮食时间。对于一般人来说，每天都有着相对固定的饮食时段，如此安排的优势在于有助于消化系统机能的正常运转和休息。我国大众大多数每天安排早、中、晚三餐，每餐之间的间隔约为5小时。每餐的进食时间也应有合理安排，太快或太慢的进餐都应避免。

②合理的热能摄入。总的来看，运动者的早餐热量应占全天总热量的30%左右，午餐热量占比为40%～45%，晚餐则为25%～30%。经常参加气排球运动的运动者在每日饮食的热量安排上可适当高于标准，增加的部分应安排在早餐和午餐中。

（2）培养良好的个人饮食习惯

①由于运动者日常要参加很多体育活动，因此他们每天摄入的能量要适当增加，其中糖的摄入应占每日总能量摄入的60%～70%，蛋白质应占10%～15%，脂肪应占20%～25%。对脂肪的摄入要注意有所控制。

②用餐要尽量在卫生、安静的环境下进行；在食用有包装的食品前要检查食品是否超过保质期；少吃或不吃垃圾食品。

③饮食习惯上应秉承清淡原则，少吃过甜、过咸、过油、烧烤等食物。

④加强营养和膳食平衡类知识的学习，严格要求自己，讲究膳食平衡。如需服用辅助营养品需要有专业医生的指导。

（3）合理加餐

经常参加气排球运动的运动者的体内能量消耗会更多更快。为了保证正常的身体运转和有足够的精力体力参加到其他活动中，可适当考虑加餐。但加餐要注意以不影响正常三餐为准则。

2. 素食餐饮要适当

与众多肉类食物相比，素食食品中包含的热量较低。但对于参加气排球运动的运动者来说，素食难以保证他们的能量补充需求。这里要分析一下纯素食的几点弊端。

（1）易使身体出现营养不良

众所周知，蛋白质是构成人体细胞的重要成分，同时其也是修复受损细胞的重要元素。脂肪不仅参与维持人体的正常体温，还能提供长时间运动所需的能量。这两种营养在肉类食物中含量最为丰富，如果只摄入素食，则很难支持运动者参加像气排球这样的运动，长此以往易诱发营养不良。

（2）易使身体缺乏微量元素和维生素

微量元素是身体中不能缺少的重要营养素，这类营养素在动物性食物中广泛存在，如钙、铁、锌等。如果平日较少进食肉类，则会造成体内微量元素的缺乏。实际上，素食食物中也含有较为丰富的微量元素和维生素，但要想做到摄入全面就需要精心选择和准备。然而实际生活中能做到这点的人少之又少,因此长此以往的素食主义者的身体中就可能缺乏微量元素和维生素,从而易出现贫血等症状,难以满足日常运动对营养的需求。

(四)气排球运动前后的饮食注意事项

运动者在参加气排球运动之前和之后的饮食都有一定的注意事项,应给予足够重视。

1. 避免空腹时的大量运动

空腹时人的血糖含量会降低,而这种生理上的变化往往会使人在运动中出现头昏眼花、四肢乏力、心慌心悸、手脚冰凉、注意力涣散等症状。严重的低血糖甚至还会致人昏厥。因此,运动者在运动前一定要做好相应的进食计划,避免空腹运动的情况发生。

2. 饭后不大量运动

当人体在进食后,体内血液大量流向消化器官,此时运动会减少原本应流向消化器官的血液,致使机体的消化功能降低,同时还会增加胃痉挛、呕吐等症状出现的概率。因此,运动者应做好进食后的运动计划,避免在饭后短时间就进行运动的行为。一般来说,饭后1.5~2小时后参加运动是较为理想的。

3. 运动中不大量饮水

运动者参加长时间的气排球运动往往需要消耗较多的身体能量,体内的热量也会以排汗的方式流失体外,此时正确的补水就显得非常重要。运动者在补水时应特别注意补水量,避免一次性大量补水,过多水存留在肠胃中会增加身体的运动负荷,影响正常呼吸,并对肠胃、心脏有害。正确的补水方法应为少量多次地进行,所补的水也尽可能为功能型运动饮料。

4. 运动前不吃油腻或过咸食物

运动前尽量不选择那些过于油腻和过咸的食物。这是因为这两类食物进入胃肠后需要更多血液供应来辅助消化,肝脏也要分泌大量胆汁参与消化,如此大大增加了消化的难度和复杂度,增加了消化时间。这一方面使得长期滞留在肠胃中的食物加大了身体的运动负荷,另一方面使得过多流向肠胃的血液降低了身体的运动系统机能。此外,运动前摄入过咸的食物还会增加口渴的感觉,而喝太多水也会给运动带来负担。

第二节 气排球运动伤病与康复

一、运动性损伤

运动性损伤具备一般损伤的特点,同时因为其与一般损伤有区别,所以还具有不同于一般损伤的特性。一般将运动损伤的特点归纳为以下几点:

（1）在不同的运动项目中,因为技术的影响与专项特点的不同,会发生不同的运动损伤。

（2）在常见的运动损伤中,具有普遍性的是慢性小损伤(微细损伤),一般多在软组织、骨、神经以及血管等部位发生,造成损伤的主要原因是局部过劳。

（3）在运动损伤的预防中,必须对容易造成损伤的技术动作与受伤机制有一个清楚的认识与了解,否则无法做好充分的准备,起不到预防的效果。

（4）在运动损伤的治疗中,需暂停锻炼或合理安排锻炼,否则会使损伤加重。

二、气排球运动的常见疾病及康复方法

（一）过度紧张

对于初参与运动健身的人或较长时间休息后再次参与健身或某次健身突然加大负荷,可能导致对健身内容的动作、技术方法不熟悉或心理因素(如担心别人嘲笑、担心旧伤复发)而过度紧张。

过度紧张可令身心产生各种不适,轻者头晕、眼前发黑、面白、无力、站立不稳;严重者会出现嘴唇青紫,呼吸困难,心痛,甚至昏厥。

过度紧张处理方法如下:

（1）停止运动,注意休息。

（2）急救时,患者平卧,衣服松解,同时注意保暖,点掐其内关和足三里穴。

（3）昏迷者,可掐人中使患者苏醒。

（4）休克者,先进行休克处理。

（二）肌肉痉挛

肌肉痉挛,即抽筋,是肌肉的不自主抖动,一般而言,准备不足时参与大强度运动可导致抽筋,多见于小腿抽筋。身体局部肌肉抽筋可导致肌肉不自主肌肉强直收缩,僵硬,疼痛,有活动障碍。

肌肉痉挛处理方法如下:

（1）轻者,牵引痉挛肌肉。

（2）腿部肌肉痉挛者,尽力直膝、伸踝、拉长痉挛肌肉。

（三）肌肉延迟酸痛

肌肉延迟酸痛多发生在本次的健身活动量突然超过之前的运动健身量,是机体肌肉不适应运动负荷的一种表现,往往在运动健身后的第二天,身体局部肌肉酸痛,有胀、麻感。

肌肉延迟酸痛处理方法如下:

（1）局部热敷或按摩。

（2）口服维生素C以缓解症状。

（3）按摩、针灸或电疗。

（四）低血糖

低血糖是指个体空腹时血糖浓度低于 50 毫克/分升的一种症状表现。健身时间过长或者运动健身者在饥饿的状态下健身可导致低血糖症的发生。轻者面色苍白、心烦易怒；重者视物模糊、焦虑、昏迷。

运动性低血糖处理方法如下：

（1）平卧、保暖。
（2）饮浓糖水或吃少量食品。
（3）低血糖昏迷者，可针刺人中穴，并迅速就医。

（五）高血压

运动性高血压是运动健身不当引起血压升高的病症，运动负荷过大时容易发病。发病前期和发病过程中，可有头痛、头晕、睡眠不佳、贫血等症状。

运动性高血压处理方法如下：

（1）调节负荷量，注意休息。
（2）药物治疗。

（六）贫血

医学检查中，正常男子的血红蛋白含量为 0.69 ~ 0.83 毫摩尔/升，正常女子的血红蛋白含量为 0.64 ~ 0.78 毫摩尔/升。运动中导致个体的血氧供应不足，出现贫血现象，多伴有头晕、恶心、呕吐、气喘、体力下降、疲倦等病症。

运动性贫血处理方法如下：

（1）减少运动量，必要时停止运动。
（2）食用富含蛋白质、铁质、维生素的食物。
（3）服用抗贫血药物。

（七）血尿

在运动健身中，如果运动强度过大，超过运动健身者承受范围有可能引起显微镜下血尿，经检验无原发病的称运动性血尿，检查时，轻者仅可在显微镜观察下出现血尿，严重者有直观的血尿现象，并伴有腹痛、头晕等症状。

运动性血尿处理方法如下：

（1）全面检查，排除病理性血尿，以免误诊。
（2）发现肉眼可见血尿，停止运动。
（3）肉眼可见无明显症状，调节健身负荷，注意观察。

（八）腹痛

运动性腹痛是因运动不当引起的腹部疼痛,一般性运动腹痛按压可缓解,无其他并发症。生理性腹痛也可由运动健身方法不当引起,应高度重视。

运动性腹痛处理方法如下：

（1）了解腹痛的性质和部位,排除病理因素。

（2）运动性腹痛,减小运动量或停止运动,调整呼吸、动作节奏。

（3）肠胃炎、阑尾炎、炎症引发的腹痛应及时就医。

（九）中暑

运动性中暑多发生在夏季户外长时间的健身中,机体处于高温环境,身体体温升高超出生理承受范围发生高热状态。

中暑处理方法如下：

（1）随时关注运动健身者的生理状态,如有中暑先兆者,到阴凉处避暑,适当饮水,解开衣物,湿毛巾擦拭身体。

（2）中暑严重者：降温、平卧,牵引痉挛肌肉,服含盐清凉饮料或解暑药。

（3）中暑衰竭和昏迷者：降温、平卧,掐人中、涌泉、中冲等穴位,服含糖、盐饮料,按摩,尽快就医抢救。

三、气排球运动中常见的运动损伤及康复方法

（一）擦伤及治疗

擦伤是皮肤被粗糙物体摩擦而引起的损伤。擦伤往往伴随的是皮肤受损,严重的擦伤还会出血及有组织液渗出。

治疗方法：

（1）小面积的擦伤可用清水、生理盐水等冲洗干净。不需要额外的包扎和上药,恢复速度较快。

（2）较大面积的擦伤在清洁后要用碘酒或者酒精涂抹。如果擦伤部位嵌入沙粒、碎石等,务必要清除干净。处理完后盖上凡士林纱布,并妥善包扎。

（3）关节周围的擦伤会影响关节的活动以及容易重复破损。治疗方法为首先清洗干净伤处并消毒,然后为防止感染可用青霉素软膏涂敷。

（二）拉伤及治疗

拉伤是指肌肉受到强烈牵拉而引发的肌肉纤维损伤。肌肉拉伤有部分拉伤和完全拉伤两种。运动损伤中出现的拉伤大多数出现在大腿或小腿肌肉处。

发生拉伤后的症状普遍为拉伤部位疼痛、肿胀、有压痛感、肌肉功能障碍等。如果肌肉完全断裂则会失去正常功能,断裂处可摸到明显凹陷及周边异常隆起的肌肉断端。

治疗方法:

(1)拉伤后立即采用氯乙烷镇痛喷雾剂喷涂损伤处,然后冷敷并加压包扎。

(2)肌纤维轻度拉伤及肌肉痉挛者可使用针刺疗法。

(3)如伤者的肌肉、肌腱部分或者完全断裂则需要局部加压包扎并固定患肢,然后立刻送往医院接受进一步治疗,如有必要还需要通过手术治疗。

(4)拉伤如需按摩需要在拉伤48小时后进行,按摩手法也不宜过重。

(三)撕裂伤及治疗

撕裂伤是指皮肤受物体打击导致的裂口损伤。撕裂伤有开放性和闭合性两种。开放性撕裂伤会伴随出血,撕裂周围肿胀等症状;闭合性撕裂伤没有出血,但伤处在触及时有凹陷感和剧烈疼痛症状。运动中较常见的撕裂伤主要有眉际撕裂伤和跟腱撕裂伤。

治疗方法:

(1)较轻的撕裂伤可先消毒,然后用药止血,再用消毒纱布覆盖加压包扎。

(2)如撕裂处流血不止,则应在靠近伤口处缚以止血带后送往医院。

(3)如撕裂处的伤口较大、较深,则非常容易被感染,此时应立即将伤者送往医院接受抗感染和缝合手术治疗。

(四)挫伤及治疗

挫伤是指受钝性外力作用导致伤处及其深部组织的闭合性损伤。常见的挫伤部位有大腿的肱四头肌和小腿后部的三头肌,此外腹部、上肢等部位的挫伤也偶有发生。挫伤的症状为伤处疼痛、肿胀、有皮下出血等。

治疗方法:

(1)伤后立刻局部冷敷、外敷新伤药等,适当加压包扎。为减少出血应抬高患肢。

(2)肱四头肌和小腿后群肌肉的挫伤如果严重的话通常伴有肌肉的损伤或断裂,容易形成血肿。为此在进行患处肢体的包扎固定后应立刻送往医院接受进一步诊治。

(3)头部、躯干部等部位如果受到严重挫伤可能会伴有休克症状,为此应首先检查患者的呼吸、脉搏等情况。如果出现休克应注意通风、保温、止血,然后立刻送往医院。

(五)关节、韧带扭伤及治疗

1. 髌骨劳损及治疗

髌骨是膝关节正常活动的重要骨骼。此外,它还具有保护股骨关节面、维护关节外形以及传递股四头肌力量的作用。

髌骨劳损是经常参加运动训练的运动者容易出现的损伤,这主要是因为膝关节长期承担运动负荷导致的,也有可能是受到了一次较重的外力撞击。

治疗方法：

（1）髌骨劳损的常见治疗方法为针灸、按摩、中药外敷等。

（2）另外，在恢复期还要注重加强膝关节肌群的力量训练。

2. 肩关节扭伤及治疗

肩关节扭伤的发生主要是由于肩关节用力过猛、反复劳损或技术错误导致的，其伴随的症状主要为疼痛、肿胀、关节活动受限等。

治疗方法：

（1）轻度扭伤可采用冷敷和加压包扎的方法处理。受伤24小时后可适当采用针灸、按摩等方法治疗。

（2）肩关节扭伤如果伤及韧带，导致韧带断裂，则需要立刻送医院进行缝合治疗。

（3）部位疼痛或肿胀症状减轻后，可开始尝试功能性锻炼。

3. 急性腰伤及治疗

急性腰伤的出现多数与身体重心不稳定或肌肉收缩不协调有关，致使腰部受力过重或者脊柱运动时超过了正常的生理范围。急性腰伤出现后通常伴随疼痛，以及会有腰部肌肉痉挛和功能受限等症状。

治疗方法：

（1）首先让患者取平卧位。

（2）如果疼痛较为剧烈，应立即将患者用担架送往医院。

（3）在经过处理后，患者应卧硬床或腰后垫枕头，以此使腰部肌肉保持松弛。

（4）后期可采用针灸、按摩及外敷伤药等方法治疗。

4. 膝关节侧副韧带损伤及治疗

该部位的损伤主要是由膝关节弯曲时小腿突然外展外旋或当脚和小腿固定时大腿突然内收内旋导致。膝关节侧副韧带出现损伤后，膝关节会出现疼痛、肿胀、扭伤部位有压痛、功能受限等症状。如果韧带完全断裂则可触摸到韧带断裂处的凹陷，功能完全丧失。

治疗方法：

（1）轻度膝关节侧副韧带损伤只需要患处外敷药，内服消肿止痛药即可，后可配合按摩和理疗。

（2）中度膝关节侧副韧带损伤应首先进行伤处局部冷敷，并加压包扎，限制膝部活动。受伤48小时后可以进行按摩和理疗等方式继续治疗。

（3）重度膝关节侧副韧带损伤主要是韧带发生了断裂，如此应尽快送往医院接受手术缝合治疗，术后还要积极参加损伤部位功能康复训练。

5. 踝关节扭伤及治疗

在众多运动损伤中，踝关节损伤出现的频率很高，其主要是在运动中跳起落地失去平衡或踝关节过度内外翻导致的。因此，运动场地的平整度非常重要。踝关节发生扭伤伴随的症状有患处肿胀、疼痛、明显压痛、皮下瘀血等。

治疗方法：
（1）冷敷，并做固定包扎。
（2）受到损伤24小时后可尝试进行综合治疗方法，如有必要可打封闭。
（3）严重的扭伤应使用石膏固定。
（4）损伤情况有所好转后可进行一些功能性练习。

6.指间关节扭伤及治疗

指间关节扭伤是手指受到侧向外力冲击而造成的扭伤。指关节扭伤后往往伴有关节肿胀、疼痛、功能受阻等症状。如果扭伤较为严重甚至出现关节变形的情况，此时的痛感更为强烈，应立刻送往医院进一步治疗。

治疗方法：
（1）轻度指关节扭伤可采取冷敷或者轻度拔伸牵引的方式处理，然后用粘膏、胶布等将患指固定在旁边手指上，第三天开始做手指屈伸活动。
（2）如果是重度的扭伤导致关节脱位，则应立刻送往医院接受治疗。

（六）骨折及治疗

骨折在众多运动损伤中属于较为严重的一类。一般来说，骨折有不完全性骨折和完全性骨折两种。造成骨折的原因通常是运动中身体某部位受到外力撞击导致的。骨折后伴随的症状为剧烈疼痛、皮下出血、损伤位置肢体部分或完全丧失功能。严重的骨折甚至还会损伤体内脏器和神经，致人休克。

治疗方法：
（1）骨折后谨慎移动伤肢，找工具尽快固定伤肢，特别是要限制骨折断端的活动。
（2）如果是开放性骨折则应首先采用止血带法和压迫法止血，包扎后立刻送往医院。应特别注意不要对可能暴露在身体外的骨骼断端还纳，也不要任意去除，以防止感染。
（3）伤肢固定稳妥后要注意伤者的保暖，每过一段时间就要检查一下固定情况。如果是对四肢的固定，务必要定时观察肢端情况，询问伤者是否有麻木、发冷的情况，如有则证明包扎过紧，影响了血液流通，要适当放松一些。
（4）如伤者出现了休克或大出血等情况，应首先予以抢救，并让伤者服用止痛药、针刺人中等。

第三节　气排球运动医务监督

一、少年儿童参与气排球运动锻炼的医务监督

参加气排球运动会给身体机能的发展带来良好影响，这点对于那些正处于身体发育期的少年儿童来说尤为重要。但需要注意的是，只有适当、科学、合理的运动才能带来积极效

果,因为其中还会存在一些难以避免的运动性伤病。为此,关注少年儿童的气排球运动医务监督工作是保障他们顺利实现健身目标的基础。

(一)少年儿童运动锻炼的内容与形式

少年儿童可以在气排球运动中对周边的事物有更好的认知,最为基础的就是建立起他们的站、立、跑、跳等正确姿势,努力克服不正确的身体姿势或发育缺陷。如果是身体发育或健康方面有显著异常现象的少年儿童,则应根据具体情况减免体育锻炼,或是尝试通过专业的医疗体育锻炼手段进行治疗。

针对少年儿童开展的气排球运动锻炼,要视男女生的不同发育阶段和特点区分进行。在青春发育期内,女生的内分泌状况变化较大,这会影响她们神经系统的稳定性,突出体现在完成某个动作时身体的平衡及协调能力有所下降。她们心理特征的改变,也使她们对更多身体活动形式的体育锻炼兴趣大减。为此,对这个阶段的女生来说,首先要对她们进行耐心引导,提高她们的运动兴趣,并且在运动形式上适当减少平衡能力要求较高的动作。反观这个时期的男生,心理上会表现出争强好胜、高估自己能力的特征。鉴于此,在锻炼实践中要特别注意给他们灌输防伤和安全意识,同时做好运动组织的相关工作。

在少年儿童阶段的锻炼中,要重在展现锻炼的全面性,而不应过早将专项性运动训练的内容加入他们的锻炼中,也不应让他们参加过多的正式比赛。如果有必要在早期进行专项选材而开展专项训练,在过程中要严格做好医务监督工作。

(二)少年儿童参与运动锻炼的运动量与运动强度

少年儿童的心脏与成年人相比更加适应短时间且紧张的运动训练和比赛。究其原因,主要在于少年儿童的心脏每搏输出量和每分输出量的绝对值都是高于成年人的,不过相对值还是比成年人小。在设定少年儿童的运动量和运动强度时,要关注他们的具体情况,对身心状况良好的少年儿童来说,可以适当安排一些运动强度大的,但运动密度稍小的运动,如此运动可以采取少量多组的形式进行,每组间保留有足够的休息时间。在少年儿童阶段,并不鼓励让他们参加一些大负荷的力量性和耐力性较强的运动项目。

少年儿童的肌肉耐受度不高,因此在气排球运动中会更早感受到肌肉的疲劳,但这种疲劳来得快退得也快。鉴于此特点,为少年儿童安排的运动可适当每周增加几次。一般每天进行一次运动,或每周的运动总次数达到四五次即可。另外,根据少年儿童的身体发育特征,在这个阶段应注重发展他们的柔韧素质,较少将运动的重点放在提升他们的力量和耐力素质上。

二、中年人参与气排球运动锻炼的医务监督

(一)中年人的生理特征

通常认为年龄处于 45～59 岁的人群为中年人群体。身处中年的人的身体是一个较为重要的转变期,进入中年期,人的心血管系统、呼吸系统、神经和内分泌系统以及其他系统会出现严重的退化现象。在这一阶段中,中年人会感到身体活力大不如前,身体对外界环境的适应能力也开始下降。中年人的肌肉、骨骼和关节等运动系统机能出现退行性变化,运动能力也会大不如前,具体表现为体能下降速度更快、身体平衡能力降低、灵敏性和柔韧性降低等。

众多研究和统计结果显示,人体衰老的最快速度通常出现在 50～59 岁。在人的老年时期出现的许多疾病,很多都是从中年时期开始出现的。鉴于此,中年人经常参加一些体育锻炼,并做好相应的医务监督,可以避免过早衰老和最大限度地维持体质健康状况,这也可以为日后进入老年时期打下一个良好的体质基础。

(二)中年人运动锻炼的医务监督

通过参与适宜的气排球运动,可使中年人的体质水平和健康程度得到巩固,并延缓他们身体的衰老速度。然而此时的锻炼,要注意遵循安全、有效和科学的原则进行,过程中也不能忽视医务监督工作。

中年人的气排球运动医务监督工作是不容忽视的。对于那些过去很长时间内没有运动习惯的中年人,在开始长期有规律参加运动锻炼前应进行一次较为全面的体质检查,以此全面了解自身的健康状况以及在运动中可能会出现哪些安全隐患,并基于此制定一套针对性较强的运动计划。

三、老年人参与气排球运动锻炼的医务监督

(一)老年人的生理特征

通常认为年龄超过 60 岁的人群就是老年人群体。老年人群体拥有一些类似的生理特征,主要表现为皮肤松弛、变薄,皱纹增多,牙齿松动,各种老年斑和老年紫癜出现,另外还有头发逐渐变白且脱落、体能下降、易疲劳、抵抗力减弱、适应能力低、骨骼质量降低、呼吸机能减退、心搏血量和心输出量减少、身体柔韧度降低以及反应变缓等。如果 60 岁以上的老年人能坚持每天都安排适当时间参与适量的健身活动,则可以延缓衰老速度、强身健体,从而提高老年生活质量。

(二)老年人运动锻炼的医务监督

老年人经常参加气排球锻炼对延缓衰老有着较大作用。运动锻炼对老年人的骨骼韧性和密度有着不错的改善和维持作用,这对缓解老年人经常出现的骨质疏松症状有很好的预防效果;能够维持老年人的心肌收缩力量,促使心脏功能良好,这对老年人经常出现的高血压、冠心病等心脑血管病症有很好的预防效果;能够防治老年性气管炎和哮喘;能够改善神经机能,提高机体对外界环境的适应能力;能够全面提升老年人身体的免疫力及抵抗力。

老年人患心脑血管疾病的概率很高,这使得他们对外界变化的环境适应力较低。为此,

做好老年人运动锻炼的医务监督工作显得更为重要。这一方面能保障老年人的运动锻炼效果,另一方面还能预防运动性伤病的发生概率以及防止运动中的其他意外事故。

下篇 提高气排球运动能力

第八章 气排球学练技巧与方法

本章导航

> 气排球作为一项体育技能,想要真正掌握离不开一定时间的练习。学生需要在体育教师的指引下掌握技巧并展开一定时间的练习,才能实现从"新手"到高手的转变。为了帮助学生对气排球教学以及学习有一个全面的把握,就需要引导他们了解气排球教学的目标、任务、步骤,熟悉气排球教学的原则与方法,合理评价气排球教学效果,以及掌握气排球训练的原理、原则、方法等知识。

第一节 气排球教学目标、任务与步骤

一、气排球教学的目标

校园气排球教学,最根本的目的是促进学生的全面健康发展。这一最终教学目的是通过各种具体的教学目的的完成来实现的。

（1）加强学生的思想品德教育。
（2）增强学生身体素质,提高体质水平,培养学生运动技能。
（3）培养学生的团队意识,培养学生勇敢、坚毅、拼搏等良好精神。
（4）调节学生的健康心态,促进学生的心理健康发展。
（5）帮助学生提高与人沟通与交流的能力,培养学生良好个性,促进学生的社会性健康发展。
（6）帮助学生建立气排球学习与参与兴趣,养成积极主动参与体育运动锻炼的习惯,使学生学会科学锻炼身体的方法,实现终身体育。

二、气排球教学的任务

结合气排球教学目标,在气排球教学中,应具体完成如下教学任务。

(一)丰富学生气排球知识

在校园气排球教学中,气排球理论知识教学是教学的重要内容。掌握气排球基本理论知识,能有效激发学生学习气排球的积极性和主动性,并为其参加气排球技能学习提供科学指导,通过气排球教学,应使学生掌握如下气排球相关知识。

(1)气排球项目及其文化的产生与发展史。
(2)气排球动作的正确概念。
(3)气排球动作的技术原理。
(4)提高专项身体素质的理论与方法。
(5)增强自我保健意识,了解自我保健常识。
(6)与气排球、体育运动健康相关的其他学科知识。

(二)提高学生气排球技能

气排球技能的掌握是运动者从事气排球的重要前提和基础,通过气排球教学,科学、全面、系统地讲解气排球理论知识,指导学生在熟练掌握气排球基础知识的基础上来学习气排球技术动作。具体来说,应促进学生以下几方面气排球技能的提高。

(1)气排球动作节奏与动作。
(2)气排球动作技术细节。
(3)气排球运动后的科学恢复方法。
(4)熟练掌握气排球各种击球动作,并能很好地控制球的飞行、力度、落点。
(5)纠正气排球学练错误的准备姿势和不良技术动作。
(6)增强学生的气排球技能的灵活运用能力。
(7)挖掘具有运动潜力的学生,并对其进行更深层次的气排球训练,以不断提高他们的气排球技术水平,从而为更高一级的气排球队伍或气排球俱乐部输送优秀的后备人才。

(三)发展学生的身体素质

身体素质是个体运动的基础,气排球运动能有效促进学生的各方面身体素质的发展,发展学生身体素质是气排球教学的一个重要任务和目标。校园气排球教学,应促进学生的以下两种身体素质的发展。

(1)发展学生参与气排球的一般身体素质。
(2)发展学生从事气排球的专项身体素质。

(四)促进学生心理健康发展

促进学生心理健康发展是气排球教学的重要教学任务。具体任务内容细分如下：
(1)陶冶情操,获得许多运动乐趣。
(2)减轻学生心理压力和精神焦虑,保持健康向上、积极乐观的心态,使学生积极参与气排球学练,以塑造良好的气排球参与和学习心态。
(3)培养学生正确的道德观、体育价值观、世界观。
(4)培养学生的良好品行、性格特征、体育道德精神。
(5)培养学生遵守纪律、团结合作、积极进取、乐观向上、朝气蓬勃的体育道德作风。
(6)培养学生形成创造开拓的精神与作风。

(五)促进学生的社会性健康发展

气排球是集体运动项目,有能促进运动者的社会性良好发展的运动价值。具体来说,气排球教学有助于促进学生交际、交往、合作、竞争。通过气排球学习,可以提高学生的社会适应能力。

具体来说,通过气排球教学,应使学生的以下几方面社会性能力得到发展。
(1)提高学生的口语、肢体语言表达能力。
(2)提高学生与人沟通、交谈、交际的能力。
(3)提高学生的竞争能力。
(4)提高学生的合作能力。
(5)提高学生的气排球活动组织能力。
(6)提高学生的创造、创新能力。

三、气排球教学的步骤

(一)教案编写

教案是对师生课堂上预期的教学活动的设计和描述,教师要在钻研教学内容和了解教学对象的基础上,通过设计组织教学编写教案。

(二)教具准备

教学场地、器材是体育教学活动的基础,气排球教学同样离不开教学场地和器材、设备,这些是开展气排球教学活动重要的资源。

校园气排球教学的开展需要各种教具和教学器材,如电教设备、球、训练器材、场地等的准备,这些都需要教师在上课前准备齐全,以确保气排球教学活动的顺利开展。

气排球教学活动正式开始前,教师应自己或组织学生帮忙准备好场地、器材,同时教师还要对场地进行认真的规划,科学合理布置器材,确保各项教具、教学器材都能正常、安全使用。

（三）教学设计

科学的教学设计就是通过简要的表述实现教学活动组织的流程形式表达。简言之,就是把复杂教学过程简单流程化,结合体育教学一般内容来进行形式表达,具体的体育教学内容可以采用流程图符号表示(表8-1)。

表8-1　体育教学过程流程图符号

符号	表示的意义
矩形	教师的活动
圆角矩形	媒体的应用
平行四边形	学生的活动
箭头	过程进行的方向
菱形	教师进行逻辑判断

参考体育教学的一般教学流程,气排球教学的教学过程组织也可以通过具体的流程图来表示,根据气排球教学任务和教学重点的不同,可以分为以下三种类型。

1. 练习型

练习型教学设计以气排球技能练习为主,在气排球教学组织过程中,需要运用媒体或教师的示范,方便学生的气排球技能的观察、模仿、练习,具体教学设计流程图如图8-1所示。

2. 示范型

示范型教学具有以身体活动为主要形式的学科特征,可在气排球教学中广泛推广应用,尤其适用于气排球实践课程教学,具体教学设计流程图如图8-2所示。

3. 探究型

探究型气排球教学的重点任务与目的在于提高学生的气排球探究、发现、创新能力,主要适用于组织学生观察、思考、探究原因、寻找规律等,是教学生学会气排球科学化学习的主要教学过程与形式,具体教学设计流程图如图8-3所示。

（四）教学总结

在气排球教学结束后,做好教学总结,以便日后的教学参考,具体应做好以下工作。

（1）总结本次气排球教学课的任务完成情况。
（2）总结教师的执教情况。
（3）总结学生的学习情况。
（4）针对教学问题和不足，提出改进设想和对策。
（5）广泛收集气排球教学意见并进行分析，为今后的气排球教学活动科学组织提供建议。

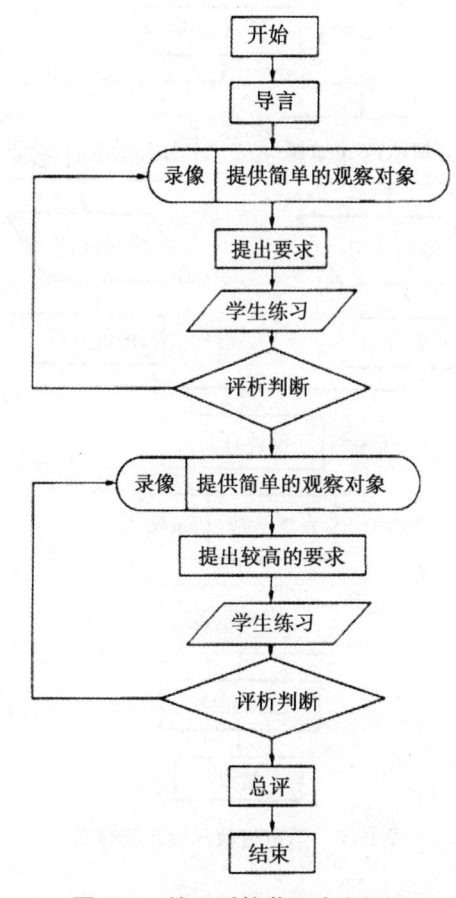

图8-1 练习型教学设计流程图

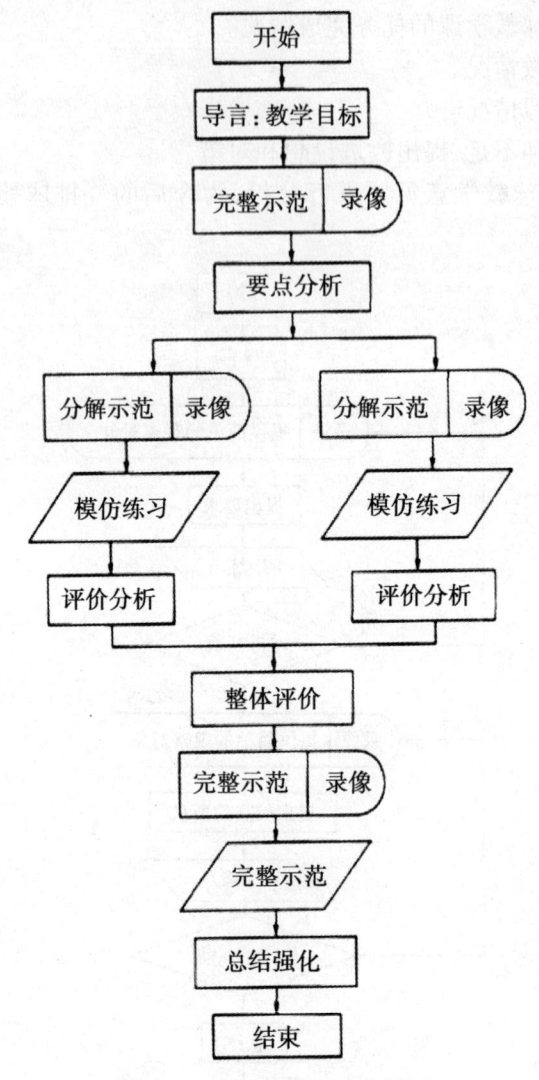

图 8-2 示范型教学设计流程图

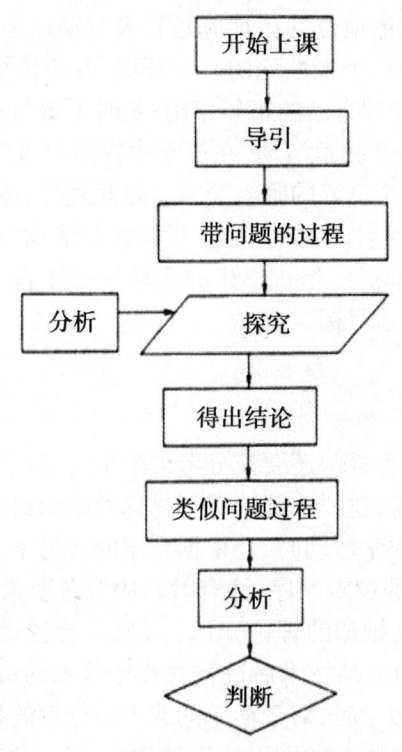

```
┌──────────┐
│ 开始上课 │
└────┬─────┘
     ↓
┌──────────┐
│   导引   │
└────┬─────┘
     ↓
┌────────────┐
│ 带问题的过程 │
└────┬───────┘
     ↓
┌──────┐   ┌──────┐
│ 分析 │→ │ 探究 │
└──────┘   └───┬──┘
               ↓
         ┌──────────┐
         │ 得出结论 │
         └────┬─────┘
              ↓
        ┌────────────┐
        │ 类似问题过程 │
        └────┬───────┘
             ↓
         ┌──────┐
         │ 分析 │
         └──┬───┘
            ↓
         ┌──────┐
         │ 判断 │
         └──────┘
```

图 8-3 探究型教学设计流程图

第二节 气排球教学原则与方法

一、气排球教学的原则

在组织与开展气排球教学活动的过程中,除了遵循体育教学的基本理念外,还要依据一定的教学原则展开教学活动。气排球教学原则就是依据气排球教学的客观规律,展开各项教学活动,其目的是提高气排球教学的效果,促进气排球教学的科学发展。它是体育教师为实现理想的教学效果所遵循的基本要求和指导原理。

参照体育教学中的一般教学原则,结合气排球教学的基本特点和规律,得出气排球教学的基本原则。

（一）"以人为本"原则

在制订气排球教学目标时,应充分考虑学生的特点和运动水平,即以"以人为本"为教学指导思想展开教学工作。在这一教学原则下,能彰显学生的主体地位,激发学生的学习兴趣,培养学生的创新精神和合作意识,从而促进学生的个性化发展。

在气排球教学中,学生主体地位的体现应是积极主动地参与气排球教学。为实现这一目标,体育教师要为学生营造一个人性化的教学环境,改革传统的气排球教学模式,开展人性化教学。体育教师要充分发挥自己的指导作用,及时了解与把握学生的运动表现,对每一名学生负责,要有条不紊地展开教学活动,在教学中提高自身的语言运用与动作示范能力,从而赢取学生的信任,建立一个良好的师生关系。除此之外,体育教师还要依据气排球教学的基本特点和规律,在尊重学生个性的基础上设计教学方案,选择具有针对性的教学手段与方法,提高气排球教学的趣味性,增进学生的运动情感体验。只有遵循"以人为本"的原则,才能有利于实现既定的教学目标。

（二）考虑学生可接受能力原则

在气排球教学过程中,体育教师还要充分考虑学生的可接受能力,即依据学生的运动基础和认识能力来设计教学内容,这样才能确保气排球教学的科学性,从而提高教学质量。

体育教师在组织与开展教学活动时,会依据特定的教材来安排教学活动,教学内容的选择要充分考虑教材本身具有的逻辑顺序,注意教材内容各要素的逻辑关系。在具体的气排球教学活动中,首先是讲授气排球的理论知识;其次是传授运动技术;再次是各种技术的组合应用,当学生掌握一定的运动技术后进行气排球战术的讲解;最后组合各种要素指导学生灵活运用。在进行技术教学时,对于简单的或不易分解的技术动作,可采用完整法教学手段进行讲解,而对于复杂的技术应采用分解教学法,然后再将各分解技术组合起来进行完整的教学与训练,这是气排球技术教学基本的逻辑顺序。

知识拓展

体育教师在选择教学手段时,要充分遵循学生的认识规律和运动技能形成原理,从无球模仿练习开始,再到有球实战练习,逐步引导学生展开更深层次的学习与训练,指引学生由简单条件下的比赛逐步过渡到复杂条件下的竞赛操作方法,这样才有利于气排球教学质量的提高。

（三）注重球感培养原则

大量的实践与事实表明,在气排球技能教学方面,正确地判断人或物与自己的距离的能力、知觉人和物的状况与速度的能力、空间关系视觉化的能力、统一运动协调的能力等都具有至关重要的意义。因此,体育教师在教学过程中,要根据学生的特点和运动水平,采取有针对性的措施努力培养和提高学生的气排球球感,这是提高学生气排球水平的重要基础。

（四）可观测教学手段原则

在气排球教学初级阶段,培养学生的球感和运动知觉以及球在空中运行的时空感知非常重要,这些教学内容在整个教学活动中的比重非常大,但随着教学过程的逐步进行,随着学生运动技能水平的提升,这一部分教学内容就会相应减少。体育教师在组织与开展教学活动过程中,在进行技能教学时,要充分利用各种教学手段与方法,如完整与分解法、讲解与示范法、现代化直观教具和多媒体教学手段等进行教学。这些可观测的教学手段能有效帮助学生建立和形成清晰而准确的运动表象,从而提高运动技术水平。

（五）循序渐进原则

运动训练量对于学生提高运动技能而言具有重要的作用。但是,运动训练量要依据学生的具体实际和特点而定,并不是运动量越大越好。一味追求大运动量,不仅不能获得理想的效果,有时甚至还会造成运动损伤,得不偿失。在气排球教学中,为提高学生的运动水平,体育教师经常采用增加触球次数,加大击球训练量的方法。但是,这种运动量的增加要遵循循序渐进的基本原则,不能盲目加大。另外,运动量也只有与其他诸如强调动作方法、注重动作效果等变量共同作用时,才能产生良好的教学效果。因此,体育教师在气排球教学过程中一定要注意运动训练量的合理安排,不能盲目加大运动训练量。

二、气排球教学的方法

教学方法是在教学中为了实现教学目的而采用的手段、方式、措施和途径等的总和。教学方法包括"教"的方法和"学"的方法两部分内容,这里所说的教学方法主要是指狭义的教学方法,即教师"教"的方法。

（一）教学方法的选择

教学方法的选择必须要科学严谨,遵循教学规律,符合教学实际。具体来说,教学方法的科学选择依据主要有以下几种。

1. 教学目标

教学目标对教学方法具有重要的宏观指导作用,它是教学方法选择的重要依据。教师应根据具体的课堂教学目标选择重点发展某一方面的教学方法。教学目标不同,教学方法的选择也应不同。

在气排球教学中,如教学目标是为了巩固技术,应多选用练习法、比赛法等;如教学目标是为了学习新知识、新技能,应多选用讲解、示范、预防与纠错法;如教学目标是为了提高运动实战能力,则应多选用竞赛法。

2. 教材内容特点

不同的教学内容的最佳呈现方式和效果是不一样的,这就需要教师在教学中选用合适的教学方法来最大限度地向学生呈现和传授教学内容。

在气排球教学中,如学习技术动作教学内容,应多示范;如学习理论知识,应多用语言讲解。

3. 教学对象特点

学生在教学活动中处于主体地位,是教学方法的实施对象。教学方法选用的最终目的是为了促进学生更好地学习和掌握知识、技能。因此,教师选择教学方法,应与学生特点和其实际情况相符合,要根据学生的特点,从学生的具体实际出发,有针对性地选择教学方法。

在这里需要特别指出的是,由于学生之间存在客观差异性,一种教学方法的选择不可能适用于所有学生。这就要求教师在教学中应注重分析整个学生群体所呈现出来的特点,并据此选择相应的教学方法,同时注重教学方法的多样化,这样既能照顾到绝大多数学生的学习,又能促进个别学生的学习进步。

4. 教师自身条件

教师是教学方法的实施者,其自身的素质和能力对教学方法的实施效果有重要的影响。教师在选用教学方法时,应结合自身的条件来选择教学方法,如果教师语言表达能力强,可多选择语言教学法;如果教师示范能力强,可多选择示范教学法;如果教师的创新和应用教学技术的能力强,可尝试多媒体教学、网络教学。只有适合教师的教学方法才能更好地发挥对教学效果的促进与完善作用,才能更好地在教学中展示出自身教学特点和教学方法的优势,促进教学内容更好地呈现和学生更好地吸收。

5. 教学环境与条件

在气排球教学中,运动环境与条件是教学方法选择的重要依据。教师在开展和实施气排球教学时,应充分考虑气排球教学的场地器材、班级人数、课时数等因素,以此为依据选择相应的教学方法。

(二)教学方法的优化

教学方法优化,应注重教学方法特点与教学实际需求的深入分析,同时应充分考虑教学参与主体(教师、学生)的个体与群体特点、教与学的需求等。具体来说,在优化教学方法时应做到以下要求:

(1)重视教学方法优化策略中的系统性和操作性。
(2)重视教学方法优化后的可行性、可操作性、可评价性。
(3)教学方法优化并应用于具体教学实践,教师应重视教学方法的跟踪了解。
(4)不能为了优化而优化,脱离教学实际。

(三)气排球教学方法的创新

随着信息技术的进步,大学生普遍拥有私人电脑或是智能手机,大多数的高校都建设有网络教学平台。因此,除了常规的示范讲解、重复练习等以外,体育教师还应该利用现代化教学手段在课外备课,制作一些气排球方面的信息化教学素材,如微课、慕课、PPT等,运用理实一体化的方法,将气排球某些重点技术或是理论通过现代化技术展示出来,这样能激发学生的学习热情。

1. 探究教学法

探究教学法也称"指导发现教学法",是一种在教学中重视学生的能动性调动和发挥的教学方法。

在气排球教学中,学生的气排球学习需要教师的指导和引导,教师可以通过科学的教学环节和环境的设计来引导学生学会发现问题、解决问题。

教学实践证明,探究教学法符合现代教学教育理论对学生的要求,是新体育课程强调学生主体性理念的重要表现,可以取得良好的教学效果。

气排球教学中运用探究教学法开展教学具体操作程序如下:

(1)学生预习教学内容,发现问题并记录。

(2)教师以指导语的方式介绍所授教学内容,并且将一些相关的观察结果和分析的直观感知材料提供给学生,指导学生自行解决所遇到的问题。

(3)创设特定教学环境,使学生积极探索、研究,并最终掌握知识与技能。

(4)教师分析和归纳总结。

2. 分层次教学法

分层次教学法原理,最早可追溯到孔子的"因材施教"理论。孔子强调施教者应尊重并重视学生的个体差异,在"传道授业解惑"的过程中,应重视对每一名学生的针对性的分析,探寻不同学生的特长,充分发挥学生的特长,帮助学生树立自信。

新时期,教学中所提倡的分层次教学法具体是指以高校体育教学目标为导向,根据不同的年级、不同学生知识掌握程度等,因材施教,细化教学内容与技术技能,挖掘并发挥学生的特长,促进学生的个性化、专业化发展。

在校园开展气排球教学,运用分层次教学法,具体操作如下:

(1)教师对全体学生进行分析,了解学生的生理、心理、运动经验、知识储备、技能水平等多种情况。

(2)综合对比分析不同学生,划分学生综合素质层次,对学生进行学习小组划分。

(3)针对不同的学习小组安排不同程度的教学内容与任务。

(4)小组成绩评定或小组间组织比赛。

(5)对成绩好的小组或比赛获胜的小组进行一定的物质奖励。

3. 多媒体技术教学法

多媒体技术(CAI技术)是伴随着计算机信息技术的发展而获得发展的。由于其能更加生动形象和直观地表现教学内容,因此被纳入直观教学法。随着多媒体技术的持续不断发展,现阶段多媒体技术教学法已经发展成为一种独立的教学方法。

现阶段,多媒体技术更多地应用于校园气排球理论教学。

在气排球教学实践中,多媒体技术将体育运动相关录像、图片、flash等引入课堂教学,综合了学生视觉、听觉、视听觉内容,教学效果良好。

目前,各种教学的多媒体设备、软件日益增多,越来越便携的输出设备,使得学生在需要时可以随时观看视频或图片。而且手机、笔记本电脑、平板电脑的出现也使得更多的课件可以此为设备核心展开教学,教学更加智能,并表现出集成性、便捷性、生动性、立体性、交互性更强的特点。

4. 计算机网络教学法

计算机网络教学依托于计算机技术和网络通信技术。利用计算机网络技术方法开展气排球教学，教学的方式和方法更加灵活，而且这种教学方法也更符合现在的"90后""00后"学生的学习习惯。

计算机网络教学方法在气排球教学中的应用要求教师具有良好的网络课件编辑技术，并能广泛收集各种气排球知识、技能教学信息，以便于更好地在实体课堂、网络课堂中进行展示。

当前许多著名高校的校园网站上都建立了自己的 BBS 系统，通过互联网介入教学。借助校园计算机网络建设和学生的网络设备利用，可形成多元化的综合性校园体育网络课程教学体系，只是目前利用校园网络开展体育教学的高校还比较少，开展气排球网络教学的学校则更少。但不可否认，计算机网络教学法是气排球教学的一种新的教学方法尝试。

第三节　气排球教学效果评价

一、教学评价概述

（一）教学评价的概念

从广义上来讲，教学评价包括教、学的评价，教学评价是一种价值判断。评价的对象包括两个方面，即教师的"教"与学生的"学"。教学评价既要重视对过程的评价，也要重视对结果的评价。

（二）教学评价的对象

从体育教学活动参与者的角度来讲，体育教学评价面向四个方面的评价（图8-4）。
（1）教师"教"的过程。
（2）教师"教"的结果。
（3）学生"学"的过程。
（4）学生"学"的结果。

二、气排球教学评价内容

（一）关于教师"教"的评价

1. 评价内容

针对教师"教"的评价包括对教师的"教"的过程评价和"教"的结果评价，评价内容具体如表 8-2 所示。

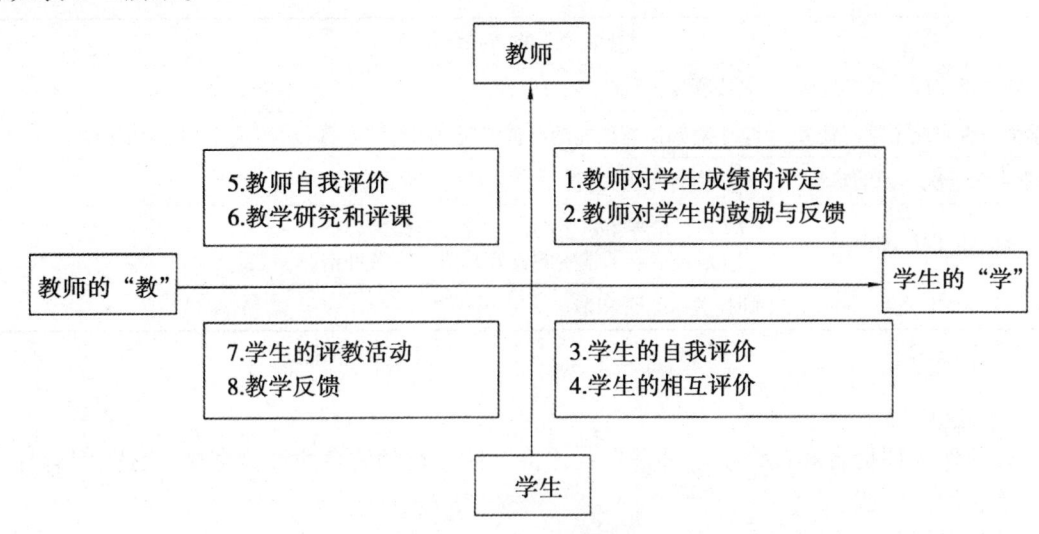

```
                        教师
                         ↑
    ┌─────────────────┐    ┌─────────────────────┐
    │ 5.教师自我评价   │    │ 1.教师对学生成绩的评定│
    │ 6.教学研究和评课 │    │ 2.教师对学生的鼓励与反馈│
    └─────────────────┘    └─────────────────────┘
教师的"教" ─────────────────────────────→ 学生的"学"
    ┌─────────────────┐    ┌─────────────────────┐
    │ 7.学生的评教活动 │    │ 3.学生的自我评价      │
    │ 8.教学反馈       │    │ 4.学生的相互评价      │
    └─────────────────┘    └─────────────────────┘
                         ↓
                        学生
```

图 8-4　体育教学评价

表 8-2　教师"教"的评价内容

	教师"教"的过程评价
教学思想贯彻	是否坚持最新的教学思想("健康第一""以人为本""终身体育"),并在教学实践中落实。
教学课程标准制订	(1)是否达成学习目标。 (2)是否符合课程标准要求。 (3)是否全面完成教学任务。
教学内容选用	(1)是否体现思想品德教育。 (2)是否与教学目标相符。 (3)是否体现最新教学思想与理念。 (4)是否科学安排、全面落实。
教学方法选用	(1)是否与教学目标、内容、特点相符。 (2)是否与学生的身心特点相符。 (3)是否利于促进学生学习的开展与持续。 (4)对教师、学生是否具有启发性。 (5)是否利于学生知识与技能掌握、提高。 (6)是否利于学生创新意识与能力的培养。
教学手段选用	(1)是否利于教学活动的生动、具体、直观。 (2)是否有助于提高教学效果、学习效率等。
教学技能实施	(1)讲解是否准确、规范、简洁。 (2)专业术语和口语运用是否正确。 (3)示范动作是否正确、优美。 (4)是否妥当处理教学意外。

续表

教师"教"的结果评价	
教师是否完成了教学任务	完成程度。
学生是否完成了学习任务	学生对知识与技能的掌握情况,掌握广度、深度、实践运用能力如何。
学生对下次学习的热情	教学内容吸引力,对学生学习积极性的调动。
对学生发展的促进	(1)是否培养了学生的体育学习与锻炼习惯。 (2)是否培养了学生的良好品质与完善性格。
师生关系	师生关系是否和谐。

2. 评价方式

(1) 教师自评

教师作为评价者和被评价者进行自我评价。体育教师的自我评价直接、快速,但容易受个人情感因素干扰。

教师自评科学实施要求如下:

①教师应具有良好的自省、反思能力。

②针对一次课的评价,主要评价内容应集中在教学能力和教学效果的评价上。

③坚持定期和不定期的评价。

(2) 教师互评

教师作为被评价者,其他同事作为评价者。教师的教学互评主要是通过参与听课来实现的,评价材料和结果可随堂获得。

教师互评的科学实施要求如下:

①注意教学细节的评价,定性评价与定量评价相结合。

②用公认的等级和分数进行评价,避免情感因素干扰,力求客观、准确。

③采用"公开课"或"评议课"的形式进行。

④教师自评与教师互评结合进行。

(3) 学生评价

学生作为评价者,被评价者是体育教师。学生在气排球教学中直接参与整个教学过程与各教学活动,对教师的"教"最具发言权。

学生评价可通过以下形式实现:

①座谈法。

②教师随堂和在课后询问学生感受。

③调查问卷,如向学生发放填写《体育教学质量评价表》。

(4) 领导评价

领导评价即评价者是学校体育教学相关的领导,偶尔也可以是其他校领导。领导评价往往与教师的职业评定有密切的关系,可对教师的学术地位、声誉、教学收入等产生重要的影响。

领导评价具有一定的缺陷性,一些领导并非体育专业教师,对体育教学的需求、要求、标准等不十分了解,对教师在课堂教学中的一些特殊安排可能被误解或者注意不到,因此可能造成误判。所以,领导评价应与其他评价综合进行。

(二)关于学生"学"的评价

1. 评价内容

在气排球教学中,关于学生的"学"的评价内容具体参考表8-3。

表8-3 学生"学"的评价内容

	学生"学"的过程评价
学习态度	(1)学生能否具有气排球学习与参与的浓厚兴趣。 (2)学生能否坚持锻炼。 (3)学生能否全身心投入气排球学习与锻炼。 (4)学生能否尊重教师、认真接受指导。
	学生"学"的结果评价
知识	(1)学生对气排球与健康的认识。 (2)学生对气排球多元价值的认识。 (3)学生对气排球知识的掌握和运用情况。
技能	结合《体育教学大纲》的具体要求对学生的气排球技能进行技术评定和达标测试。
体能素质	(1)学生一般身体素质评价。具体可参考《国家学生体质健康标准》等有关锻炼评分标准。 (2)学生从事气排球的专项身体素质评价。 (3)学生素质的全面发展评价。
心理素质	(1)学生能否战胜自卑和胆怯心理,对学习气排球充满自信。 (2)学生是否具备良好的意志品质,能不畏艰辛、坚持不懈。 (3)学生是否具备良好的心理调节能力。
社会适应能力	(1)学生能否理解和尊重他人,具有竞争意识,又善于合作。 (2)学生是否具有责任感,如遵守规则、全力以赴、能与他人很好地交换意见。 (3)学生是否具有发现、分析、探索能力,是否能认真分析失败原因等。

2. 评价方式

(1)教师评价

在校园气排球教学中,教师作为气排球教学的组织者、引导者,对学生的学习过程和学习结果最具评价权。

教师对学生的气排球学习效果的评价包括课堂、学期、学年等评价形式,具体评价内容包括学生的学习表现、知识掌握、身体素质和运动能力提高、运动技能和技巧发展等。

(2)学生自评

学生自评即学生自身既是评价者又是被评价者,通过结合自己的气排球学习情况,对自身的学习做出综合性评价。它有助于提高学生体育学习中的"自省"能力,可以帮助学生找出学习问题、改正学习方法。

具体来说,学生对自己气排球学习情况的评价内容包括学习目标、参与程度、体育意识、意志、精神等内容。在评价过程中，可以由学校制定评价标准，也可以让学生自己确定评价的标准（目标回顾、成绩对比、行为检点）。结合气排球学习的任务与目标，学生可以从体能、技能、运动参与、情感发展等方面对自我的气排球学习效果进行评价。

（3）学生互评

学生互评是通过同一班级的其他学生对被评价的学生做出体育学习的评价。

气排球属于集体性球类运动项目，学习过程中离不开其他同伴的支持、帮助，有一些技术、战术的完成也需要其他学生的配合，学生与学生接触的时间更多，彼此之间有更多的了解，因此学生互评能为教师进一步完善体育教学提供更多角度与层面的信息参考。

需要特别提出的是，学生的教学评价理论知识浅薄、评价经验少，对体育理论、技能理解具有一定的局限性，对学习目标认识的不足等问题，可能导致学生相互评价的片面、浅显和多情感性描述，因此在学生的互评中，教师应给予科学的引导和指导。

（4）家长评价

作为学生的监护人，家长是最关心学生健康成长的人。父母最了解和最能发现子女的成长和变化，同时对督促学生的健康成长具有重要的责任。在教学评价中，家长对学生的体育学习评价是非常重要的一部分内容。家长作为评价者，既能对学生的体育运动学习进行评价，还能为学校体育教学提供详细的体育学习信息的反馈以及关于体育教学的意见和建议，有助于家（家庭）园（校园）共育。

三、气排球教学效果评价的原则

（一）科学性与可行性统一的原则

科学性和可行性的统一是气排球教学评价的重要原则。科学性评价是指所运用的评价方法、手段等符合学生的实际水平，得出的评价结果真实、可靠。可行性评价则是指所采用的评价手段、方法等具有较强的可操作性。

在气排球教学评价体系中，制订一个准确客观的评价指标是一项比较复杂的工作，因为其中涉及多方面的因素，只有综合各方面因素，对其进行综合考虑才能制订出一个相对客观的评价标准。而在制订评价指标时，就要考虑指标的执行是否具有可行性，同时还要保证指标具有一定的科学性。

（二）评价与指导相结合的原则

在气排球教学评价中，评价的目的主要包括两个方面。一方面是检查体育教师的工作绩效，是否实现了既定的教学目标，并对教学过程中存在的各种问题进行细致的分析，根据得出的评价结果调整教学方案；另一方面是通过评价工作促进教学活动的顺利开展。

需要注意的是，气排球教学评价要在一定的指导下进行，这样才能确保评价的客观性和准确性，才能实现理想的评价效果。因此，整个评价过程中要坚持评价与指导相结合的基本原则，认真分析评价对象与评价条件，从实际出发，进一步改进评价手段与方法，从而确保评价结果的真实有效性。

（三）定性与定量评价相结合的原则

在气排球教学评价中，要将定性评价与定量评价结合起来进行。其中定性评价注重事物"质"的反映，指判定事物过程和结果的性质；定量评价则侧重于对事物"量"的反映，依据事物的数量来判定事物的过程和结果。这两种评价手段都不是万能的，都有各自的优点与缺点，因此在教学评价中要结合起来运用，取长补短，从而获得客观有效的评价结果。

（四）客观性与可比性相一致的原则

在气排球教学评价中，所采用的评价指标要具有一定的可行性，是可以测定的，并且是公认的先进的评价手段。这样得出的评价结果才能够客观、公正地反映真实教学情况。在具体的实施操作过程中，要管理好评估对象，把握统一的评价尺度，严格控制评价体系。

四、气排球教学评价效果提高的策略

（一）改革和完善评价体制

在传统的教学评价体制中，教师是评价者，学生则是被评价者。这种评价体制在一定时期内起到了应有的作用，但是在现代社会背景下，这种教学评价体制已难以适应学校体育教学的要求，阻碍着学校体育教学的发展。因此，建立、革新和完善新的评价体制尤为必要。在改革教学评价体制的过程中，要求体育教育工作者创新思路、勇于探索，对教学内容、教学手段与方法、教学模式、教学评价等各方面进行革新，促进学校体育教学的多样化发展。体育教师要以此为依据，改革与完善气排球教学评价体制，从而促进学校气排球的发展。

（二）通过各种方式来增强学生的协作能力

气排球教学评价工作的顺利进行离不开各方面的配合，其中学生的协作能力是重要的一方面。因此，增强学生的协作能力势在必行。在体育教学中，提高学生协作能力的方式有很多，如在体育教学中，"学习小组"形式就能很好地提高学生的协作能力。通过"学习小组"的评价方式，能增进小组内成员之间团结合作的关系，帮助学生提升社会适应能力，这对于教学评价活动的顺利进行具有重要的作用。

（三）积极开发体育教学环境资源

受传统教育思想的影响，体育教学在很长一段时期都不受重视，无论是教师、学生，还是家长都对体育教学存在着一定的偏见，但随着现代教育的不断发展，体育教学的弱势地位也慢慢得到改善。与其他课程相比，体育课程有着得天独厚的资源优势，体育教学环境、体育教学载体等都是多样化的。例如，在气排球教学中，为提高教学质量，体育教师可以指导学生与其他年级的体育教师和学生展开各种合作,沟通技战术心得,提高学生相互协作的能力。这些措施对于气排球教学评价体系的设计具有一定的影响,因此可以重点考虑。

第四节　气排球训练原理

一、科学负荷

校园气排球训练的目的是提高学生的身体素质水平、气排球技能水平。这一目的主要是通过学生在运动训练过程中不断承受和适应训练负荷来实现的,通过机体的不断适应来提高机体的运动能力和对运动负荷的适应能力。这就是训练负荷原理。在气排球训练中,训练负荷安排得合理与否将直接影响到训练效果的好坏。如果训练负荷适宜,运动员就会逐渐适应,若训练负荷过小,就不能引起运动员机体素质的提升;如果运动负荷过大则会使得运动员机体产生各种不适反应,甚至导致运动损伤。因此,遵循运动训练的适宜负荷原则是至关重要的。运动员在参加气排球训练的过程中,要充分贯彻适宜负荷原则,需要注意以下几个方面。

（一）正确理解负荷的构成

运动负荷的安排将直接影响运动员的训练效果。一般来说,运动负荷主要包括负荷量与负荷强度两个方面。负荷量反映负荷对机体刺激的量的大小,负荷强度反映负荷对机体刺激的深度。在气排球训练中,负荷量和负荷强度都能从不同侧面反映出来。

1. 负荷量的评价指标

负荷量的评价指标是指反映负荷量大小的指标,主要包括次数、时间和距离等。

次数指运动训练中重复练习的次数,如气排球训练中击球和垫球的次数、战术配合的次数等。

时间指一个统计单位中训练的总时间,如一种战术练习的总时间、一天训练的总时间、一周训练的总时间等。

距离是指运动员完成各种周期性练习的距离,如折返跑、跳等练习的距离。

2. 负荷强度的评价指标

一般情况下,负荷强度的大小主要通过练习速度、远度、高度、单位练习的负重量或练习的难度进行衡量。

在气排球训练中,移动练习用速度来衡量负荷强度,跳跃练习用高度来衡量负荷强度,力量练习用重量来衡量负荷强度。在进行气排球技战术训练时,可以用训练的难易程度来衡量运动强度。

在运动训练系统中,负荷量和负荷强度之间的关系非常密切,二者相互影响、相互促进。一般来说,任一负荷量都有一定的负荷强度,任一负荷强度又都是以一定的量为其存在的基础。运动量与运动强度之间,某一方面的变化必然会导致另一方面的变化。因此,在安排气排球训练时,要将这两个方面结合起来进行考虑。

(二)渐进式地增加负荷的量度

当运动员运动水平发展到一个台阶后,就必须要加大负荷的量度才能进一步提高其运动水平。但需要注意的是,增加运动负荷的量度必须要坚持循序渐进的基本原则。渐进式地增加运动负荷主要有直线式、阶梯式、波浪式和跳跃式四种形式(图8-5)。运动员在气排球训练的过程中要合理把握。

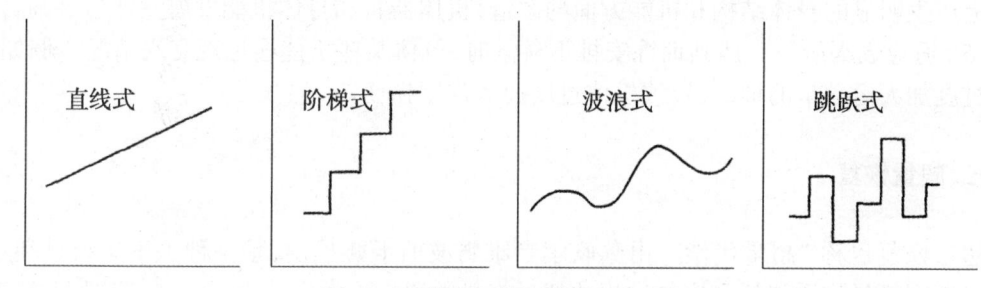

图8-5　增强运动负荷的四种形式

1. 直线式增加负荷量

在利用直线形式增加运动员的训练负荷时,一般情况下运动强度变化不明显,负荷上升主要是基于练习的次数、距离及重量的增加。这种方法适用于气排球初学者。

2. 阶梯式增加负荷量

在利用阶梯形式增加运动员的训练负荷时,应练习一段,保持一段。每增加一次负荷,大约要保持一周的时间,这种形式常用于运动员的战术训练中。

3. 波浪式增加负荷量

运动员训练水平提高到一定程度后,仍旧需要继续增加负荷,以保持训练水平,但长期保持较高的负荷,运动员机体就会得不到休息,长期下去就容易导致过度负荷。因此,负荷的增加要有起有伏,呈波浪式地增加运动员训练的负荷量度。

4. 跳跃式增加负荷量

训练负荷按跳跃式增加。这种训练方式适用于训练水平较高的运动员。

二、训练适应

个体参与运动训练时,机体对运动训练内容和方式有一个逐渐的适应过程,这个过程是不以人的意志为转移的,这就是机体的训练适应原理。

学生参与气排球训练,一般来说机体会经历以下训练阶段,各阶段应关注学生的不同训练发展。

（1）刺激阶段。训练初期，学生机体接受各种训练刺激。该阶段训练可能会出现动作和技术上的错误，应及时予以纠正，为之后的训练奠定良好的基础。

（2）应答反应阶段。在持续运动负荷的刺激下，机体逐渐产生运动兴奋，整个机体进入运动状态，实现对外界运动负荷的生物应答反应。

（3）暂时适应阶段。随着运动训练的持续进行，机体持续对这种刺激做出反应，经过一段时间的运动，机能就会进入良好的工作状态，各项生理指标表现出稳定的状态，适应当前的运动刺激。该阶段应注意训练巩固。

（4）长久适应阶段。学生长期坚持参加气排球训练，机体在完全适应外部运动刺激的基础上产生明显的身体结构和机能方面的改造，机体器官和身体机能发展完善与协调。

（5）适应衰竭阶段。遇到训练安排不科学时，机体某些机能会出现衰竭情况。例如，短时间过度加大运动量的训练，导致机体过度疲劳甚至损伤。

三、超量恢复

超量恢复也称"超量代偿"，由苏联学者雅姆波斯卡娅提出，是一种关于运动时和运动后休息期间能量物质消耗和恢复过程的超量恢复学说。该学说认为，在一定范围内，运动量越大，机体功能动员得就越充分，能量消耗越多，超量恢复越显著。需要注意的是，运动量过大，超过机体承受范围，机体恢复过程会延长，可能导致过度疲劳损伤身体健康；运动量过小，身体得不到充分运动，疲劳程度小，超量恢复效果不显著。

在校园气排球训练中，运动量的大小可直接影响学生是否会产生超量恢复，进而影响机体功能是否能得到改善与提高。

超量恢复原理要求气排球训练应注意以下几点要求：

（1）重复性运动训练时，要掌握好间歇的时间。间歇时间太短，身体疲劳时会加重疲劳感，有损身心健康；间歇时间太长，只能保持原来体质水平，不能达到增强身体机能的目的。

（2）要掌握好两次练习间隔时间，一般运动后的心率达到 140～170 次/分，等到心率恢复到 100～120 次/分时再进行下一次训练是比较适宜的。

第五节　气排球训练原则与方法

一、气排球训练的原则

训练原则是依据一定的运动训练规律和特点而确定的运动训练准则。在气排球训练中，运动员一定要把握以下几个基本原则。

（一）竞技需要原则

竞技需要原则是指根据运动员竞技能力和运动成绩的需要，从实践出发，科学地安排训练的层次划分以及训练的内容、方法、手段和负荷量的训练原则。

运动员在竞技需要基本原则的基础上进行气排球训练时，需要注意以下几点要求。

1. 注意专项竞技需要的特异性

在体育运动中，不同运动项目的竞技特点也是不同的。一般来说，运动员的竞技能力主要包括形态、机能、素质、技术、战术意识、心理素质和智能水平等几个方面，它们在运动员竞技能力结构中的地位和作用各不相同，气排球运动员对这些竞技能力的需求也存在着一定的差异（表8-4）。

表8-4　气排球对各种基础竞技能力的需求程度

基础条件	形态	机能	素质	技术	战术	心理	智能
需求程度	○○	○○	○○	○○○	○○○	○○○	○○

注：○○○非常需要；○○需要；○一般需要。

因此，作为教练员或教师，在安排气排球训练内容、手段或方法时，一定要根据气排球竞技能力的结构特点进行，否则就难以取得理想的训练效果。

2. 根据训练目标安排工作

在气排球中，运动员参加训练的首要目标是培养自身素质，其次是参加比赛，获得理想的比赛成绩。所有的训练内容、方法和手段的选择，运动训练负荷的安排，对运动员训练状态和身体状况的诊断，对运动员发展潜力的评价等，都是为了实现既定的训练目标，因此必须要根据以上几个方面合理安排训练工作。

3. 合理安排训练负荷与内容

一般来说，训练负荷内容是由发展体能练习、发展技能和战术意识的练习、提高心理素质和智能水平的练习组合构成的，因此，在确定不同负荷内容的比例时，还要充分考虑练习者的年龄、竞技水平、运动训练的层次等方面。要想提高气排球训练水平，运动员必须要具备大量的技术储备，要在安排训练内容时要根据运动员的不同位置和个性特点、竞技水平等实际情况而定。

（二）有效控制原则

有效控制原则是指对运动训练活动实施有效控制的训练原则。作为一名合格的教练员，在安排气排球训练过程时，应准确把握和控制各个训练阶段的内容、量度及实施情况，并做出及时的调整，以保证训练目标的实现。一般来说，贯彻有效控制原则需要注意以下几个方面的要求。

1. 高度重视训练信息的采集和运用

在气排球训练中,训练效果的获得受各方面因素的影响,如运动员身体素质、运动基础、训练手段与方法等,因此为了有效控制训练过程,就需要高度重视采集各种各样的训练信息。

在运动员参加运动训练的过程中,收集各种训练信息,能有效了解运动员的状况、训练效果以及各影响因素的变化,及时做出正确的决策,保证训练方案与运动员训练状况相适应,从而提高训练效果。

2. 及时修正和调整训练计划

训练计划具有一定的预见性,它是一种对训练实践的理论设计,不可能完全与训练实践相吻合。在我国优秀气排球运动员的训练中,有近20%的课次在实施过程中对原计划的任务、内容或手段做了不同程度的变更。训练过程中可针对不同的变更原因、不同的变更期望采取不同的变更方法(表8-5)。

表8-5　运动训练计划调整方案

变更原因	变更期望	变更方法
体力不好	保持既定负荷	降低运动负荷
运动创伤	力争接近原计划	变更训练内容或负荷
技术状况不好	争取实现原定目标	增加运动负荷量

没有十全十美的运动训练计划,在运动训练的过程中,受各种因素变化的影响,难免要对运动训练计划进行一定的调整。因此学会在训练中根据具体情况的变化,做出必要的、适宜的变更,是科学、有效控制整个气排球训练过程的重中之重。

(三)周期安排原则

周期安排原则是指周期性地组织运动训练过程的训练原则。在气排球训练中,运动员体能变化、竞技状态的调整、运动竞赛的安排等都具有一定的周期性。根据这一特点,运动训练的量与强度都要合理安排,以适应运动员个体的需求。根据训练周期训练时间跨度的不同,可以将训练周期分为多年训练周期、年度训练周期、阶段训练周期、小周期和日训练周期。了解各种周期的时间构成以及应用范围,能帮助运动员合理安排运动训练计划,制订科学有效的训练方案。在气排球训练中,不同训练周期的类型及时间见表8-6。

表8-6　不同训练周期类型及时间

周期类型	时间长度
多年周期	2~20年
年度周期	1~3个阶段
阶段周期	4~20周
小周期	4~10天
日周期	1~3次训练课

（四）适时恢复原则

运动员在平时的训练中难免会发生一定的运动疲劳现象,包括各种生理性与心理性疲劳。在发生这些运动疲劳现象时,要及时采取必要的措施和手段将身体状态恢复至运动前的水平,这就是适时恢复原则。运动员在参与气排球训练的过程中,要将适时恢复原则贯彻整个训练的始终,要注意以下几点要求。

1. 明确恢复与超量恢复

运动员在机体恢复的过程中,能源物质的补偿在一段时间内会超过负荷前的水平,这种现象就是超量恢复。

作为一名运动员,必须要明确机体恢复与超量恢复之间的关系。一般情况下,在一定的范围内,运动员运动负荷越大,机体消耗就越大,恢复过程就越长,也容易获得超量恢复的效果。由于运动训练能引起超量恢复效应,这为运动员竞技能力的提高奠定了必要的物质基础。因此,追求超量恢复是运动员参加运动训练的一个重要目标。

2. 准确判别疲劳程度

要想有效地促进运动员机体的恢复,首先就要合理准确地判别运动疲劳程度,这是重要的前提。疲劳程度的判别,可以采用自我感觉和他人观察两种方式。

（1）自我感觉

在判断疲劳的方法中,最常用的方法就是自我感觉法。运动员经过一段时间的训练,在出现疲劳现象时,往往会感到肌肉僵硬、四肢无力、呼吸急促,有一种力不从心的感觉。通过一定的措施和手段恢复后,上述疲劳状态就会慢慢消失,从而使自己的体能恢复如前。

（2）他人观察

他人观察是教练员必须掌握的一种判断运动疲劳的方法。如果发现运动员出现眼神无光、反应迟钝、动作无力、技术动作质量下降等现象,可以初步判断为运动疲劳。当然,要想提高疲劳判断的准确性,教练员必须具备丰富的经验。

3. 适时运用各种恢复手段

在气排球训练中,常用的疲劳恢复的手段主要有以下几种:
（1）利用轻微的肌肉活动来帮助运动员尽快消除乳酸,促进体能恢复。
（2）利用外部刺激等手段帮助运动员恢复体能,如按摩、紫外线照射等。
（3）借助营养学手段恢复体能,如在运动前后补充糖、维生素等元素。

二、气排球训练的方法

（一）气排球专项训练方法

1. 串联训练法

气排球所有的技战术大都是联系在一起的。因此,在进行训练的过程中,要注意几项运动技术的串联与组合训练,这样才能有效提高学生的运动技术水平。这一训练方法就是所谓的串联训练法。

在气排球训练中,串联训练法得到了广泛的利用。采用串联训练法不仅能有效提升运动员的技术水平,还能培养和提高学生的运动意识。因此,作为一名体育教师,要结合教学实际设计出合理的串联训练方案,以提高学生的运动水平。

2. 分组训练法

分组训练法在当前的气排球训练中也得到了广泛的利用。采用分组训练法的主要目的在于提高不同位置运动员的技术能力。除此之外,当教学过程中出现气排球设备不足的情况时,还能及时缓解器材不足的状况,避免影响教学活动的顺利进行。

一般来说,分组训练法主要有以下几种形式:

(1) 轮换训练

轮换训练是指将运动员分为若干组后,依次轮换进行同一训练任务的训练方式。在采用这一训练法进行训练时,要注意控制好训练的间歇时间,并且要注意控制运动强度,避免出现较强的运动刺激,防止出现运动伤病情况。

(2) 交换训练

在气排球训练中,交换训练法也得到了很好的利用。交换训练可以说是一种针对分组进行不同训练任务时所采用的一种训练方式。这一训练方法有利于组与组成员之间的交流,对于运动员运动训练水平的提高是非常有利的。

(3) 多场地训练

如果训练人数较多,现有的场地难以满足运动员训练需求时,可采用多场地训练的方法。需要注意的是,在进行多场地训练的过程中,整个训练过程比较难以管理,训练过程中会发生各种意外状况,因此可以选出运动员协助教练员进行监督与管理,以保证运动训练的质量。

(4) 多网训练法

采用多网训练法的目的在于提高运动员的网上技术水平。在具体训练过程中,教练员或教师可以在球场的边上或角上再挂一两张小网,同时进行不同内容的训练,可以进行扣球或二传等技术的训练。这一训练方法能有效提高运动员的技术水平,因此在气排球中得到了广泛的利用。

3. 多球训练法

在气排球技战术训练过程中,采用多球训练法可以有效保证训练的密度和节奏,保证串联技术训练的持续性。大量的实践表明,利用多球训练法进行气排球训练,能有效提高训练水平。但需要注意的是,多球训练并不是适用于所有的技术,如拦网、对传、对垫等技术就不适合采用这一训练方法。因此,作为教练员,要结合气排球技术特点和运动员的具体实际合理选择训练方法。

4. 对抗训练法

对抗训练法主要是通过模仿气排球比赛中的对抗形式,来进行一些专项技术的训练方法。如扣接球训练、发球与接发球训练等都属于两人对抗性训练。在运用对抗性训练法时,人员安排一定要合理,要安排运动水平接近的运动员一组进行对抗训练,这样才能提高训练的质量,否则就难以获得应有的训练效果。

5. 竞赛训练法

竞赛训练法是指那些需要分出胜负的对抗性训练。这一训练方法充分运用了运动员争强好胜的心理,能有效激发运动员训练的积极性,使运动员的技战术水平和心理状态能接近实战的要求,从而更有利于其提高运动成绩。综合来讲,通过这一训练方法的利用能帮助运动员缓解紧张的比赛情绪,促使其发挥出正常的训练水平,提高运动比赛成绩。

6. 极限训练法

极限训练法一般用于高水平的运动员,通过各种手段激发运动员的潜能,往往能收到不错的训练效果。在运用极限训练法时,一般采用高密度、大强度的训练方式,要注意结合运动员的具体实际合理安排运动负荷,以免发生运动损伤。

(二)气排球训练方法的创新

1. 气排球训练方法的现代化

在现代化训练背景下,科学技术得到了广泛的利用,因此气排球训练也要紧跟时代发展的形势,采用先进的技术训练手段,提高训练的科学性和有效性。现在,大量的现代化设备已被运用于运动训练之中。通过这些设备的利用,教练员能更加深入地了解运动员的身体状态,从而更加有针对性地选择与调整运动负荷量。另外,在气排球训练管理方面,各种现代化训练设备的利用还能为运动员的训练和生活提供各种便捷的服务,为运动员运动训练水平的提高提供良好的保障。随着当前气排球训练各项技术的不断发展,气排球训练方法也呈现出现代化的发展趋势,因此对气排球训练方法进行创新就显得势在必行。

2. 气排球训练方法的心理学化

运动员在进行气排球训练的过程中,各种技术动作的展示都涉及知识与动作的记忆,而这种记忆则与心理学研究之间发生着极为密切的联系。

随着心理学研究领域的不断扩展,心理学原理也被广泛应用于运动训练之中,很多心理学研究成果在运动训练中得到了广泛的应用,因此,加强气排球训练方法的心理学化创新将成为提高训练质量和效果的关键因素之一,需要引起人们的高度重视。

第九章　气排球体能素质培养与提高

本章导航

对于运动员而言,不管是训练哪一种体育项目,都需要一定的体能素质,这是开展体育训练的前提与基础。体能素质涉及力量素质、速度素质、耐力素质、柔韧素质、灵敏素质,这些方面都需要进行一定强度的锻炼。本章主要对气排球专项身体素质中的力量、速度、耐力、柔韧、灵敏等内容及其训练加以阐述,从而为促进运动员身体素质水平的提升,为技战术的教学与训练奠定坚实基础。

第一节　体能素质的内涵与意义

一、体能素质的内涵

（一）国外学者对体能素质概念的界定

国外学者提出基本体能素质、运动体能素质、体适能、健康体适能的概念较多。这里学者们所说的"体能素质"和"体适能"是基本一致的含义,把体能素质看成人体所具备一定程度的工作和运动能力,体现为能够有效应对平时的生活需要,承受足够的冲击力和负重,可以进行正常的休闲、娱乐活动。体能素质一般分为基本体能素质和运动体能素质。其中,基本体能素质主要指人从事日常活动、一般运动以及适应生活环境的能力,是人体形态、各器官系统机能、动作技能的整体表现。运动体能素质是指在神经中枢的支配之下,从事某项专门的体育活动所体现出来的力量、速度、耐力、平衡、协调、灵敏以及反应等能力,是与人体的身体形态结构、各器官系统的功能、能源物质储备数量及代谢水平密切相关的综合能力。

（二）国内学者对体能素质概念的界定

上海辞书出版社 1984 年出版的《体育词典》中对体能素质的定义为:"体能素质"指人体机能在体育活动中表现出来的能力。

1992 年出版的《教练员训练指南》对体能素质的理解为:运动素质就是指体能素质。

第九章　气排球体能素质培养与提高

1996年的全国体育院校通用教材《体育理论》的观点为：体能素质是体质的一部分，是指人体各器官系统的机能在肌肉活动中表现出来的能力。

李福田把体能素质解释为身体素质。其主要观点为：运动员的体能素质训练又称"身体素质训练"，根据目的和内容的不同可以分为三类：一般身体训练、专项身体训练、专项能力训练。

1998年，田麦久在《项群训练理论》一书中，把竞技能力分为心理、技术、体能素质、智力四个方面。

王卫星先生认为体能素质具有广义、狭义之分。从广义上来看，体能素质是人体活动所需要的基本能力的统称，可以将其理解为人体适应运动的需要所储存的身体体能素质要素，其能够在运动中综合反映出人体各器官系统的功能，并以运动员身体各器官、系统的功能结构特点为依据，将体能素质所包含的部分分为四个方面，即身体形态、身体机能、健康水平和运动素质，其中又可以将运动素质分为力量素质类、速度素质类、耐力素质类、协调柔韧类四种类型。从狭义上来说，所谓的体能素质，就是指运动员完成高水平竞技所需要的专项力量体系及其相关的运动素质，其中力量是体能素质训练的抓手。2002年出版的《运动生理学》把体能素质定义为人体在运动或劳动过程中所表现出来的综合生物学机能能力，分为整体工作能力和局部工作能力。

从上述这些对体能素质概念的理解上可以看出：首先，人体的形态结构和各器官系统的机能是体能素质的物质基础，要提高体能素质水平，进一步完善人体的形态结构和器官系统的机能是必不可少的重要方面；其次，体能素质的外在表现是运动素质，即主要通过力量、速度、耐力等身体素质表现出来。

通过不断总结和归纳，可以大致将体能素质定义为：体能素质是指人在人体各系统协同配合的基础上，依靠神经中枢系统的支配，通过肌肉活动和能量代谢，应对各种运动形式，包括日常生活行为所应具备的身体素质体系储备，包括力量体系、速度体系、耐力体系和功能性动作体系。

以功能、目的和强度为主要依据，可以将体能素质可以分为两种：一种是以健康为目的的体适能，表现为中低强度的运动、生活、健身、娱乐等行为能力，注重人体对外界变化的适应；另一种是竞技体能素质，表现为高强度，甚至极限强度的比赛、对抗行为能力。

体能素质构成因素有层次性特征。人体各系统机能状态及协调配合处于基础地位，因此身体健康也是体能素质训练重视的内容。神经肌肉功能及支配能力处于核心层次，在神经肌肉系统的控制下，进行功能性的稳定、平衡、核心力量、柔韧、灵敏、协调等技术动作储备，进而以需要为依据，将力量、速度、耐力体系的训练突出出来，从而使最佳的体能素质表现得到保证。

体适能包括的内容主要有心肺能力、力量及肌肉耐力、柔韧性、身体成分、神经肌肉控制等。

竞技体能素质的要求比体适能要高很多，除上述五个因素外，还特别强调灵敏性、平衡能力、速度、爆发力和协调性。

在体能素质训练中，人们往往对心肺功能、力量、柔韧、神经控制、爆发力、灵敏、协调的发展较为关注,而将身体成分因素忽视掉。事实上,身体成分不仅会对运动能力产生影响,还会影响到健康,体重过轻或过重者,疾病的发生率也会高于体重正常的人。因此,这就要求在体能素质训练中要以自己体重情况和运动项目需要为依据来进行必要的体重控制,增加瘦体重(肌肉),降低脂肪。

二、体能素质的意义

任何事物的产生、存在和发展都是因为其有着不可忽视的重要价值,对于体能训练来说也是如此。其重要价值主要体现在以下几个方面。

(一)对机体健康有增进作用

对于运动员来说,首先必须要保证身体的健康,只有这样才能更好地投身于运动训练中。可以说,健康的身体是运动员运动生涯中最基本的条件,否则其就无法顺利进行运动训练,更不用说取得优异成绩了。

体能训练对机体健康的增进作用,首先体现在新陈代谢方面,人的新陈代谢速度加快,生物惰性就会有所下降,这就可以通过体能训练实现。其次,运动员各身体器官系统功能会有所改善。这不仅包括重要的心血管系统、呼吸系统,还包括骨骼、肌肉、肌腱和韧带等与运动相关的器官。如果所涉及的这些器官系统在各自的功能上都有所改善,那么就会对中枢神经系统机能的提高起到积极的促进作用。以上所有这些身体机能的改善,都能对提高机体对抗疾病的能力和适应外界环境的能力产生重要的促进作用,从而促进运动员的身体健康。

(二)有助于运动技能的掌握

体能训练是一个身体机能和运动能力的提升过程,在这一过程中,运动员的相关系统功能发展协调,专项技能水平提高。对于所有的运动技术动作来说,其之所以能够完成,都与身体运动能力这一重要条件有着密切关系,并且越是高难度的技术动作,越要求具备更高水平的体能。

一名运动员,如果掌握的动作技能比较多,那么就能够反映出其所具备的学习特定动作技能的能力是相对比较强的。运动员体能训练发展和提升的目的之所以能够实现,与其所借助的各种身体练习动作是有着不可分割的联系的,同时这些动作的学习和掌握,对于进一步深化和发展运动员专项技术也是有帮助的。

一般来说,体能训练对运动员的身体机能和基础的身体素质都有一定要求,这些要求是与专项相符的,是区别于一般身体要求的。运动员身体素质的发展和提升,是可以通过专项战术训练来获得的,但是这并不是唯一的途径,还需要专门组织的体能训练使身体适应能力得到有效提升。

(三)有利于心理素质的培养

运动员的心理素质在激烈对抗的比赛中往往会起到非常重要的决定性影响,而良好的比赛心理并不是凭空就有的,其建立在运动员良好的体能基础上。因此,高度发展体能是培养心理素质的重要前提。人的生理会对心理产生一定的影响,因此,如果有较好的体能情况,运动员的精力也会比较旺盛,体力以及抵抗疲劳的能力也会比较强。进一步来说,他们在训练和比赛中就会衍生出较强的自信心和充实感,由此比赛训练的稳定性也得到了保证。此外,体能训练比较枯燥,因而长期进行体能训练能够培养运动员吃苦耐劳、坚韧不拔等心理品质。

(四)有利于运动素质的发展

运动能力的高低决定着运动员运动成绩的好坏,因此要想在赛场上取得理想成绩,就必须使人体的运动能力得到良好发展。该方面的潜力要尽可能挖掘,使各项运动素质得到大力发展和提升,这是非常重要且必要的,而这一目标的实现,正是需要通过体能训练才能达成。

第二节 力量素质培养

一、气排球中的力量素质

力量素质是气排球运动中非常重要的身体素质之一,是处于首要位置的,是其他素质的基础。其他素质的提升都是在力量素质提高的基础上进行的。同时,运动员力量素质的提升,也能有效推动气排球技术、战术水平的提升。力量素质的发展对于防止肌肉拉伤和意外事故的发生具有预防作用,对提高心理素质、增强拼搏精神具有促进作用。

(一)力量素质的种类

1. 最大力量

最大力量就是身体的整体或者部分机体能够克服最大阻力的能力,通常也被称为"绝对力量"。最大力量与体重是没有关系的,其与肌肉体积有关,二者是正相关的关系。

2. 速度力量

速度力量就是指肌肉在运动时快速克服阻力的能力,其也被称为"快速力量"。速度力量,顾名思义就是力量和速度有机结合所形成的一种力量素质的特殊形式。这种能力在很多运动项目中是处于决定性影响的地位的。速度力量的形式有很多种,其中较为特殊且典型的有爆发力、起动力和弹跳力这几种。在气排球运动中,体现较为显著的是弹跳力。

3. 力量耐力

运动时肌肉长时间克服阻力的能力，就是所谓的力量耐力素质。一般来说，阻力与运动时间是呈负相关的关系的。

（二）力量素质的特征

气排球运动对力量素质的要求是其必须是全面的、精细的、高素质化的。

1. 全面性

对于气排球运动员来说，其在力量素质方面必须做到全面性，这样才能保证其在全面的力量素质的基础上，去发展其他身体素质。具体来说，气排球运动员首先要保证其上肢、下肢、腰背部肌群的发展呈现出均衡性的特点。与此同时，在力量素质的各种形式上也要做到全面性，即使肌肉的爆发力、耐久力、最大力量都有较好发展。

2. 精细化

这里所说的精细化主要是指技术动作方面。具体来说，气排球运动员技术动作的精细化特征的实现，需要气排球运动员满足两个方面的条件：一是有敏锐的时空判断能力；一是有对用力的大小、方向等具体信息充分把控的能力。

3. 高素质化

气排球运动员是社会发展的重要力量，高素质化是其显著特征，这与社会发展的需求是相适应的。通常，气排球运动员的基本素质要求为：身高而敏捷、体格强壮、对抗力强、瞬时输出功率大。在专项运动过程中，力量的冲撞与对抗对比赛争取主动、取得比赛胜利起着很重要的作用。

二、气排球力量素质训练要求

（一）气排球运动员的力量素质要求

在气排球运动中，力量素质是处于基础性地位的，其是气排球运动员专项对抗能力、专项速度、专项技术掌握和完善的基础和保障。

在比赛中，进攻和防守的反应、跳动、加速与拼抢，以及防守与攻击的有效性的决定性因素都是力量素质。气排球对运动员的要求不仅局限于跑得快、跑得巧，还对其在跑动过程中迅速地急停提出了较高要求。跑得快的实现，要求具有较强的腿部和足踝掌趾肌肉力量。跑得巧，要求必须具备迅速改变方向的能力。跑动过程中的急停，则要求膝踝关节肌群的退让收缩能力必须很强。

（二）气排球力量素质训练的具体要求

针对气排球力量素质训练，需要提出训练的相关具体要求，以保证达到理想的训练效果。

1. 要采用最大负荷

气排球力量素质的训练,主要目的是能够充分发挥出运动员的最大机能潜力。而要达到这一目的,就要求采用的负荷量与强度及完成每一组和每一次所承受的力量负荷,达到使参加运动的肌肉能够在收缩过程中达到精疲力竭的程度。

2. 训练要重复进行

运动员在承受大负荷的力量训练中,对其采取的训练形式有非常高的要求,即次数多、组数多且反复、负荷大,由此来保证加大对肌肉的刺激深度。从根本上来说,发展力量素质的目的在于让运动员承受大负荷,同时要不断累积数量,由增加次数或组数的不适应逐渐发展到适应,再增加重量由不适应到适应,最终达到使运动员的力量素质得以发展和提升的目的。

3. 与气排球运动特点相符

可以从两个方面来理解:一是气排球力量训练过程中应选择与气排球运动技术、结构相一致的动作方法;二是要把运动员的一般运动素质转化为专项力量能力,即跑跳能力和对抗能力。具体来说,要做到以下几点具体要求:

(1)训练要有针对性。气排球运动员的力量素质训练要针对其专项素质弱点,哪方面差就练哪方面,不能盲目地安排力量素质训练,要力求做到区别对待。

(2)气排球运动员的力量素质训练要在一般力量训练的基础上进行。通常,气排球运动员的力量在其20岁左右时达到最佳水平,这时的力量训练要以小肌群力量和小负荷徒手力量训练方法为主。较大负荷的力量训练应在16岁左右或以后进行安排。

(3)要将气排球运动员的力量训练计划制订出来,并保证其科学性与可行性。需要注意的是,不同的力量素质能力之间关系密切,既相互区别,又相互联系。

(4)在气排球运动员的力量训练过程中,需要注意各肌肉力量之间发展的平衡性。不管是大肌群训练还是小肌群训练,都要足够重视,不可忽视其中一个方面。虽然在训练过程中,更多地是采用上下肢训练的方式,但是腰背肌群的训练也很重要。

(5)要做好专门训练时间的安排工作。首先要针对气排球的专项特点和运动员力量素质的实际情况,组织专门的力量训练。训练的周期要适量,不能过多也不能太少,要注意不同肌群的训练时间要交替循环进行。

三、气排球力量素质训练方法

(一)不同身体部位力量素质训练

1. 上肢力量训练

(1)卧推。

(2)负重推举。

(3)两人一组,一人侧平举,另一人用力压手腕对抗。

（4）弓身负重，伸屈臂提拉杠铃。

（5）负重伸屈臂。

（6）拍手俯卧撑。双手撑在地面上，左右分开与肩同宽，手臂直立。脚尖触地，身体绷直。手臂弯曲，身体降低，直到胸距地面2.5厘米。双手爆发性地猛推地面，离开地面，在离开地面的最高点时拍手。双肘微屈，回到初始位置，重复做10次。

2. 下肢力量训练

（1）双脚障碍跳前进

训练者面对障碍物站立，双脚左右分开，两脚之间的距离与髋部相同，膝关节稍微有些弯曲，手臂放在背后，双肘微屈，双手自然置于腰间的位置。起跳时手臂尽可能快地向前上方摆动，以此来带动身体跳过障碍。

（2）侧面的双脚障碍跳

训练者侧面站立，右肩正对第一个栏架，双脚左右开立与髋部同宽，膝关节微屈，手臂背后，双肘弯曲，双手置于腰间。起跳时手臂尽可能快地向前上方摆动，带动身体跳过每一个障碍。

（3）Z字形双脚障碍跳

训练者站在右侧，在第一个栏架的中间，面朝栏架，双脚分开与髋部同宽，膝关节微屈，手臂背后，双肘弯曲，双手置于腰间。起跳时手臂尽可能快地向前上方摆动，带动身体尽可能快地以Z字形的向左向右的对角跳过每一个栏架。

（4）极限跳

在完成连续的跳跃训练过程中，首先要控制落地，记住在每一次跳跃和落地时膝关节要弯曲。

（5）膝关节触胸跳跃

双脚左右开立与髋部同宽，膝关节微屈，手臂背后，双肘弯曲，双手置于髋部。起跳时手臂向前上方摆动，上抬膝关节使之接触到胸部，这样尽量高地重复跳10次。

（6）垂直跳

双脚左右开立与髋部同宽，膝关节微屈，手臂背后，双肘弯曲，双手置于髋部。起跳时双臂向前上方摆动，带动身体尽可能高地垂直跳起，这样重复10次。

（7）双脚前后跳线训练

面向线站立，双脚左右开立与髋部同宽，膝关节微屈，肘部弯曲接近90°。尽可能快地在线前后跳跃，起跳高度稍低紧贴地面。在线的每一侧，以脚触地即做的形式跳跃10次。

（8）双腿侧向跳线训练

在线的一侧站立，右肩正对线。双脚左右开立略小于髋部，膝关节微屈，双肘弯曲接近90°。尽可能快地紧贴地面跳跃过线。在线的每一侧，以这种接触即做的形式跳跃10次。

3. 腰腹力量训练

（1）可以采用多种仰卧位的训练方法，如仰卧举腿、转体、挺身等。

（2）利用杠铃负重转体、挺身的方法进行训练。

（3）单、双脚连续左右跳，注意跳的高度有一定要求。

（4）跳起在空中做相关的动作，如跳起空中收腹、手打脚、转身、传球或变化动作上栏等。

（二）核心力量训练

1. 接、掷保健球仰卧起坐训练

屈膝，双脚平放于地面，从坐位开始练习。一搭档面向你，双手持保健球，站于离你1.2～2米的位置。搭档把保健球掷向你胸前。接球，慢慢下降躯干至地板，然后返回到起始位置。当恢复到起止位置时，胸前双手把保健球传给搭档。

2. 快速触脚训练

平躺于地板上，要求双臂和双腿始终伸直。始终保持双臂和双腿伸直，快速用双手触摸脚尖。切记在两个动作之间，不能完全把后背恢复到平躺位置。

3. 充分仰卧起坐训练

屈膝，以标准仰卧起坐的姿势躺于地面，只使下后背触到地板，双手放于脑后。收缩腹部肌肉群，使躯干提升，形成与地面垂直的姿势。慢慢恢复到开始位置，整个训练过程中保持双臂不动且始终放松。

4. 负重身体收缩训练

屈膝，以标准仰卧起坐的姿势躺于地面，只使下后背触到地板，双手持一杠铃片或保健球置于胸前。收缩腹部肌肉群，使双肩及上后背提升，与地面成30°～45°角。慢慢恢复到开始位置，整个训练过程中始终将杠铃片或保健球置于胸前。

5. 持保健球，仰卧瑞士球身体收缩训练

后背躺于瑞士球上，屈膝，双脚平放于地面。双臂伸直，双手持一保健球置于脸的正上方。收缩腹部肌肉群，推动下后背挤压瑞士球，同时要注意保持好身体的平衡。保持双臂伸直做腹部屈伸，向天花板方向举高保健球。慢慢恢复到起始位置。

6. 竖腿训练

后背朝下平躺于地面，双手放于髋骨下。双手和双臂应该尽量用力，双手和双臂尽力形成支架，以避免下后背拱起。头和肩微上抬，收缩腹部肌肉群使下后背平抵地面。举腿至脚离地15厘米的位置，向胸部方向屈膝，然后再竖直伸直双腿，提升臀部至离地15厘米的位置。颠倒训练顺序，降下臀部，恢复双腿至脚离地15厘米的位置。

7. 悬垂提膝训练

此训练需要用到引体向上横杠，双手正握横杠，握距比肩稍宽，双臂伸直，保持躯干放松，双腿自然下垂。向胸部方向提膝，之后在自己的控制下下降双腿，直到伸直。提膝过程结束时脊柱弯曲越充分，调动的腹部肌肉越多。

8. 双腿夹保健球悬垂提膝训练

双手正握横杠,握距比肩稍宽,双臂伸直,保持躯干放松,双腿自然下垂。两膝之间放一保健球。向胸部方向提膝,之后在自己的控制下下降双腿,直到伸直。提膝过程结束时脊柱弯曲越充分,调动的腹部肌肉越多。

9. 单侧骑车训练

平躺于地面,臀部和膝部弯曲成90°,双手置于脑后。收缩腹部肌肉群,做一个类似骑自行车的运动,同时移动右肘和左膝使其快速触碰。换左肘和右膝重复上述动作。

10. 持保健球扭转仰卧起坐训练

双腿屈膝,以标准仰卧起坐的姿势躺于地面,只使下后背触到地板,双手胸前持保健球。收缩腹部肌肉群,使双肩及上后背提升,与地面呈45°～60°角,向身体左侧转动躯干,使球触碰左侧臀部处的地板。慢慢恢复到起始位置,向身体右侧转动躯干重复同样的训练。

11. 三向推腿训练

身体平躺于地面,双腿伸直。搭档面向你,双脚在你头部两侧站立。双臂弯曲,双手紧扣搭档的脚踝保持稳定。搭档向前下方推你的双腿。尽可能快地对抗并阻止双腿做下降的运动,使你的双脚不要碰触到地板。然后迅速直腿恢复到起始位置。搭档分别向右侧、左侧和中路三个方向推你的双腿,按照此顺序重复下一次训练。

12. 俯卧瑞士球后背伸训练

面部朝下,俯卧于瑞士球上,双脚固定。抬高躯干直到整个身体伸直,并做充分的伸展。之后在自己的控制下下降上体。

13. 头上、胯下传接保健球训练

两名训练者背向站立,之间距离大约0.6米,两脚开立略比髋宽。两名训练者都伸直双臂,置于体前。一名训练者双手持保健球。持球者直臂上举保健球,过头,搭档同时直臂上举,双手接保健球。搭档接球后,两人立即弯腰,搭档从其胯下向你传球,你则从胯下接搭档的球。接球位置在两名练习者的中线位置。改变传接球的顺序重复相同的次数。

14. 直腿腹背训练(双脚,单哑铃)

两脚左右开立与髋同宽站立。右手直臂持哑铃,置于右大腿前部。左臂伸直置于体侧。双腿伸直或者微屈,保持直背的同时向前下腰,体前斜下哑铃至左侧脚尖,要求不要转动后背。慢慢地直背恢复到起始位置。要求在哑铃至脚尖时不要撞击地板。

15. 直腿腹背训练(单脚,双哑铃)

两脚左右开立与髋同宽,右脚抬离地面。双手直臂各持一哑铃。左腿伸直或者微屈,保持直背的同时向前下腰,下哑铃至左腿前,右腿后伸直至与地面平行,要求不要转动后背,保持臀部平。慢慢地直背恢复到起始位置。要求在哑铃至脚尖时不要撞击地板。换右脚站立重复此训练。

第九章　气排球体能素质培养与提高

16. 俯卧瑞士球对侧起训练

面部朝下,俯卧于瑞士球上,脚尖触地。同时,上抬左腿和右臂至离躯干水平面5～15厘米的位置,坚持2～10秒钟。换右腿和左臂重复此训练。注意在抬起手臂和脚时,尽可能地保持身体伸直。

17. 俯卧两头起训练

直臂前举,双腿伸直,面部朝下,俯卧于地面。双臂伸直并尽力前伸,抬起双肩和双脚至离地5～15厘米的位置,坚持2～10秒钟,之后在自己的控制下落下双肩和双脚。在抬起双肩和双脚时,尽可能地保持身体伸直。

18. 俯卧过渡伸展训练

俯卧在一个高的架子或者过渡伸展训练机上,双手握住两侧把手。双腿垂直悬垂于地面。保持双腿伸直的前提下上举双腿,直到身体完全伸直。之后在自己的控制下下放双腿至起始位置。

19. 俯卧对侧起训练

直臂前举,双腿伸直,面部朝下,俯卧于地面。同时,上抬右腿和左臂至离地5～15厘米的位置,坚持2～10秒钟。换左腿和右臂重复此训练。在抬起手臂和脚时,尽可能地保持身体伸直。

20. 俯卧滑动训练

滑动训练可以在滑动板或气排球场地板上进行。开始双膝跪于毛巾或垫子上。双臂伸直,双手置于膝前毛巾上。在整个运动过程中保持双臂伸直,后背和腹部肌肉收紧,在自己的控制下以合理的技术动作向体前滑动毛巾至最大距离。恢复到起始位置。要根据后背的松垮和肌肉的疼痛程度来决定滑动的距离。

21. 站位单腿屈训练

站于屈腿练习机前,下护垫在脚后跟上侧,上护垫在大腿前。保持大腿碰触上护垫,向臀部方向屈腿,如果可能,使下护垫碰触到臀部。在自己的控制下下落,始终保持大腿触到上护垫。可以先做一条腿的训练,然后再换另一条腿训练或者两条腿交替训练。

22. 直腿下腰胸前提拉训练

双腿左右开立与髋同宽,双手直臂持杠铃于大腿前。双手分开与肩同宽,正握杠铃。直腿站立或微屈膝,保持上体伸直慢慢向前下腰,沿双腿下落杠铃至双脚正上方。注意不要转动后背,当杠铃下降至双脚上方时不要碰触地面。保持后背伸直,慢慢恢复到起始位置。

23. 中握距体前引体向上训练

双手握距比肩稍宽,正手握横杠,身体和双臂伸直悬吊于引体向上横杠上。上拉身体直到下巴碰到横杠。在整个动作过程中,双腿自然伸直,不要向下猛拉身体。慢慢恢复到起始的悬吊位置。

24. 窄握距体前下拉训练

训练者双腿放于大腿护垫下(如护垫可用),上体伸直垂直于地面,坐于下拉练习机上。双手直臂正握拉杆,握距相对较小,同肩宽。垂直下拉拉杆直至下巴下部,在整个过程中躯干保持不动。在自己的控制下恢复到起始位置。

25. 坐姿划船训练

训练者双腿微屈,双脚蹬脚踏板,坐于低位平拉练习机上。上体前倾,双手直臂握住把手。后拉把手至下胸部或腹部,在拉动过程中上体由前倾位变成微后仰位,保持双膝微屈。慢慢恢复到起始位置。

(三)爆发力训练

爆发力是竞技体育中十分重要的能力,受先天因素的影响较大,后天训练中,提高最大力量也能使爆发力的水平得到有效提高。一般来说,爆发力的练习负荷范围比较宽,在30%~100%强度之间。由此可见,爆发力的提高是复杂的、困难的,关键是需要极限速度用力,使神经募集几乎全部的肌纤维参加工作。

可以有效提高爆发力水平的方法和途径主要有以下几个方面:

1. 组合训练

组合训练能够对最大力量向爆发力的转化起到积极的促进作用。在大力量训练后,紧接安排快速跳跃、起动和专项动作练习,充分利用力量练习后激活效应,能够使力量训练的专项化效果得以强化。

(1)杠铃半蹲起+徒手半蹲跳:半蹲起要求上下转换要快,放下杠铃后紧接进行爆发式蹲跳练习。蹲跳时借助上拉动作减轻阻力,能够使爆发力的效果得到强化。

(2)杠铃提踵+徒手直膝跳:主要提高踝关节爆发力,练习时其他关节(膝)尽量保持固定,以脚腕活动为主。直膝跳时,跳过前后左右的标志物(较低),单腿跳也能使训练效果增强。

(3)卧推+推实心球:实心球可以对墙推,也可以在队友的帮助下采取仰卧姿势向上推。实心球不宜过重,接球、缓冲、上推要衔接迅速,加上超等长练习因素,由此能够使上肢爆发力得到增强。

(4)力量+超等长+协调性+投掷:在每组的力量训练后,做超等长的弹性力量练习,再做简单的协调性练习,最后做专项投掷练习。

2. 反应力量训练

反应力量也叫"弹性力量""超等长和快速伸缩复合",被公认为是效果突出的爆发力训练手段。这里要强调的一点,就是一定要合理安排训练负荷,否则会使训练效果降低。

(1)连续跳栏架或跳箱练习:距离适当,高度适中,以能快速连贯地起跳为宜。可以通过变换方向、高低搭配、单腿练习或适当负重来增加训练难度,从而使训练效果提高。

(2)俯卧撑击掌:主要锻炼上肢的反应力,练习时迅速推起在胸前完成1~2次击掌。

可以通过适当负重、垫高腿部支撑、借助协调绳进行横向移动等方式来增加难度。

（3）推、抛实心球或能量球：可仰卧上推（在同伴帮助下），也可以两人对推。要注意重量适宜，动作衔接迅速，没有停顿。

3. 弹震式训练

弹震式训练在动作过程中全部肌肉一直处于高强度的工作状态，使动作全程处于加速状态，并将重物推（抛）出，从而提高爆发力训练的效果。常见的弹震式训练主要有在卧推中把杠铃推出去，负重杠铃（较轻）跳起等。

从相关研究中发现，使用弹震式训练的效果要优于单纯的传统抗阻训练和反应力量训练。究其原因，主要是由于弹震式训练由抗阻＋反应力训练两种方式组成，综合了二者的优点，而且重量可以调整，动作连贯，因此整体效果更好。

（1）壶铃跳：两脚适当分开，双手持壶铃，下蹲紧接跳起，连续动作；或站在两个高度、宽度适宜的跳凳上，使壶铃不着地。需要注意的是，用杠铃时不宜太重，否则可能会对肩背造成损伤。

（2）负重单足跳越标志物：负沙袋连续单足跳，跨越标志物 6~8 个，距离适宜，高度 30~50 厘米。本练习强度较大，前期要做好充分的准备，并且负重不宜过重，保证动作的标准。

4. 功率训练

功率训练也被称为"功效训练"。一般来说，负重过大，速度慢，虽然可以提高最大力量，但很难向专项转化；负重过小，速度快了，但对肌肉的刺激又不够。要解决好二者的关系，既能提高力量，又可以有效发展速度，就要选择适当的负荷，以既定的速度进行训练。

进行功率训练时，要注意动作的连贯和连续性，次数和组数以不产生较明显的速度下降为宜，不能贪多。功率训练能够有效兼顾力量和速度二者的关系，对神经对肌肉控制能力的有效提升起到积极的促进作用，而且是非极限强度，安全性提高。

（四）力量耐力训练

力量耐力练习采用的手段和其他力量练习之间的区别是并不明显的，主要体现在负荷强度相对较小，练习次数多甚至达到力竭。极端数量练习、循环训练法和低负荷长时间的静力性训练是力量耐力训练常采用的方法。但是，在训练时，要注意力量耐力训练的间歇时间，并不是间歇越短训练效果就好。

（1）高强度极端用力法：>75%强度，3~5 组，每组 8~12 次，间歇 2~3 分钟。

（2）低强度极端用力法：30%~50%强度，2~3 组，每组多于 12 次，尽力，间歇 1~2 分钟。

（3）循环训练法：以站点的方式，按先后顺序进行上肢、腰背、下肢等不同部位练习，安排内容应以 8~10 个站为宜，考虑到间隔太长影响局部刺激效果，也可以减少站点，练习 2~3 组。

（五）专项力量训练

专项力量是指以高强度专项运动的形式完成动作时,肌肉克服阻力的能力,也就是"那些在时间和空间特征上严格符合专项比赛要求的力量",或者说是"和比赛动作的动力学张力特征曲线一致的力量"。

专项力量训练需要考虑的因素主要有以下三个方面：

（1）在训练时,能够积极调动起参与专项运动的肌肉,并使其得到有效训练。

（2）对力量练习的技术因素加以重视,使肌肉的工作方式和冲动频率与专项技术一致或一样。

（3）对肌肉间的协同用力要加以重视,尽可能使肌肉或肌群之间的配合与专项技术特点一致,通过整合机体各环节的肌力,形成正确的"用力顺序"。

人们对专项力量及其训练手段的认识主要是表现在生物力学（运动学及动力学）、功能解剖学及心理因素等特征的一致性。具体来说,主要从动作结构、动作要素、肌肉用力特点、供能特征、心理定向等方面得到体现。

第三节　速度素质培养

一、气排球中的速度素质

速度素质是气排球运动员身体素质的一个重要衡量因素。所谓的速度素质,是指物体从一个点移动到另一个点所表现出的能力。

（一）速度素质的种类

1. 反应速度

反应速度,就是对外界刺激做出快速应变的能力。

2. 动作速度

动作速度,就是快速完成某一动作的能力。

3. 移动速度

移动速度,就是单位时间内运动员通过一定距离的能力。

（二）速度素质的特征

气排球运动员速度素质所表现出的特征,可以大致归纳为以下几点。

1. 训练连续反复

气排球比赛具有直接对抗的特点,是非常激烈的,这就对气排球运动员的运动速度提出了更高的要求,这样才能完成连续反复的快速冲刺的动作。

2. 感知能力准确

对于气排球运动员来说,他们在进行运动速度训练过程中,一定要能准确判断复杂的运动过程,熟悉了解并掌握气排球技术动作的时空特征,观察并准确感知对手的动作行为,准确把握球场、球速和个人控制的空间范围等因素。

3. 不断变换

从动作结构上来说,气排球运动员的速度素质是不断变换的,主要表现为身体重心低,不断改变运动方向,在短距离内能将最大的速度能力发挥出来。

二、气排球速度素质训练要求

(一)气排球运动员的速度素质要求

1. 要具有显著的专项特点

气排球运动本身就是一项具有激烈对抗的运动项目,在运动过程中,运动员要突破防守,在快跑中还要重视防守动作随机应变,同时还要有高度的稳定性(抗冲撞)。这就要求气排球运动中的速度必须具有显著的专项性特点,主要表现为应变性、稳定性、隐蔽性和突然性。

2. 速度素质要与专项比赛的需要相适应

气排球运动员的速度,必须在与比赛快速进攻、防守要求相符的前提下,这样才能使技术与战术的正常或超常发挥实现的可能性增加。要达到这一目的,就需要气排球运动员在比赛过程中进行仔细观察,然后做出准确判断,以适宜的反应来有效提升动作的迅速和敏捷程度,使技术、战术的运用更加快速紧凑。

(二)气排球速度素质训练的具体要求

1. 将动作频率的发展作为重点

气排球运动员的速度特点是低重心,在没有充分蹬伸的情况下快速移动。在发展速度方面,要将动作频率的发展作为重点。

2. 做好速度训练顺序的安排

速度素质的训练,在周期训练计划中要尽可能在前期加以安排,通常将其安排在力量素质和耐力素质的前面,这样能使气排球运动员速度素质训练的体能素质和精神状态都比较好,再加上训练量与强度的保证,最终的训练效果也会较为理想。

3. 注重反应速度的培养

应培养气排球运动员对时空特征的反应判断能力,使他们具有良好的反应起动速度。

4. 与技术训练相结合

气排球运动员的快速跑动应与技术动作协调,使他们在运用技术过程中不降低跑动速度或者降低速度损失。

三、气排球速度素质训练方法

速度素质是掌握运动技能的重要前提。速度与力量的结合则构成速度力量,与耐力结合则构成速度耐力。速度在各个运动项目中的作用主要取决于其项目特点以及运动员本身的生理特征。因此,速度练习的性质、数量以及比例的安排要因项、因人而异,从而将速度的作用充分发挥出来。

(1)突出以爆发力为主的快速力量。速度是力量素质,特别是爆发力在运动中的体现。作为一种极端的快速力量形式,爆发力在众多运动项目中都有着非常重要的作用。从运动生物力学的观点看,力量与速度都会对爆发力产生影响。因此,这就要求在尽可能短的时间里,尽可能展示力量的能力,成为训练的重点,是一种力的提高梯度的变化。实践中组合训练(力量+快速动作)、反应力训练、功率训练是提高快速力量的重要方法。

(2)合理发展三个供能系统。运动要消耗能量,不同的运动形式(主要是强度差异),对磷酸原系统、糖酵解系统、有氧氧化系统有着不同的依赖程度。要注意的是,三个能量供应系统是一个完整、相通的体系,并不存在单独工作的情况,而是根据运动需要以某个系统为主。

(3)培养正确的技术动作与协调性。技术是竞技能力的重要组成部分,是运动员有效发挥体能的桥梁。如果没有符合生物力学要求和适应个人特点的技术动作,运动员完美的表现就不会出现。技术动作的合理性、实效性与人的协调性、灵敏性之间有着非常密切的相关性。协调能力是人体不同系统、不同部位、不同器官协同配合完成技术动作和战术活动的能力。协调能力的好坏会对技术、战术的形成和发展产生直接影响。协调性是灵敏素质的基础。灵敏素质的高低通常取决于平衡能力、速度、力量和协调能力。在青少年阶段,重视协调性、灵敏性发展,抓住敏感期,实施科学的训练,对正确技术的形成以及后期运动生涯中所能达到的高度的影响是非常重要的。

(4)重视提高绝对速度。绝对速度对运动成绩有着非常重要的影响,其是制胜因素之一。绝对速度上有优势,就会使运动员在气排球项目中占有有利地位。

(5)注意克服速度障碍。速度障碍是运动员达到较高速度水平后,在一定阶段长时间停滞不前,甚至略有下降、不再提高的现象。对于这种情况,教练员要及时调整训练思路,改变一贯的训练方法、负荷、要求;手段要多样化,尤其要注意使用阻力、助力的手段,进一步打好基本技术基础,突破障碍瓶颈。在此之前,应强化完成动作的肌群,提高力量和弹性,尤其要对弹性力量的提高加以注意。

第九章　气排球体能素质培养与提高

（一）阻力性速度训练

1. 斜坡跑训练

（1）斜坡冲刺跑和跨步跑

双腿微屈，两脚前后呈起跑姿势站立，上体微前倾，双臂弯曲90°置于体侧，一只手置于肩部前，另一只手微微超过臀部。开始跨步跑或冲刺跑时，全力向前上方摆动双臂和膝部，距离较长时做跨步跑，距离较短时做冲刺跑，跨步跑所用速度只占全速的四分之三，而冲刺跑就要求用尽全力，保证正确的跑动技术。

（2）台阶跑

一个台阶跑：起跑姿势站立，上体微前倾，双臂呈90°置于体侧，一只手置于肩部前，另一只手微微超过臀部。尽可能快地用小步跑动作跑每个台阶，用前脚掌着地。

两个台阶跑：双腿微屈，两脚前后呈起跑姿势站立，上体微前倾，双臂弯曲90°置于体侧，一只手置于肩部前，另一只手微微超过臀部。尽可能快地每次跑两个台阶，在做跨步或者冲刺时，双臂和膝部尽全力向前上方摆动。距离较长时做跨步跑，距离较短时做冲刺跑，保证正确的跑动技术。

（3）看台跑

单阶跨步跑：双腿微屈，两脚前后站立，上体微前倾，双臂弯曲90°置于体侧，一只手置于肩部前，另一只手微微超过臀部。尽可能快地用小步跑动作跑每个台阶，只用前脚掌着地。在做跨步或者冲刺时，双臂和膝部尽全力向前上方摆动。距离较长时做跨步跑，距离较短时做冲刺跑，保证正确的跑动技术。

双阶跨步跑：双腿微屈，两脚前后站立，上体微前倾，双臂弯曲90°置于体侧，一只手置于肩部前，另一只手微微超过臀部。尽可能快地每次跑两个台阶，在做跨步或者冲刺时，双臂和膝部尽全力向前上方摆动。距离较长时做跨步跑，距离较短时做冲刺跑，保证正确的跑动技术。

2. 器械阻力训练

（1）借助水阻力训练

可以在游泳池、伤病治疗池、河、湖、海等水环境中进行。借助水进行阻力训练是利用合理正确的跑动技术做全力冲刺的训练。另外，可以任意选择五种可变的训练形式：水的深度、穿或不穿悬浮设备、固定或移动、穿的安全带是否固定于墙上、是否流动的水。在训练的时候，这五种形式都不是必不可少的。水的深度以肩部到颈部的高度（脚触到底部）为宜：脚触到水池底部，站直身体，水到肩部以上颈部以下的高度。在做练习时，头部需始终保持在水面以上。

（2）利用阻力雪橇强化训练

系上安全带，并把安全带连到阻力雪橇上，然后慢慢向前走直到阻力绳微微拉紧。开始时可以在阻力雪橇上放较轻的重量。双腿微屈，两脚前后站立，上体微前倾，双臂弯曲90°置于体侧，一只手置于肩部前，另一只手微微超过臀部。跑动过程中应尽全力向前上方摆动自己的双臂和膝部，冲过终点线后，在自己的控制下慢慢减速，保证正确的跑动技术。

（3）利用阻力伞训练

系上安全带，并把安全带连到阻力伞上，松开阻力伞以使它容易打开，向前走使阻力伞在你背后打开。双腿微屈，两脚前后站立，上体微前倾，双臂弯曲90°置于体侧，一只手置于肩部前，另一只手微微超过臀部。跑动过程中应尽全力向前上方摆动自己的双臂和膝部，保证正确的跑动技术。

（4）利用阻力背心训练

我们首先推荐选用能利用皮带或拉链把背心紧系于身上的夹克式负重背心，开始的时候可以加较轻的重量。双腿微屈，两脚前后呈站立起跑姿势站立，上体稍微前倾，双臂弯曲90°置于体侧，一只手置于肩部前，另一只手微微超过臀部。跑动过程中应尽全力向前上方摆动双臂和膝部，保证正确的跑动技术。

（二）助力性速度训练

下坡跑训练和利用预拉伸管训练，是两种安全系数最高的训练形式。

1. 下坡跑训练

下坡跑训练的斜坡角度要求30°或小于30°，最好不要在更陡峭的斜坡上做训练。在安全的斜坡表面（草地、沙地、人工草皮或马路），适宜的长度，有一定的缓冲区。冲刺距离控制在18～55米。双腿微屈，两脚前后呈站立起跑姿势站立，上体微前倾，双臂弯曲90°置于体侧，一只手置于肩部前，另一只手微微超过臀部。在从坡顶冲下时，双臂和膝部要求尽力前摆，速度快，并且跑动技术要正确。冲过终点线后，要在自己的控制下慢慢减速。

2. 利用预拉伸管训练

把预拉伸管一端固定（系于一固定物体或者由搭档固定），另一端用安全带系于冲刺者身上。在气排球场或田径场上。距离为18～37米，穿好系上拉伸管的安全带，后退，使拉伸管尽量拉伸到理想的长度。双腿微屈，两脚前后呈站立起跑姿势，上体微前倾，双臂弯曲90°置于体侧，一只手置于肩部前，另一只手微微超过臀部。速度尽量快，保持以正确的跑动技术冲向拉伸管的固定端，直到拉伸管失去拉力、自己冲过终点线，在自己的控制下慢慢减速。

第四节　耐力素质培养

一、气排球中的耐力素质

（一）耐力素质的种类

1. 一般耐力素质

一般耐力素质是专项耐力素质的基础。要通过对气排球运动员的摄氧、输氧及用氧能力的提高,来达到提升其一般耐力素质的目的,同时还要使其保持体内适宜糖原和脂肪的储存量以及提高肌肉、关节、韧带等支撑运动器官对长时间负荷的承受能力。

2. 专项耐力素质

专项耐力素质就是气排球运动员在比赛中或训练中所要求的时间内,坚持高强度工作的能力。对于气排球运动员来说,其有氧代谢状况、能源物质储存及支撑运动器官对长时间、大强度工作的承受能力等都会决定着其无氧耐力水平的高低。运动员在发展专项耐力的训练中,需要特别注意专项总体代谢特点,科学合理地安排训练。

(二)耐力素质的特征

1. 耐力素质的功能特征

气排球对运动员耐力素质的要求,主要体现在速度耐力方面,而这一素质水平是取决于其供能形式的,即糖酵解供能。因此,在安排耐力素质训练时,要重视最大耐乳酸的能力训练,这是最为重要的,其次才是有氧氧化供能形式。糖酵解供能能够从物质上有效保证气排球运动员在比赛中保持长时间的快速能力。

2. 耐力素质的机能特征

气排球运动员通常具有身材高、体重大的外在特征。从其内在的身体结构上说,左心室壁较厚,心脏房室的容量大。许多优秀的气排球运动员在安静时,运动性的心跳徐缓、基础代谢率低,而在快速的运动中,在加快心率的同时,每搏射血量较其他运动项目的运动员更大。

二、气排球耐力素质训练要求

(一)明确耐力素质发展的侧重点

在所制订的训练计划中,要将整个训练分为几个阶段,在不同阶段发展耐力素质的侧重点是不同的。比如,准备阶段前期应更多注重将有氧耐力的发展作为重点,准备阶段后期和赛前阶段则应将无氧耐力素质的发展作为重点。

(二)明确耐力素质训练的顺序

对于气排球运动员来说,要训练和提升耐力素质,在训练和发展的顺序上要进行合理安排。一般来说,有氧耐力是需要首先进行训练和发展的,在达到一定的耐力水平后,再采用无氧阈的方法进行训练,使其专项耐力素质水平得到有效提升。

在训练和发展无氧耐力时,不能盲目或者随意而为,正确的做法是以训练目的为依据,有针对性地合理安排运动强度的顺序。

（三）将专项耐力作为重点安排

专项耐力素质要作为气排球运动员耐力素质训练的重点加以关注。专项耐力素质训练时，训练的强度要增大，就需要在运动量和运动负荷强度上遵循循序渐进的原则来逐渐增加。具体来说，首先要增加运动量，然后再是运动负荷的强度。

（四）保证训练内容的多样性

耐力素质训练效果并不是一朝一夕就能实现的，是需要长年坚持不懈的训练才能达成的，同时训练内容的多种多样至关重要，逐步提高对各种新异刺激的适应性，避免因训练内容单调，导致气排球运动员的训练积极性不高，在思想上产生厌倦的情绪。

（五）保证体能充分恢复

在安排气排球运动员的耐力素质训练时，要遵循的一个重要原则就是使每次训练机体充分恢复后再安排下一次耐力训练。

三、气排球耐力素质训练方法

在耐力素质训练过程中，为了保证理想的训练效果，需要做到以下几个方面的要求。

（1）打通能量链与能量桥。以运动链理论为依据来说，能量链由 ATP-CP 系统、糖酵解系统和有氧氧化系统构成，并有机构成一个整体。三个能量系统是相通的，同时开始工作。其中，起到链接性的能量桥的作用是糖酵解系统。总体来说，就是要合理规划负荷的结构层次，长期、系统训练，打通三个供能系统之间的联系，奠定良好的能量通道基础。

（2）处理好有氧训练与专项耐力训练的关系。有氧训练和专项耐力训练之间是有差别的。实践中要区别对待，有序安排，把低、中、高不同强度的有氧训练与专项训练有机结合。

（3）重视多样化功能性动作训练。有计划地安排功能性动作训练，能够使身体刺激的方式更加丰富；良好的姿态对于保持正确的周期性动作、提高动作效率是非常有利的。同时，多样化的动作训练与技能储备，也完善了人体的整体综合能力。功能性训练不能使耐力项目成绩直接提高，却可以起到很好的间接帮助作用。

（4）合理安排交叉训练。交叉训练通常是指运动员在出现伤病或一个比赛期后的恢复阶段，采用其他项目训练，以维持基本体能水平的训练。现在交叉训练已经成为耐力项目运动员训练计划的组成部分。在交叉训练时，一定要使刺激的强度、时间能基本达到专项所需的要求，使呼吸、心血管、肌肉骨骼系统产生良好的适应。

（5）负荷的确定。一般来说，大多数运动项目和训练手段中有氧、无氧都有着特定的比例，根据运动项目对有氧、无氧比例的特点，选择同样比例的训练手段可以达到最佳的训练效果。

（一）有氧耐力训练

1. 负荷强度

通常负荷强度低于最大强度的70%，一般运动员的心率可控制在140～160次/分钟，高水平的运动员则可相对提高些。具体可以根据心率公式加以计算：

训练强度＝安静时心率＋（最大心率－安静时心率）×70%

2. 无氧阈

无氧阈，一般来说，其大小会用血乳酸含量达到0.04摩尔/升时所对应的强度来表示。

3. 持续时间

练习持续时间要以专项特点、运动员自身的情况和训练的不同阶段为依据来确定，如可以通过持续60～90秒来提高高强度的速度耐力；通过多次重复3～10分钟或持续20～120分钟来提高有氧耐力。有氧练习通常以高于30分钟为佳。

4. 重复次数

重复训练法的使用需要注意所用到的重复次数，要将其确定下来，首先要弄清楚维持高水平氧消耗的生理能力这一重要依据和前提条件，通常3～5次/2～3组。

5. 间歇时间

如果运动员机体还没有完全恢复，那么这时候，下一次的练习就可以开始了，一般以不超过4分钟为宜。通常当心率恢复到120～130次/分钟时，下一次练习就可以开始了。

（二）无氧耐力训练

1. 乳酸供能无氧耐力的训练

（1）主要采用间歇训练法和重复训练法。强度：最大强度的80%～90%，心率可达80～190次/分钟。负荷持续时间：长于35秒，一般在1～2分钟之间。距离：300～600米跑或50～200米游泳。

（2）练习次数、组数和间歇时间：参照训练水平、跑速、段落长度和组间间歇时间等这些因素来加以确定。一般来说，段落短，则间歇时间也短，如200～400米段落跑，共练习3～4组，每组重复跑3～4次。

（3）练习顺序：从长段落开始到短段落，如（400米×2＋300米×2＋150米×2）等，这样能够使有机体迅速动员无氧糖酵解的能力得到有效提高。

2. 非乳酸供能无氧耐力的训练

（1）强度：90%～95%。练习持续时间：5～30秒之间。

（2）重复次数与组数：以不降低训练强度为原则，重复次数不宜多。要以运动员水平与具体情况为依据来确定次数、组数，一般来说，水平高，则组多些，如练习4～5次/5～6组。

（3）间歇时间：短距离如30～70米跑的间歇时间为50～60秒。较长距离如100～150米跑，间歇时间为2～3分钟。间歇时间要确保ATP-CP能量物质的恢复。要适当控制总量在700～1 000米范围，否则训练非乳酸供能的效果会不理想。

第五节 柔韧素质培养

一、气排球中的柔韧素质

柔韧素质就是人的各个关节的活动幅度、肌肉和韧带的伸展能力。

（一）柔韧素质的种类

通常，可以将柔韧素质分为一般柔韧素质和专项柔韧素质。这种分类方式在气排球运动中也是常见的。

1. 一般柔韧素质

一般柔韧素质，就是指普遍都能适应的一般身体、技术、战术训练所需要的柔韧素质。

2. 专项柔韧素质

专项柔韧素质，就是指那些与专项相适应的特殊的柔韧素质。气排球运动员在专项技术的掌握与提升上，是必须具备这一素质的。

（二）柔韧素质的特征

气排球运动对运动员的柔韧素质要求是比较高的，这种高要求尤其体现在手指、手腕、肩、腰、踝及腿等部位上。一般来说，气排球运动员的外在特点主要表现为：身材高大、身体健壮、肌肉粗大等。从解剖学的角度上来说，其柔韧素质的特性与普遍意义上的柔韧素质是基本相同的，主要受到对抗肌维持姿势的肌紧张、牵拉性条件反射而引起肌肉收缩的限制，以及神经过程的兴奋与抑制的协调性，对肌肉收缩与舒张（紧张与放松的快速转换）的影响。因此，气排球运动员的柔韧素质的影响因素可以归纳为肌肉、肌腱、韧带、关节囊的弹性这几个方面。

二、气排球柔韧素质训练要求

（一）气排球运动员的柔韧素质要求

在气排球运动中，柔韧素质是非常重要的素质之一，其意义主要体现在运动员的关节韧带上，特别是腰、胯、肩、腿、踝关节韧带的韧性强，这有助于气排球运动员加大实战技术动作的强度、幅度,减少运动员机体受伤概率。

(二)气排球柔韧素质训练的具体要求

1. 柔韧素质训练要早期专门化

气排球运动本身这个项目对运动员的灵活性、协调性都有着较高的要求,并且运动员身材高大,肌肉健壮。通常,可以从少儿就开始重视气排球运动员柔韧素质的训练。最开始可以进行一些改善关节灵活性的训练,有效提升气排球运动员韧带、肌腱的弹性和肌肉的伸展性。由于少儿的软组织还处于良好的发展阶段,质量较好,如果能较早地进行柔韧素质的训练,训练效果往往是事半功倍的。

2. 柔韧素质训练要持之以恒

气排球运动员的柔韧素质通常会被忽视,也认为不用进行训练,这是不正确的。如果不进行柔韧素质的训练,随着年龄的增长,身体的柔韧性会大大下降,在这样的情况下,气排球运动员要想继续保持自身良好的柔韧素质,是需要长期艰苦的努力才能实现的。

3. 柔韧素质训练要与其他素质结合进行

由于柔韧素质还受力量素质、耐力素质的影响,因此气排球运动员在训练柔韧素质时,还要与其他素质相结合进行,尤其是力量素质,这两方面素质的有机结合,能使肌肉、韧带柔而不软、韧而不僵、刚劲有力,关节的活动幅度也能掌握自如。

三、气排球柔韧素质训练方法

柔韧训练的方法主要有两种。一种是主动性拉伸训练法,主要是从主观上入手,通过自身力量来达到改善关节灵活性和肌肉伸展性的目的。在训练过程中,主动性拉伸训练又可以进行进一步的细分,形成了主动性动力拉伸和主动性静力拉伸这两种具体形式。另一种是被动性拉伸训练,是练习者对外力的利用所实现的结果。其也能分为被动性动力拉伸和被动性静力拉伸这两种形式。这两种训练方法都是在"力"的拉伸作用下,按照一定的节奏,使动作幅度逐渐加大,由轻到重渐进地增加受力,多次重复某一部位的训练,使软组织持续地受到牵拉的刺激而拉长。

(1)仰卧前拉头。取仰卧位,屈膝,双手交叉放于头后。呼气,将头部拉向胸部。拉的过程中要注意将肩胛部位贴在地面上,不要抬起。动作要舒展,动作结束后保持10秒。

(2)持哑铃颈拉伸。站立,双脚并拢,右手握持哑铃,肩部下沉。左手经由头顶向上向右后伸,并且屈肘,在头的右侧位置停下。呼气,左手用力将头部向左侧拉伸,头左侧与左肩相贴合。该动作要保持10秒左右。然后换手换方向,对头部进行牵拉,从而使颈部得到拉伸。拉伸过程中要注意动作应缓慢进行。

(3)背后拉毛巾。这一训练方法取站立或坐立位皆可,吸气,双手握一条毛巾,将一只臂从头侧往背后伸,以肘关节放在头侧为宜,另一只臂则由下侧往背后伸,以肘关节放在腰背部为宜。吸气,握毛巾的双手逐渐互相靠近。这一动作保持10秒钟左右,然后换臂换方向重复进行多次练习。动作要尽可能伸展开。

（4）坐立拉背。坐立位，双膝稍微弯曲，躯干向前倾，贴合于大腿上部，双手抱腿。呼气，上体前倾的幅度尽可能的大，双臂在大腿上，向前拉背，双脚与地面之间是紧紧贴合的，二者之间不能脱离。上述过程中，动作一定要做到尽可能伸展，动作持续时间在10秒。

（5）坐立反向转体。坐位，双腿向前伸展，双手放在髋后部，起支撑作用。两条腿在放置时要相互交叉，屈膝，脚跟逐渐向臀部的部位进行靠拢。训练时要求动作尽可能伸展，动作要保持10秒左右的时间。

（6）俯卧转腰。俯卧于台上，除了躯干上部在台子之外的位置保持悬空外，其他身体部位都是贴合在台子上的，同时还要在颈后肩上放置一根木棍。双臂在体侧伸展开来，固定木棍。呼气，转动躯干，注意要保持动作的幅度尽可能大，并且向不同方向重复进行多次练习。动作结束保持数秒再回转躯干。

（7）仰卧髋臀拉伸。平卧于台子边缘，从台子上向下移动，外侧腿悬空。吸气，台子上的内侧腿屈膝，用双手抱膝缓慢拉向胸部。要保持动作的舒展性，保持该动作10秒左右。

（8）上体俯卧撑起。俯卧位，双手掌心向下，双臂弯曲，手指向前伸，双手放在髋部两侧的位置。呼气，借助于双臂的力量将上体撑起来，头稍向后仰，形成背弓。按照上述方法反复多次训练。要尽可能保持动作的舒展性，动作保持10秒左右。

第六节 灵敏素质培养

一、气排球中的灵敏素质

（一）灵敏素质的种类

1. 一般灵敏素质

一般灵敏素质，就是由力量、反应、速度、协调性等多种素质组合而成的，适用于普遍意义上的运动项目的一种能力。

2. 专项灵敏素质

专项灵敏素质，是与专项特点相符的特殊灵敏素质。

（二）灵敏素质的特征

对于气排球运动员来说，他们在灵敏素质上有着自身的显著特征。具体表现如下：

1. 精确性高，动作反应快

对于气排球运动员来说，其专项灵敏素质的精确性能够将自身运动与周围环境的感知能力充分反映出来，因此就要求视觉宽阔、目标准确。与此同时，还要有非常快的反应能力。

2. 运动时空感觉强

气排球运动的精髓在于灵活性,这就对气排球运动员提出了相应的灵敏要求,即对内在结构以及由此而产生的快速与精确性的协调有良好的感觉。另外,气排球运动员如果具有良好的空间感觉,就能对球场上的各个方面有准确的感知,对于提高其动作的准确性和精确度有非常积极的意义。

由于气排球运动员个体之间的差异性以及在球场上的职责的不同,在灵活性上也有所差别。

二、气排球灵敏素质训练要求

(一)气排球运动员的灵敏素质要求

气排球运动员在灵敏素质方面的要求,可以归纳为快速、协调、准确这几点。这几方面要求达到了,气排球运动专项的反应迅速、应变能力强的目标才能实现,才能进一步对气排球运动员技术、战术水平的发挥起到促进作用。

(二)气排球灵敏素质训练的具体要求

(1)灵敏素质训练时,由于具有负荷强度较大的特点,要求持续时间不宜过长,因此应将灵敏素质的训练放在每次精力最充沛的阶段进行,从而保证良好的训练效果。

(2)气排球运动员在灵敏素质方面的训练要有所加强,尤其是速度、柔韧、协调、弹跳等与气排球相关的专项灵敏素质。

(3)气排球运动员的灵敏素质,要求一定要对气排球专项灵敏素质的发展加以重视,并且采取相关措施来加以训练和提升。比如,可以提供更多更好的比赛机会,使运动员在了解运动技术、战术的时空特征的同时,能提升其在复杂的条件下随机应变的能力。

(4)针对气排球运动的专项脚步动作训练也是非常重要的,由此能使运动员身体重心的转换能力得到提升,进而有效提高神经过程的转换速度,这对于各种高难动作的准确完成是非常有帮助的。

三、气排球灵敏素质训练方法

(一)徒手训练法

徒手练习法就是不借助外在的器械和工具,主要通过身体各部位的相互配合运动来发展灵敏素质的训练方法。通常可以将其分为两种类型:一类是单人练习法,即训练者通过运用协调自身的各部位来增强灵敏性;一类是双人练习法,即通过两个人之间的配合运动来进行灵敏性训练。

1. 单人练习法

快速移动跑：准备姿势为站立，注意观察指挥手势或听判断信号。当练习者得到消息，需要按照要求前、后、左、右快速变换跑动。一般来说，发出指令的间隔时间不会太长，一般控制在 2 秒以内。因此，练习者必须具有非常高的素质和能力，如反应迅速、判断准确，有着非常快的变换起跑速度。练习强度：每组的时间控制在 15 秒，总共 3 组。

越障碍跑：通过在跑道上设置多种障碍来加以训练。训练开始前，练习者要面对跑道站立。准备好后，听到"开始"信号，练习者就要按照事先说明的要求，通过跑、跳、绕等动作来迅速敏捷地穿过障碍物，全程要一气呵成，中间不要停顿，可以通过计时的方式进行练习。练习强度：以 2～3 组为宜。

原地团身跳：站立，训练者在训练开始后，认真听取信号，如果收到"开始"的信号指示，就需要在原地，做双脚向上跳起的动作，腾空后两腿迅速团身收紧，然后才能做下落还原的动作，由此一组动作即完成。团身跳的练习要有一定的连续性。训练的形式计时或者记数均可。不管采用的形式如何，都要保证跳跃的连贯性，同时还要保证腾空的高度以及团身的紧凑程度。练习强度：持续练习 5 次／组，总共 3～5 组。

2. 双人（结伴）练习法

过人：画一个直径为 3 米的圆圈，圈内安排两个人，分别站在各自的半圈内。训练开始后，其中一人作为防守方，对另一人千方百计地进入防区进行积极有效的防守。一组训练结束后，两人交换继续加以练习。训练过程中要严禁拉人、撞人的情况发生。练习强度：持续练习 20 秒／组，总共 4～6 组为宜。

障碍追逐：甲乙两方，训练开始，乙方作为被追赶的对象在前面跑，甲方则在后面对其进行追捕。"开始"信号发出后，甲乙双方就按照自己身份的要求借助事先准备好的障碍物一对一追逐，如果甲方追上对方并且用手触到对方身体的任何部位，那么这一组的练习就结束了，在上组动作完成的瞬间，下一组练习开始，只是双方角色互换了，甲方为被追赶方，而乙方则成了主动的追赶方。训练强度：持续练习 20 秒／组，间歇时间为 20 秒，总共 5～6 组。

（二）器械训练法

器械训练法就是通过运用运动器械来训练和提升灵敏性素质的方法。根据训练主体的个数，可以分为单人训练和双人训练。

（1）单人练习。单人练习的具体方法有很多。比如，较为简单的传球、顶球、追球、颠球、接球练习，以及较为复杂的多球练习、悬垂摆动、翻越肋木、钻山羊、钻栏架。除此之外，还有各种专项球类练习和技巧练习、体操练习等一些技巧类和专项类的练习方法。

（2）双人（结伴）练习。扑球：2 人一组，面对站立。一人拿球并将其抛向另一人的体侧部位，接球方则通过侧垫步、交叉垫步或交叉步等起跳扑向球，并用手接住。两人按照上述方法交替练习。随着练习次数的不断增加，抛球速度也要不断增加，并且做到判断准确、主动接球。

通过障碍:在障碍物的面前保持站立姿势。通过5米的距离进行助跑跳过山羊,然后再钻过山羊,绕过双杠间,最终返回到起点。在规定的时间内进行上述练习,并且要求跑动迅速,变换敏捷。通常以重复练习3~5次为好。

跳起踢球:练习者有两人,双方间隔15米,面对面站立。甲方抛球至乙方体前或体侧方,乙方则应快速跳起用脚踢球,踢球要准确。然后甲乙双方交换位置继续练习。训练强度:持续练习15次/组,训练次数为2~3组。

接球滚翻:练习者2人为一组,接球的人坐在垫上,传球的人站立在其对面。接球人坐在垫上来接不同方向、速度的来球,并且按照要求的动作来接球。比如,当接到左、右两侧的球后做接球侧滚动;接到正面的球后滚翻。按照上述方法在双方互换位置继续进行多次练习。训练强度:持续练习30秒/组,总共2~3组。

(三)组合训练法

组合练习就是将上述训练方法结合起来加以应用,可以是两个,也可以是多个。训练方法的具体划分也由此而来,即动作数量不同,训练方法也不同。

两个动作组合训练方法:交叉步接后退步,立卧撑接原地高频跑,前踢腿跑接后撩腿跑,侧手翻接前滚翻等。

三个动作组合训练方法:交叉步→侧跨步→滑步,立卧撑→原地高频跑→跑圆圈,腾空飞脚→侧手翻→前滚翻等。

多个动作组合训练方法:跨栏架→钻栏架→跳栏架→滚翻,后滚翻转体180°→前滚翻→头手倒立前滚翻→挺身跳等。

第十章 气排球心智素质培养与提高

本章导航

青少年在参加气排球运动的过程中,还必须要具备良好的心智素质。可以说,青少年的心智素质与运动技能的提升有着紧密的联系。气排球运动锻炼属于一个完整的系统,这一系统包含诸多要素,如体能、心理、智能、技术、战术等,只有这些要素密切组合在一起,相互影响、相互促进,才能推动气排球训练质量的提高。心理与智能作为气排球运动的重要内容,是青少年日常训练必不可少的。加强青少年心理与智能的训练能很好地提升他们的创造思维,促进其全面素质的发展和提高。

第一节 气排球心理素质的培养

一、青少年心理素质指标

青少年的心理素质指标有很多,对其进行测试时要综合各方面指标得出准确而客观的评价结果。

(一)操纵准确度

操纵准确度是指受试者用手、臂或脚快速、准确完成较大任务的能力。在气排球运动中,青少年的大力扣杀技术以及二传的垫球技术等都与这一项指标之间有着极为密切的关系。

(二)上下肢协调性

上下肢协调性指受试者手和手、手和脚或脚和脚的协调和配合动作的能力。良好的上下肢协调能力是青少年做出准确、有效动作的关键,要完成这一能力需要具备良好的技术和心理素质。

(三)反应时

反应时是指青少年机体对某个刺激快速做出反应的能力。一般来说,反应时的长短在一定程度上反映出青少年的起动反应能力,如气排球运动中青少年接扣杀球的能力。

(四)四肢动作速度

四肢动作速度是指要求青少年臀部和腿部尽快地做出大动作的能力。这一能力是气排球青少年所必须具备的。四肢的动作速度关系到青少年击球的快速性和合理性。

(五)手和臂的灵活性

手和臂的灵活性指快速、准确操纵对象的能力。在气排球运动中,二传传给队友球的力量把握要适当,垫球要灵活和准确,这些都要求手臂有极大的灵活性。

(六)手腕的动作速度

手腕的动作速度是指青少年手腕带动手指做出迅速运动的能力。这种能力能有效保证人们做出动作的迅速性。

(七)手、臂的稳定性

手、臂的稳定性指受试者应用手和臂完成动作时能够保持其稳定性的能力。通常情况下,对青少年所做动作的速度和强度没有较高的要求。

(八)眼手协调性

眼手协调性指青少年眼睛接受刺激与用手做出反应之间的相互协调、相互配合的能力。气排球比赛对球的争夺非常激烈,要想占据比赛的主动,青少年需要加快攻防转换的节奏,这就要求青少年必须具备眼手协调的能力,这样才能快速做出反应,适应快速的比赛节奏。

对于青少年而言,他们的心理素质存在着一定的差异。有些青少年运动员具有较强的抽象思维能力,但心理运动能力较弱;而有些青少年则在抽象思维和心理运动能力方面都比较强。因此,在选材的过程中,选材者要充分考虑以上因素,不仅要重视青少年的身体功能和运动能力,还要注意其心理运动素质指标,从而做到合理选材。

二、气排球促进人们心理素质的提升

(一)促进认知

1. 影响儿童青少年的认知功能

认知的发展总是呈现出由低到高、由简单到复杂的过程,并且在不同的阶段有发展的高峰或低谷。人在处于儿童青少年时期时,其认知能力发展最快,可谓是认知发展的关键期。在关键期内,如果人能接受到良好的认知能力方面的培养,则被培养的认知能力就会突飞猛进地增长。一旦错过这个能力增长的时期,即便以后接受良好的认知能力教育,其效果也不如前者效果好。儿童青少年在认知功能重要发展期时,也正是其个体生理发展的高峰,包括身体上的发育以及神经系统的发育,如果此时能增加有益的实践活动,则为儿童青少年的认知发展带来更加事半功倍的作用。气排球活动就是一种有益于儿童青少年认知能力发展的活动。

究其原因,气排球活动总是表现出一种积极向上的态度和活跃的氛围。参与其中的个体需要充分调动自身多数感官,以组织协调好注意力及其他与认知能力相关的能力。在参与运动中,个体除了会利用眼、耳、嘴等感受器官接收信息和传送自己的信息外,还会通过触觉和其他感觉来感知动作,以及感受动作过程中必然存在的时间与空间等的关系,如此才能顺利完成某项运动的技战术动作。这样一来,参加气排球活动人的中枢神经系统也就得到了更多的锻炼。他们的神经系统的兴奋和抑制的交替转移过程得到加强,大脑皮层神经系统的均衡性和准确性得到改善,从而使身体的感知能力也得到发展。下面就详细分析气排球活动与儿童青少年认知功能发展的关系。

（1）气排球与感知觉的关系

一般来说,感觉是人对事物个别属性和特性的整体认识,是那些高级的、复杂的心理现象的基础。知觉则是对事物及其相互关系的整体认识。感觉和知觉往往是紧密相连的,也常被直接称为"感知觉"。对于发展人的记忆、思维、想象等能力来说,感知觉能力起到了决定性的作用。不仅如此,感知觉也是人的情感和行动产生的必要条件。

下面就从两个方面来阐述气排球活动与感知觉的关系问题。

一方面,感知觉的发展依赖气排球。首先,人的婴幼儿时期是第一个感知觉发展的重要时期。该时期为了发展婴幼儿的感知觉,可让他们参与多样的游戏活动,让婴幼儿的身体动起来,在玩中感受身边的事物。其次,不同类型的气排球活动对不同感知觉的发展有特殊作用,如有些运动项目更能锻炼人的视觉,有些则更能锻炼人的时间知觉和空间知觉等。青少年儿童参加气排球运动,非常有利于他们视觉和听觉的发展。

另一方面,感知觉能力对人所参与的气排球活动增效。如果拥有出色的感知觉能力,那么对于参与众多类型的气排球活动来说自然是非常有利的,其突出体现在学习一些运动技术动作和应用时总是能正确运用并且时机把握得当。

（2）气排球与注意的关系

注意的发展要经历一个从无意注意到有意注意的过程。不论是什么类型的运动,都对身体素质有一定的要求,同时还需要运动参与者具备足够的注意力及其他心理素质。如此看来,气排球运动对人的注意能力的提升是有很大帮助的。如果这种能力能继续长期得到发展并获得巩固,则能力的增长会进一步加快。

之所以儿童、青少年参加气排球活动会对其注意能力的提升大有好处,主要是由于健身活动能够加快新陈代谢的速度,改善大脑的血液循环,使他们头脑清晰。

（3）气排球与思维的关系

参加包括气排球运动在内的许多活动都需要有思维的参与。青少年在完成运动的技战术的过程中,除了要付出智力和体能外,还需要充分调动逻辑思维与运动思维。因此,参与气排球运动,青少年的思维能力也会得到更多的锻炼,使其思维能力更强、更敏锐。同时,它还对人的发散思维能力的提升有诸多帮助。特别是在参与一些对抗性运动时,需要随时根据场上的形式做出反应,快速改变思维,做出最有利于本方局面的抉择,这一过程有助于提升个体思维流畅性和变通性。

2. 影响着中老年人认知功能

(1)老年人的记忆功能

记忆是人非常重要的一种认知能力,这是人能够正常生活和学习的基础。对于老年人来说,记忆的作用是非常重要的,记忆能力如何直接关系到老年生活的质量。从心理学的角度来说,记忆是长期持续学习的见证,是人存储和提取信息的能力。然而,年龄的增长会对记忆能力构成影响,特别是年龄越大,记忆力下滑也就越明显。

除了年龄给人的记忆力带来影响外,一些疾病也会衰减人的记忆力,甚至引发记忆障碍。有时候,判断一个人的记忆衰退是正常性老化还是病理性老化是有些难度的,尤其在疾病早期更难鉴别。这是由于不同人的记忆老化程度有着很大的差异。要想更加准确地判断记忆衰退的原因,最好的方式就是观察其在日常生活中和临床上检查的结果,将二者相结合来最终判断。如果发现病人不仅对最近发生的事情记忆不清,还发现对过去发生的事情也记忆不清的情况,并在提示之后仍难以记得,那么就可以表明该病人已全面出现记忆减退的症状。对于上了年纪的人来说,记忆力减退的经常性表现如不认识回家的路、不认识熟悉的人,而这种情况会给他们的生活带来较大的困扰,甚至导致生活不能自理。这样来看,提高老年人的记忆能力,延缓记忆衰退就显得非常重要。

个体的衰老会连带人的记忆能力也一并衰退,这会让人记住事物或回忆过去经历过的事物变得越发困难。如果让一位老年人回顾人生经历,他们回顾的更多的往往是他们十几岁或者二十几岁时发生的事情。这是由于成年早期的记忆能力是处在巅峰期的,所以这个时期内的事情被记得格外牢固。如果要求老年人回忆几个月前发生的事情,则对他们来说就非常困难,基本很难完整复述事情梗概,更不要提一些细节了。

人的记忆能力随着年龄增长而出现变化是非常正常的生理现象,可将其称为"记忆的正常老年化"。尽管这会给中老年人群带来一定的影响,但这种影响对他们的正常生活来说并没有造成什么太大的改变。老年人与年轻人对于刚刚接收的信息的记忆是相差无几的,然而过一段时间后,老年人对这一信息的记忆开始出现减退的时间较青年人更早,即便此后青年人也开始遗忘,但老年人的记忆衰退的速度也更快于青年人。对于青年人来说,如果事物存在逻辑联系和有意义,特别是那些对他们非常重要的事情,或是与自己的专业、先前的经历等有关,则记忆能保持得更久。对青年人来说,那些需要死记硬背、彼此关联度不高的内容则很难记住。

(2)气排球对保持老年人记忆功能的帮助

凡是人们感知过的事情、思考过的问题、体验过的情感等都会在大脑中存留下一个印象,有些关联度不强的,日后很少被"调取"的信息逐渐被遗忘,而那些可作为重要经验的信息则能够保留较长时间,甚至在人的一生都不会忘记。

气排球运动可以改变记忆的物质基础。因此,对于老年人来说,经常参加气排球运动会对他们的记忆能力起到积极意义。这些意义具体表现在以下两个方面：

第一，有助于神经系统对全身各器官的调节与支配。不仅如此，运动过程中增加的脑内核糖核酸，还能使乙酰胆碱的活性增加，这是维持一个人良好记忆能力的关键物质。

第二，有助于呼吸系统功能的增强。人在散步和慢跑时供氧量显著增加，分别是相对安静状态下的2倍和5～10倍。如此看来，即便运动强度不算很大的散步、慢跑等运动，也是会对新陈代谢起到良好的促进作用，这为大脑提供了更多的氧，也更加激活需要用氧的脑组织，进而有助于提高人的记忆力。

（二）激发动机

1. 运动动机的概念

运动动机是指驱动人们参与运动学习或健身活动的内部心理动因。运动动机的产生原因为运动的内在需要以及运动参与的环境诱因的相互影响，是驱力和诱因、推动和拉动两种作用相结合的产物。拥有良好运动动机的人可以更好完成运动学习行为以及更容易长期坚持某项体育健身活动。

2. 运动动机的培养与激发

（1）重视和利用各种需要来激发动机

人总是会产生各种各样的需要，每一种需要就可能衍生出一种动机。因此，对于运动动机的培养，其方式就可以从重视和利用这些需要入手。具体如增加运动的趣味性、启发性，以满足青少年的好奇心、探索欲、归属感等需求。

（2）尽力提高体育成就动机

成就动机作为一种较高级的社会性动机，其是指个体积极主动地从事自认为重要或有价值的活动，并力求达到完美、取得优异成绩的心理倾向。它的产生要建立在成就需要之上，并且是在社会交往中逐渐习得。因此，要想培养个体的运动动机，就要注重将成就动机融入运动当中，以满足个体对成就心理的感受倾向。

（3）适当展开竞争，并且积极组织合作

竞争有很多种形式，每种形式的竞争都有其特点。常见的竞争有个体间的竞争、团体间的竞争和自我竞争。为此，如果能合理利用不同竞争与合作，将其进行合理补充和运用，就有助于人们运动动机的激发。将中等竞争的活动建立在小组合作活动的基础之上，是非常有利于发挥个体与小组间的互动作用的，它达到充分调动青少年的学习积极性和创造性的目的。

为保证竞争行为对体育学习动机的有效激发作用，并且最大化地减小消极后果带来的不利影响，在开展竞争活动时需要注意如下几点：

第一，确保多样化的竞争形式与内容。

第二，鼓励团体竞争。

第三，竞争活动的安排要适量。

第四，个体竞争活动要分出层次。

第五，提醒个体在竞争中注意发挥和展示的能力。例如，团结协作、互相鼓励、正确的胜负观等。

（4）及时反馈结果，更多给予积极评价

对于体育学习的反馈存在多种形式，常见的有社会性评价、象征性评价、客观性评价、标准性评价等。为此，选择哪种评价方式就要依据青少年年龄、性格、体育学习内容等诸多学情来进行。

教师在体育学习中提供反馈和评价要以青少年的进步或退步情况作为评价依据，以此判断他们的学习是进步了还是退步了。实际上，表扬和批评都能成为激励学生学习动机的方式，如果采用的激励方式为批评，则需要对用词、场合和程度予以考究。

具体来说，做好反馈结果工作要做到以下几个方面的要求：

第一，多采用鼓励的方式，少采用批评的方式，并且确保每名青少年的每次进步都能得到积极的强化。

第二，根据不同青少年的不同情况进行表扬和批评。

第三，教师的评价要做到"对事不对人"，并将评价重点放在个体的努力程度与行为表现上。

第四，树立个体评价标准，培养青少年自我表扬和自我批评的能力。

第五，要了解个体对教练员、教师的表扬和批评的程度。

第六，表扬要在公开场合进行，而批评多应在私下场合进行。

（三）控制情绪

1. 焦虑与应激概述

（1）焦虑的概念

焦虑是指因不能达成某个目标或不能克服某种障碍导致的自尊心和自信心受挫，或失败感和内疚感增加，而形成的一种对未来紧张不安并带有恐惧的情绪状态。焦虑是一种普遍存在的特殊情绪反应，但正是因为这种心理活动的存在，也对人类的生存与发展产生了促进作用。

如果人能获得一些适当的焦虑感，是非常有利于唤醒人的意识水平的，从而促使个体的执行力增加。但万事过犹不及，过度的焦虑也会导致人的心理失衡，降低人的思维判断能力，不能合理应对环境的变化，适应能力降低，以及连带产生其他负面心理问题。

（2）应激的概念

对于应激来说，其具有三种概念解释的方式，即认为应激是指那些使人感到紧张的事件或环境刺激；是个体的一种主观心理反应；是指人体对需要或伤害侵入的一种生理反应。

2. 气排球与焦虑关系研究

在分析众多国内外的相关研究后可以看到，气排球对缓解人的焦虑情绪的研究主要是从两个方面着手的：一个是关于短期健身和长期健身效应研究，另一个则是不同健身项目、健身形式、健身强度与焦虑关系研究。

（1）短期健身和长期健身降低焦虑的效应研究

不管是长期的健身还是短期的健身，对人的身体机能都会起到提升的作用。所谓的长期健身，是指每天或一周中超过半数的天数都参与健身活动，并且这种频率要持续几年甚至几十年。短期健身，则通常为那些偶尔参与的健身活动，它不具备长期性和稳定性等特点，并且每次运动的时间也不等。

显然，长期参与健身活动所获得的效应是每次健身持续一定时间所产生的情绪变化。相对应的，气排球的短期情绪效应则是指一次气排球运动后即刻的情绪变化。

对于人的焦虑心理来说，参与长期和短期健身活动都可在一定程度（中等或较低程度）上降低人的焦虑。如此就证明了气排球活动作为降低焦虑的一种重要手段的有效性。虽然偶尔进行的健身活动也对缓解焦虑心理有一定的帮助，但还得进一步探究"剂量反应"、性别差异以及一次气排球运动之前、期间、之后的焦虑状态变化，这样才能更加深入地了解运动对个体焦虑心理带来变化的规律。

（2）健身强度、方式、时间、项目与降低焦虑的效应研究

凡是体育活动，都对个体的焦虑心理有缓解作用。这里要说明的一点是，尽管健身强度在很大程度上决定了对个体焦虑心理的缓解程度，但与此同时，与健身活动相关的如健身的时间、方式、频率和项目也是有关因素，不能完全忽视这些因素对焦虑心理缓解的作用。

3. 气排球与应激关系研究

通过心理应激调查，由人际关系、情感状况所造成的心理应激的比例是比较高的，而由生活中的重大事件造成的心理应激的情况较少。

当面临相同心理应激水平时，经常健身的人患上疾病的风险要大大小于不经常健身的人，并且随着心理应激水平的增加，疾病得分也随之增加。但是低气排球组和高气排球组增长的斜率显著不同。这就可以说明气排球能够调节心理应激对健康的作用。因此，面临心理应激时，经常健身的人往往更不容易出现因心理应激而引起的健康问题。

通过适当参与气排球活动可以缓解心理压力，而这也会降低心理应激反应。研究显示，不同项目对心理压力的缓解程度也有关联。例如，健美操、体育舞蹈等运动对缓解人的心理压力的功效就非常理想。不同项目对人的心理应激产生的作用也是不同的。除此之外，气排球模式对应激能力的作用受到健身者性别和年龄的影响，不同健身形式下的应激反应也是有较大不同的。

经常参加气排球活动显然对人的应激反应会起到减弱的效果，而偶尔参加运动的人会获得更加显著的减弱应激反应的短期效益。目前的研究更多是针对气排球活动的短期情绪效应的，对健身活动的长期情绪效应方面的研究较少，仅有的一些研究成果尚不能解释某种问题。这是由于大多数研究在实验设计上多选择为期8～10周（每周2～4次）的健身时间作为周期，有时这个实验设计的时间甚至会更长，如此长的实验时间就难免会对实验过程的把控有所松动，最终造成结果的不可靠。

（四）抑制抑郁

1. 抑郁概述

抑郁是一种弥散性心理状态，人在出现抑郁状态后的表现有过度忧虑、悲伤、情绪下降、无助感、失落感、自我责备、自我评价低、不愿与人交往、对平时的兴趣感到乏味，还可能会伴有失眠和早醒。尽管抑郁属于一种非正常心理，但这种心理状态只要维持在一个低水平程度上的话，仍然也在正常心理范围内，属于正常的心理情绪。人的一生中都会经历或多或少的抑郁心理，但如果程度不高的话，可以将这种心理状态称为"心理感冒"，这与真正的抑郁症还是有很大不同的。如果当人的抑郁心理达到抑郁症的地步的话，就属于情感性精神障碍的范畴，进而出现明显的精神运动阻滞，有自罪观念、妄想和幻觉、自知力严重缺失等情况。

2. 气排球与抑郁关系研究

（1）气排球与抑郁情绪的改善

第一，气排球能有效缓解老年人的抑郁情绪。气排球运动对老年人的抑郁症状的缓解就有很大帮助。众多研究结果显示，如果能长期定期参加缓慢的气排球活动，就可以能够有效降低抑郁程度。可以说，这些研究为气排球能有效缓解老年人的抑郁情绪提供了充分的依据。

第二，气排球能有效缓解儿童抑郁情绪。对于气排球对儿童抑郁情绪的缓解可以从以下三个层面进行说明。

生化层面。在运动过程中，青少年体内会发生一系列生理变化，如血流加快、激素分泌旺盛等。由于运动，还会对神经递质的分泌产生刺激作用，具体如去甲肾上腺素和多巴胺分泌提高，大脑内啡肽分泌增加等。种种这些生理层面的变化会给人带来直观的一种良好体验，即愉悦感。愉悦感的存在，自然就会抑制抑郁水平的增长。就少年儿童来说，他们都有一个最佳的中枢神经唤醒水平，在这一最佳水平区中，能感受到愉快的舒适体验，而气排球对儿童达到这一最佳水平是有促进作用的。

认知层面。通过对各种气排球活动的参与，儿童可以从中初步接触健身，了解健身的知识与技巧，培养健身的意识。当他们在健身中获得一系列的积极信息后，就能使自己的自主性和自我效能得到有效提高，这会让他们获得一种成功感。这种感受可以打破给儿童带来抑郁感的信息，同时让其接受更多的正面的积极信息。

社会交往层面。现如今，大多数儿童为独生子女，其生活的地点也多为公寓式住宅，这使得他们从小就非常缺少许多与其他同龄小伙伴接触的机会，这对于排解抑郁心理是非常不利的。气排球则给儿童提供了一个绝佳的社会交往平台，在活动中，他们能接触到更多的同龄人，与他们共同参加同等条件下的活动，甚至需要他们相互合作或对抗，从中他们能够学到更多社会与人际层面的事物，而这些经验比从书本上学到的要多且还要深刻。

第三，气排球对大学生抑郁情绪的改善。通过相关研究可知，经常参加健身活动的大学生的抑郁水平普遍低于不经常参加健身活动的大学生。

（2）气排球与抑郁症的治疗

鉴于气排球活动对缓解抑郁心理的积极作用,使得其也成为治疗抑郁症的一种有效手段。其在这方面的作用具体如下。

第一,气排球活动可以有效提高大脑中枢神经的灵活性,这对降低人的抑郁水平大有益处。

第二,气排球活动可以改善人体内分泌状况,这对缓解抑郁症状非常有利。

三、青少年气排球心理技能训练的方法

在气排球运动中,要想提高运动水平和比赛成绩,培养青少年的心理素质是至关重要的。气排球青少年的心理素质主要包括一般心理素质和比赛心理素质两个方面。培养青少年一般心理素质的方法有集中注意力训练、专门化感知觉训练、意志力训练等。培养青少年比赛心理素质的方法有自我暗示训练、放松训练、注意力训练、动作表象训练等。由于每名青少年的个性特点、运动水平都存在着一定的差异,因此在选择心理素质培养方法时要结合青少年的具体实际进行。

下面主要介绍几种培养和提高青少年心理素质的方法。

（一）集中注意训练

青少年在比赛中注意力必须要高度集中,这样才能占据比赛的主动,否则就容易因失误变得比较被动。因此,培养青少年的集中注意力具有重要的意义。

（1）集中注意形象训练方法,即青少年在平时的训练中在脑中回忆动作形象,让注意力始终集中在动作形象上。

（2）注意自身动作训练方法,即青少年通过自身的肌肉动作来提高自己的注意力。

（3）内向的集中注意训练方法,即青少年选择自身内部的某种生理因素为注意对象来提高自己的注意力。

（4）注意模仿接近专项技术动作训练方法,即青少年使自己的注意力稳定在单个或连续动作上面,从而有效提高专项技术。

（二）专门化的感知觉训练

在青少年气排球心理技能训练中,专门化感知觉训练非常重要。常用的训练手段主要有以下几种:

（1）对墙做传、垫、扣等练习,以熟悉球性,提高青少年的球感。

（2）传不同重量、弧度和距离的球,培养青少年的本体感觉。

（3）做目标性的传球、垫球、扣球等练习,以培养和提高青少年的方位感。

（4）做各种空中击球动作,以提高青少年的"空中知觉"。

（5）利用各种教具做限制性或诱导性训练。

（三）自我暗示训练

暗示训练是利用言语等刺激物对青少年施加心理影响，进而控制行为的过程。大量的心理学研究表明，通过自我暗示，青少年能在一定程度上提高所做动作的稳定性和成功率，这就是心理素质培养的重要性。

在气排球比赛中，当青少年出现不良心理情绪时，可采用自我暗示的方法使自己保持淡定的心理状态，如通过默念"我要冷静和沉着""我感觉良好"等的方式暗示自己，从而稳定自己的情绪，确保正常水平的发挥。

（四）意志训练

意志训练是运动训练中有目的地使青少年克服种种困难，调节青少年的心理状态，让其去从事达到预定目的的活动。在气排球比赛中，竞争比较激烈，比赛中会出现各种意外情况，要想取得理想的比赛成绩，青少年必须要具备良好的意志力，克服各种困难，掌握比赛的主动。

四、气排球促进青少年心理健康的运动处方

运动处方是以促进个体身心健康为目的，结合个体的医学检查资料，并根据其个体特征，以处方形式制订的一种科学的、定量化的周期性锻炼方案。下面着重对运动处方与心理效应的关系、运动处方的制订原则进行深入研究，力求进一步夯实运动处方的理论基础，为青少年利用运动处方来增进心理健康提供理论指导和实践指导。

（一）运动处方与心理效应的关系

1.锻炼类型与心理效应

具体来说，锻炼类型就是指锻炼活动的种类，其是确定运动处方性质的一项关键因素，任何人都应当参照锻炼目的合理选择最适宜的锻炼类型。由于青少年在基础健康状况、人格特征等方面存在极大的差异，因而不同的锻炼会产生不同的心理效应。当前，运动心理学专家对锻炼类型与心理效应的研究主要包括以下几个方面：

（1）有氧、无氧锻炼及其心理效应研究

一般来说，参照锻炼过程中肌肉收缩时的代谢特征能将锻炼划分成有氧锻炼、无氧锻炼和混合锻炼。有氧锻炼的特点是强度低，有节奏，持续时间较长。无氧锻炼则是负荷强度高、瞬间性强的运动，很难持续长时间。混合型锻炼是指在锻炼过程中同时包含有氧供能和无氧供能，如足球，在做带球突破、铲球、传球等动作时属无氧供能，而无球队员在慢速跑位、退防时属于有氧供能。

截至当前，尽管研究者们对有氧锻炼心理效应和无氧锻炼心理效应的研究结论未能达成一致，但为数不少的研究结果都证实青少年的有氧锻炼与心境改变、应激减少有关。它可

以有效降低紧张、焦虑、抑郁、愤怒和慌乱等负性情绪，增强精力感、自我概念、应激忍受力。常见的有氧运动有慢跑、健身跑、自行车运动、登楼梯和游泳等，这些运动都属于有氧运动，在运动过程中，需要青少年持续的运动坚持和始终保持高度集中的注意力。有很多运动可以在青少年的习惯性动作模式下完成，而无须专门性的特别注意。此外，研究表明，虽然无氧锻炼能使青少年机体内的抑郁水平有所下降，但降低焦虑的效果比较有限，所以说想要通过参与运动锻炼来改善整体情绪状态的青少年最好选择有氧锻炼。

（2）竞争性和非竞争性锻炼的心理效应研究

以锻炼活动的竞争特征为依据，可以将锻炼划分成竞争性锻炼和非竞争性锻炼。竞争性锻炼和非竞争性锻炼的心理效应研究如下。

黄志剑、姒刚彦通过研究发现，非竞技性的体育运动锻炼能在心理上给予青少年一定的放松心理。在这种情况下，青少年在运动过程中不必背负着必须要达到某种竞赛效果和结果的比赛压力，运动锻炼顺其自然，而且始终保持的是一种良好的运动心态。但是如果青少年处于一种竞技的环境下参与运动，则运动心理会发生变化，具体来说就是任何一方都想要控制比赛节奏、把握比赛主动权，并战胜对方。不仅竞技性的运动过程影响青少年的心理，竞争性的运动结果也会对青少年的心理产生影响，这种影响是双向的。一方面，与竞技性运动开始前的心理高度活跃状态、应激状态相比，随着比赛的结束，青少年的心理会有一个较大的平复落差，这就是竞技性活动失衡机制的功能体现；另一方面，竞技性运动对青少年的心理评论性维度有密切关系，简单来说，青少年对竞技的胜负结果给予了过多的注意而产生了不同的评价，胜利后喜悦、愉快，失败后愤怒、抑郁。

（3）集体性和个人性锻炼的心理效应研究

根据锻炼过程中青少年的合作与参与人数特点，可以把锻炼划分成集体性锻炼和个人性锻炼。关于集体性和个人性锻炼的心理效应研究具体如下。

从整体来说，当前国内外的研究者还未对集体性锻炼和个人性锻炼所产生的心理效应研究结论达成一致。绝大部分研究者都认为，体育运动锻炼对个体的情绪具有重要的调节作用，其前提条件是，青少年与其他体育运动锻炼者之间的关系是良好的、和谐的、愉快的。在体育运动锻炼过程中，个体可以在集体性的体育运动锻炼活动中获得来自同伴的良好情绪、情感反馈，从而产生良好的心理效应。

我国学者吕仙利研究发现，体育运动锻炼参与对于不同的人群的情绪影响是不同的，对于老年人来说，他们从社会岗位中退居家庭生活，而儿女多忙于工作和自己的小家庭，因此老年人群非常容易产生孤独感、失落感、与社会脱节感，他们更渴望与人交流，所以更适合参与集体性质的体育运动锻炼。在从集体体育活动中，老年人能获得比独自参与体育健身更多的心理满足感。

此外，集体运动还有助于青少年更强烈的幸福感的获得。不同的运动对于个体的幸福感的提升层次和角度不同，如篮球运动集中在"对健康的担心""精力""对生活满足""忧郁和愉快的心境""松弛和紧张"五个因子上；乒乓球集中在"担心健康""忧郁和愉快的心境""松弛和紧张"三个因子上。个体在集体性运动中，能与同伴进行广泛的交流，各种运动情感与情绪可以达到共享的效果，可以丰富个体的运动情绪体验，使个体能有更丰富的经验去面对日常生活、学习、工作中的各种问题，有助于个体自我调节心理能力的提高，从而拥有更好的心态,提升幸福感。

2. 锻炼强度与心理效应

锻炼强度是运动处方的核心内容,原因在于其可以体现出机体在锻炼时用力的大小以及机体紧张程度,是运动处方选择和确定运动量的关键因素。此外,其对青少年机体承受能力和锻炼效果也有直接影响。锻炼心理学研究表明,锻炼强度会对锻炼的心理效应产生尤为显著的影响。

研究发现,广大研究者对大强度锻炼的心理效应有很大分歧。一些研究者发现大强度锻炼可能会使青少年应激水平下降。另一些研究者认为,个体参与运动应该在一定的范围之内,如果体育运动锻炼强度超过机体承受能力则很难达到预期效果,并且会给身心带来较大负担。实验证实,中等强度的持续性运动对于改善精神症状比间歇性运动更加有效;心理失调的人不喜欢剧烈运动。因此,个体的运动强度应以刚刚释放不愉快的心情为度,不要过度锻炼,以免引起更多不适感。

从整体来说,尽管研究者对锻炼强度的心理效应有很大争议,但绝大部分研究都表明中等强度以及中等以下强度比高强度锻炼获得的心理效应更好。

3. 锻炼情境与心理效应

众所周知,科学参与运动锻炼能促进身体健康,提高体质水平。运动锻炼的"健心"功能同样在朝着多元化的方向发展。

经过长期的研究发现,在体育运动锻炼过程中,与青少年的心理效应相关的影响因素有很多,主要有锻炼类型、锻炼强度、锻炼时间、锻炼频率及各因素组合。这些不同因素的变化都会引起青少年的运动心理效应的变化,可对青少年的心理效应产生综合影响。

综合分析当前的文献会发现,研究者设置的运动情境的常见类型有以下几种:

(1)竞争性锻炼情境和娱乐性(或选择性)锻炼情境。

(2)任务气氛情境和自我气氛情境。

(3)自主锻炼情境和合作锻炼情境。

运动实践表明,不同锻炼情境对运动参与者的自尊、自我效能感、焦虑、幸福感等的影响不同,进而可对运动参与者的心理活动产生不同影响。

陈作松、季浏研究发现,运动情境不同,相同的运动处方,对青少年的情绪调节作用不同。

肖冰研究发现,竞争锻炼情境和娱乐锻炼情境均可影响大学生幸福感水平,但影响程度不同,前者更明显。此外,在协作情境中,大学生能切身体会到更多的快乐和主观幸福感。

李棵研究认为,对于中等强度的运动,自主情境和合作情境均能有效地降低焦虑和抑郁情绪,但前者对青少年焦虑情绪的改善效果要更好一些。

谭贡霞等人的实验证实,在任务气氛情境、自我气氛情境两种不同的锻炼情境下,均可使大学生的心理压力得到缓解,但是前者的缓解作用更显著。

（二）运动处方的制订原则

1. 安全性原则

制订运动处方的根本目的是促进青少年的身心健康发展。青少年在运动过程中可受各种因素影响（如场地、器材、技术、服装等）诱发各种运动伤病，因此，在制订运动处方的过程中，应充分将各种不安全因素考虑到，确保青少年运动过程的安全。这就是运动处方制订的安全性原则。

2. 渐进性原则

运动实践表明，任何体育运动锻炼效果的持续保持和巩固都需要青少年科学参与运动，随着运动的持续进行，循序渐进地促进身体和心理各项指标的不断完善。具体来说，运动处方中各项运动处方要素的安排要遵循一个渐进性的变化原则，每一次的运动锻炼都应该在前一次的运动锻炼效果巩固的基础上有所提高。如果突然进行一次大强度、长时间和多次重复的锻炼，不仅无法获得预期的锻炼效果，某些情况下还会使青少年出现运动损伤，对接下来的锻炼计划产生负面影响。

3. 全面锻炼原则

运动处方的内容应尽量包括对青少年的各项身心素质的发展促进内容。

个体的发展是全面的发展，而非某一方面的发展。因此，运动处方的科学制订应充分考虑到青少年的各方面素质的发展，对身体各方面素质有利的内容都应该被包括在运动处方中，不能只专门针对某一项素质。

4. 可操作性原则

运动处方的制订应充分考虑可操作性，否则看似再完美的运动处方，如果不能辅助实施、不具备操作性，都只能是纸上谈兵，是空谈。

因此，应制订可操作性强的运动处方，确保青少年按照运动处方开展运动锻炼活动，使青少年的运动锻炼真实有效。

第二节　气排球智能素质的培养

一、青少年智能素质指标

（一）智力

智力是一种与生俱来的能力，并在一定程度上受到环境的影响。一般来说，智力主要包括观察力、记忆力、想象力、思维能力、注意力等各方面的要素。受先天和后天因素的影响，每个人的智力都是不同的。智力与遗传因素有关,也与后天环境有关,通过后天的培养,人的智力完全可以得到提高。

一般来说,人的智力是通过各种行为表现反映出来的,因此,气排球运动中青少年的选材也要将智力作为一项重要的指标。

(二)智力与运动素质

青少年运动水平的高低在很大程度上取决于其智力水平。智力水平较高的青少年往往能取得较好的成绩,而智力相对低下的青少年,运动水平也难以上升到一个很高的层面,但青少年智力水平的提升可以通过后天的运动训练来实现。

日本学者松田岩男认为,在青少年选材研究中可发现受试对象的年龄越小,或是运动任务越复杂,运动和智力的相关性也越高。

阿·维·罗季奥昂诺夫认为,只有那些天资聪颖、各个项目特点所要求的心理素质和特征高度发展的青少年才能取得优异成绩。他还认为,对抗性运动项目突出的要求是青少年要有操作思维能力,要求缩短做出决定的时间。为了能快速地做出决定,要求青少年不仅要有经过良好训练的运动器官,对客体有迅速而正确的直觉感知能力,还要求他们有快速的思维能力。

二、青少年气排球智能训练的方法

气排球运动项目对人的要求较高,除了要求青少年具备一定的体能与技术能力外,还要求青少年在比赛中注重技巧、意识等能力的发挥,而技巧、意识、思维想象力等方面的体现则与青少年的运动智能有关。因此,加强青少年的智能训练非常重要,要将智能训练看作运动训练的重要组成部分。

(一)一般智能训练

一般智能是青少年所具备的基本能力。观察力、注意力、思维想象力等都属于青少年的一般智能,要将这几个方面的能力训练充分贯穿于日常训练之中。

1. 观察力训练

在气排球比赛中,双方对球的争夺非常激烈,攻防转换速度非常快,青少年必须要具备良好的观察力,要能洞悉场上发生的一切,当发生突发情况时及时采取合理的手段与方法加以解决。

培养青少年的观察能力,最基本的方法就是在日常训练和比赛中布置各种观察任务,培养青少年的观察习惯。观察完毕后要指导青少年做好必要的记录,写成观察报告,待青少年熟悉后,再布置更高的观察任务,进一步提高其观察能力。

2. 记忆力训练

对于青少年而言,记忆也是一种非常重要的智力因素。因为青少年在学习技战术时,运动表象的回忆、动作技术的学习与训练等都需要具备良好的记忆能力。通常来说，人的记忆主要分为形象记忆、情绪记忆、逻辑记忆和运动记忆等，其中运动记忆对于青少年而言是最为重要的，青少年要加强这方面的训练。

在青少年的记忆力训练中，可以采取以下手段：

（1）在平时的训练中，布置多种记忆任务，通过多种场景进行练习。

（2）指导青少年复述、回忆记忆材料。

（3）首先练习感觉记忆，然后再逐步转化为短时记忆与长期记忆，以提高自己的记忆能力。

（4）创新记忆方法，坚持不懈地进行练习。

3. 思维、想象力训练

青少年思维与想象力也是其需要具备的重要能力。青少年在训练的过程中要学会掌握思维规律，熟练运用思维，提高自身的思维能力。

人的思维主要包括逻辑思维、形象思维以及灵感思维三种方式。青少年在训练与比赛的过程中可以通过自己的观察与分析来培养和提高这方面的能力。

在气排球运动训练中，提高青少年的思维与想象力可以采用以下几种手段：

（1）两人一组做分组练习。两人做各种动作的反应练习，学习与掌握辨别真伪的能力。

（2）在训练的过程中，青少年可以在头脑中设计各种动作，并进行想象力训练。

（3）加强理论教育，明确现象和本质之间的联系。

（4）运用各种手段启发青少年的灵感，培养青少年的创造性思维。

在气排球智能训练中，思维能力训练非常重要。因为气排球运动中对球的争夺非常激烈，如果青少年的思维较慢，就容易失去战机、失去取胜的机会。青少年在训练过程中，要学会简化思维步骤，不断开拓思路，提高自己的思维能力。

（二）运动智能训练

青少年进行运动智能训练的主要途径是传授知识、掌握技能和开发智能。作为一名优秀的青少年必须要有一定的知识储备，这样才有利于综合素质的提高。青少年获取知识的过程同时也是提升智能水平的过程，通过这种智力活动能有效开发与培养青少年的智能。

通过参加气排球运动，青少年不仅能有效提高自己的运动技能，还能提高自己的智力水平，这对于青少年综合能力的发展是非常有帮助的。

1. 提高青少年的专业理论知识水平

青少年进行智能训练，离不开专业理论知识的学习和提高，这对于任何运动项目而言都是适用的。

（1）学习文化理论知识的常用方法

学习文化理论知识，可以有很多种方式，如阅读自学、小组讨论、完成作业、专题研究等。青少年可以根据自己的实际情况合理选择。不同文化层次的青少年所采取的学习方式也不同，重点是要找到适合自己的学习方法，这样才能获得事半功倍的学习效果。

（2）结合训练实践学习体育专业理论知识

青少年除了运动训练和比赛外,还要学习必要的专业理论知识。需要注意的是,在学习的过程中要结合运动实践进行,这样才能巩固所学知识并获得理想的训练效果。青少年一定要按照既定的训练计划按部就班地进行训练,并做好训练的总结。在运动训练的过程中,要注意观察同伴的运动行为,这样才有利于运动智能的培养和提高。

（3）广泛学习相关学科的科学知识

青少年要想培养和提高自己的气排球运动智能水平,首先就要具备丰富的多学科知识。如运动生理学、运动解剖学、运动心理学、体育哲学、体育美学等都是青少年所要了解和熟悉的。这些多学科知识对于青少年科学训练和比赛具有重要的意义和作用。因此,青少年还要在运动训练中,加强多学科知识的学习。

2. 提高青少年运用知识的水平

（1）提高应用理论知识的自觉性

青少年要明确专业理论知识的作用,并在实践中学会运用理论知识,才能进一步提升自己的运动水平。青少年在运动训练的过程中,要学会根据运动训练的需要,学习和掌握相关的理论知识,并将其运用于训练实践之中,解决运动训练中的各种问题。

（2）认真进行专题总结

提高青少年运用知识的水平还要求青少年做及时深入的专题总结,这是一个非常重要的方法。通过科学的总结,可以加深理论认识程度,把认识提高到新的层次和水平,从而更好地应用于训练实践当中。

第十一章 气排球技术习练与提高

本章导航

气排球运动是一项具有较强的趣味性、观赏性以及健身性的运动项目，是室内排球的衍生项目，其对提高身体素质和陶冶情操具有重要作用。学习气排球技术能发展人的各项身体素质，使人身心受益。本章重点阐述气排球的技术及习练方法，同时，还对室内排球与气排球技术的特点与不同进行了比较分析，以帮助青少年更加清晰地认识到气排球技术的特点，从而提升自身的气排球技术水平。

第一节 气排球技术系统

一、气排球技术的概念

气排球技术是指在规则允许的条件下，运动员采用的各种合理的击球动作和其他配合动作的总称。

气排球的球体体积较大，击球面大的特征是气排球击球稳定的一个重要因素。同时，气排球的重量较轻，在运行中受气流的影响容易出现不稳定的情况，而在击球时采用捧、抱等动作能很好地解决这一问题。正是因为气排球具有这些特点，所以在气排球的比赛中，要求运动员灵活地采用各种技术动作，以加强击球部位的准确性和触球时对力量的控制。

二、气排球技术的特点

气排球技术具有显著的特点，概括来说主要包括以下几方面：
第一，完成各种击球动作的时间短促。
第二，各种技术动作都是球在空中飞行时完成的。
第三，所有技术都是既能得分也能失分。
第四，大多数技术如拦网、传球、垫球等具有攻防两重性。
第五，身体各部位都能触球。

三、气排球技术的分类

气排球技术可以分为有球技术和无球技术两大类。准备姿势和移动属于无球技术,而有球技术包括发球、防守击球、传击球、扣球和拦网等(图11-1)。

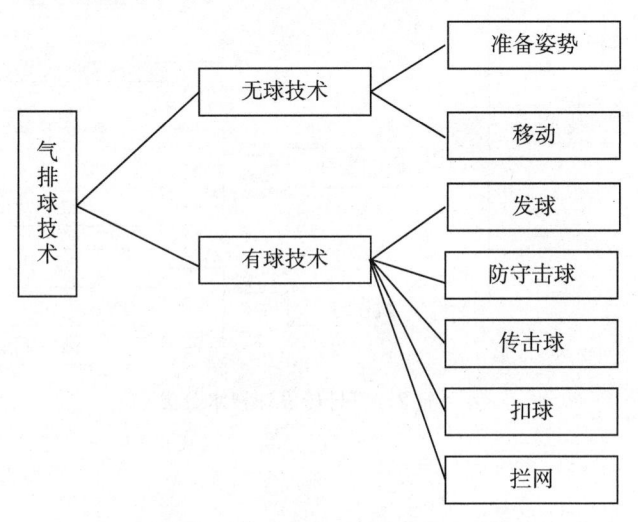

图 11-1　气排球技术的分类

第二节　室内排球与气排球技术比较

气排球是由室内排球演变而来的,因此二者的动作和技术有着很大的相似性,但在具体的实践中,二者在发球、传球、垫球、扣球、拦网等技术上也存在着一些细微的差别。下面就主要对这些技术环节作具体阐述。

一、发球技术

(一)气排球发球技术的应用

队员在发球区内用一只手将自己抛起的球直接击入对方场区的技术动作称为发球。发球时破坏对方"一攻"战术,甚至是直接得分的重要手段。气排球发球技术分类如图11-2所示。

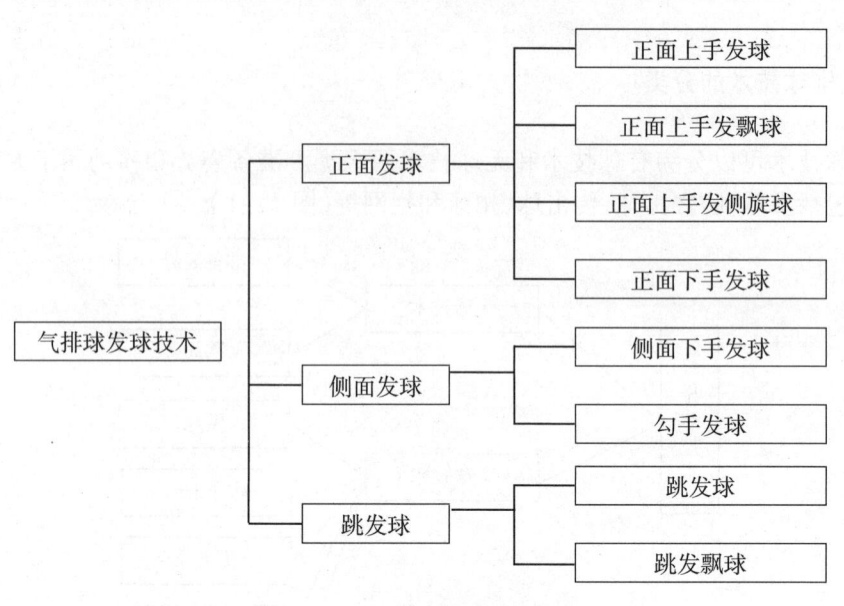

```
                              ┌── 正面上手发球
                              │
                              ├── 正面上手发飘球
                    正面发球 ──┤
                   ┌          ├── 正面上手发侧旋球
                   │          │
                   │          └── 正面下手发球
                   │
  气排球发球技术 ──┤          ┌── 侧面下手发球
                   │ 侧面发球 ┤
                   │          └── 勾手发球
                   │
                   │          ┌── 跳发球
                   └ 跳发球 ──┤
                              └── 跳发飘球
```

图 11-2　气排球发球技术分类

1. 比赛时

（1）比分情况

①比分相近

这种情况下应该在保持不失误的情况下,采用有进攻性的发球,如发飘球、大力跳发等。因为需要维持本队比分不落后,还要打破这种僵持状态,就需要靠发球队员主动出击,将比赛节奏掌握在本队,给对手造成更多的压力。

②比分领先

比分领先的情况下,对手的心理压力相对更大,这时应该观察对方防守心理情况,继续发球找准对方心理不稳定的队员。此时发球力度不需要太大,更多的是注重发球落点的掌控,变换发球力度、手型来对对手防守造成更大的压力。

③比分落后

在落后的情况下,保守发球的方法其实是不可取的,对手因比分领先身心状态都会较好,心理压力也较小,此时本方发球还不能给对手造成压力,只会让对手更加自信。这个时候应该采取"拼发球"的手段,换上发球强有力、进攻性强且发球稳定性高的队员,来增加对手的防守压力,破坏其进攻节奏。

（2）对方防守情况

对方防守情况也是发球技术运用时需要考虑的因素,比如二传的前后排和站位,对方防守人数和采用的防守阵型都在考虑的范围内。应该坚持"持续突破防守弱点,找准防守空挡"的原则给对手防守造成困难。

（3）战术性发球

战术性发球的应用更加广泛,往往会达到事倍功半的效果。二传后排时,应该发二传插上的队员附近,和二传跑动路线的背后,二传前排时应发进攻队员；找准防守弱轮,换上发球好的队员,争取多拿下几分;采取交叉发球战术,就是发两次重球或进攻性强的球,就发一次轻球或者飘球,让对手捉摸不透发球习惯。

2. 个人技术情况

(1)发球手法

气排球发球除了正常的正面上手和跳发之外,还发展出勾手发球,和正面下手用拳头或者虎口发球。前者球速非常快,旋转速度也很快,是一种新型的"强攻"性质的发球技术,后者球的弧度很高,飞行距离长会导致球体有飘晃,对垫球队员也会有不同程度的防守压力。

(2)发球力度

气排球因场地较小,发球的时候会带有推送的动作结构,以保证发球不失误,但球网较低所以发球技术都会有下压的情况。

(3)不同群体

气排球的受众范围是很广的,有儿童青少年群体、成年人群体也有老年人群体,并且还有男女混合组合的情况,所以不同群体发球技术的运用也是不同的。儿童青少年常采取正面下手发球和侧面下手发球;成年男子常采用跳发,大力跳法的发球技术;老年人除了一般的正面上手发球和跳发球外,喜欢采用勾手发球,利用增加挥臂距离来增大发球力度,用侧面击球增加球的旋转来发球;女生发球大多采用正面和侧面的发球,球的飞行弧度也较高。

(二)气排球发球技术与室内排球的异同

1. 相同点

(1)动作结构相同

发球的动作要领都是一样的,都是抛球时保持球在身体的右前上方,手指并拢,用掌根击球。跳发也是身体要成"反弓"状态,击球时有甩腕的动作,发出去的球是前旋的。

(2)技术功能相同

不论是六人排球还是气排球的发球,出发点都是破坏对手的防守,打破对手进攻节奏,并且还有鼓舞士气的作用,能够提高队伍在比赛中的自信心。

2. 不同点

(1)气排球发球手型更多样

六人硬排球发展至今,青少年队伍也都采用正面上手和跳发这两种发球技术,但相比起来,气排球的发球技术更加多样化,有勾手发球、正面下手发球、侧面下手发球,其观赏性也更高,增加了比赛的不确定性。

(2)发球力度、幅度有所不同

六人硬排场地:比赛场区为18米×9米的长方形,每个场区各画一条距离中线中心线3米的进攻线,标出了前场区,中心线将比赛场区分为长9米、宽9米的两个相等场区。

气排球场地:长12米、宽6米的长方形,进攻线距离中线中心线2米,中线的中心线将比赛场区分为长 6 米、宽 6 米的两个相等的场区。

场地就是影响发球力度、幅度最直接的影响因素,因此气排球的发球技术常有伴送、压腕的动作,动作力度也会有所收敛。

（3）比赛用球对发球技术的影响

前面介绍到了硬式排球与气排球的不同之处,知道气排球体积更大,重量更轻,气压更小,这对发球技术的影响也是不能忽略的。因其球的特殊性,发球常用手掌击球,用掌根击球的时候会明显收力,并且球体较大,跳发球手指裹球的难度会加大,手指需要用力张开,甩腕速度有所降低,才能保证发球不失误。

二、传球技术

（一）气排球传球技术

传球是气排球的基本技术之一,是利用手指手腕的弹力和身体的协调用力将球传至一定目标的击球动作。传球技术按照身体姿势可分为站立传球、稍蹲传球、半蹲传球、全蹲传球、跳传、倒地传球、单手传球和抱传球；按照传球方向可分为正面传球、背面传球、侧面传球(图 11-3)。

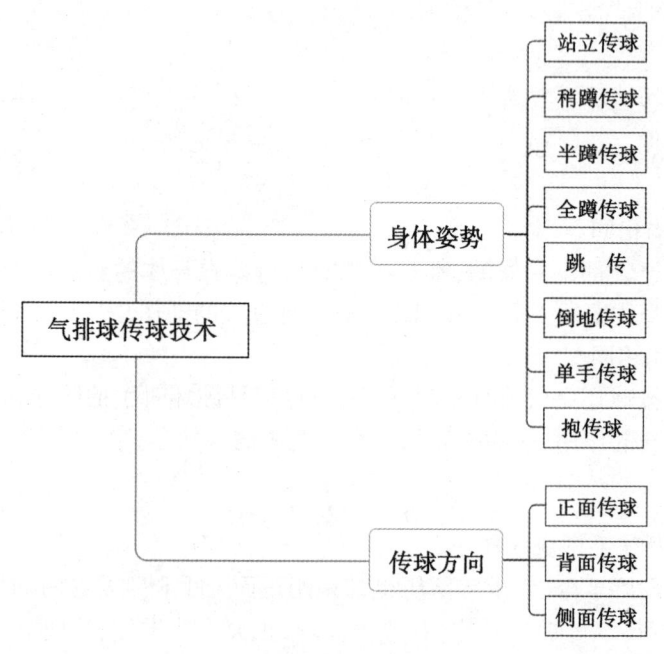

图 11-3　气排球传球技术分类

1. 不同来球情况的运用

（1）不同的来球落点

①当来球落点在前场区,一传队员多采用正面传球,且将球向上传起,为进攻创造良好基础；二传队员多采取顺网二传,即正面传球、背面传球,将球合理分配给不同的进攻点。

第十一章 气排球技术习练与提高

②当来球落点在后场区,且弧线较高、较远时,一传队员多采用正面传球或抱传球,将球送至进攻线附近;二传队员则多采用调整传球,根据与进攻点的远近选择稍蹲传球、半蹲传球、全蹲传球,利用蹬地、伸臂的力量将球传出。

（2）来球与球网的关系

①当来球靠近球网,如距离在0.5~1米之间,二传队员多采用正面传球或背面传球;如距离较近且即将飞向对方场区时,在避免触网的情况下多选择侧面传球或单手传球。

②当来球远离球网,二传队员需提前判断距离与球的落点,迅速移动到合适传球位置,对准传球目标后采用正面传球或背面传球,将球传至进攻点。

（3）来球不同的速度、幅度、方向

①当来球速度缓、幅度高、正对球网方向时,二传队员多采用稍蹲传球、正面传球、背面传球等技术将球传至进攻点;若来球幅度过高,则要保持手指、手腕适度紧张,适度缓冲来球,然后采用正面传球或背面传球将球传至进攻点。

②当来球速度快,幅度低,正对球网方向时,二传队员来不及转身正对传球目标时,多采用侧面传球、半蹲传球、全蹲传球、抱传球甚至是倒地传球将球传为可用于进攻的球。

2. 不同的人球关系情况的运用

（1）当球处于额前位置时,多采用正面传球技术。传球者稍蹲,双手置于胸前放松准备,当球落至额前一球处时,双手张开,两拇指成"一"字形,手掌呈半球形与球体吻合;传球时蹬地、伸臂全身协调用力,最后通过手指、手腕弹性将球传至目标处。

（2）当球处于偏后偏高位置时,多采用背面传球。传球者稍蹲,上身稍向后仰,双手自然抬起,置于脸前;判断好球的落点后,迅速移动,插入传球点下面。上身后展,双手上举;待球落至头顶上方稍后位置处,双手张开,手腕要稍向后仰,掌心向上,两拇指呈"一"字形,托在球的下部;传球时利用蹬腿、展体、抬臂、伸肘和手指、手腕的弹力将球向后上方传出。

（3）当球距离身体较远时,多采用抱传球。传球者的准备姿势和迎球动作与正面传球一致,在接触来球的瞬间,左手全手掌托在球的底部,并向前上方送出,同时右手翻顶球的中后部,左手协调作用于球,利用托、翻、顶的合力将球传出,成为可以进行进攻的球。

3. 进攻队员情况

（1）当进攻队员接发球后,二传队员应及时观察其是否做好进攻准备,如未准备妥当,可采用背面传球、侧面传球等动作具有一定隐蔽性的技术将球传至另一进攻点或采用单手传球进行吊球,将球传向对方的空当(传出的球速度要快,攻击性才强)。

（2）当进攻队员做好进攻准备时,二传队员可采用正面传球、背面传球、侧面传球等传球技术将球合理传给2号位、3号位和4号位进攻队员。

4. 对方拦网情况

（1）当对方以单人拦网为主时,二传队员应主动观察其位置,多采用正面传球、背面传球、侧面传球等技术将球传至对方拦网队员需移动到位的进攻点,争取达到"空门"效果。

（2）当对方以集体拦网为主时。

①需观察其二传队员位置。当对方二传队员为前排队员时,对方定然形成双人拦网或

三人拦网（五人制），此时本方二传队员应将球多传至对方二传队员参与拦网的进攻点，让其参与拦网与防守两个环节；影响对方战术分配。

②观察集体拦网是否形成，如已经形成时，可将球传至离球网较远且较高处，配合进攻队员造成打手出界球；如集体拦网尚未形成，可将传平拉开球，争取将球从拦网的"空当"中击向对方场区。

（二）与室内排球的异同

1. 相同点

（1）准备姿势相同

气排球与六人制硬式排球的传球技术中，正面传球、背面传球、侧面传球等基本传球技术的准备姿势都是相同的。要求传球者采用稍蹲准备姿势，上身稍挺起，抬头注视来球，两脚前后左右自然开立，约与肩同宽，后脚跟提起，重心落在两脚之间。屈肘自然下垂，两手掌成半球状置于胸前或脸前，全身放松。

（2）发力顺序相同

气排球与六人制硬式排球中都要求传球者在传球时蹬地、伸膝、伸臂等全身协调用力及最后运用手指、手腕的弹力将球传出。

2. 不同点

（1）手型不同

因气排球球体较大，较软。要求传球者在迎球时手指尽量张开，两拇指成"一"字形而不是硬式排球中的"八"字形，两手掌形成一个半球状与球体吻合。

（2）担任角色不同

在硬式排球中，因球速快、球体硬，发球旋转速度较快，因此传球技术基本上都运用在二传这个环节，用来组织进攻。而在气排球中，传球是最基本、最重要的技术之一，是各项战术的基础。主要用于二传、接对方的推攻球、被对方拦回的球，接轻发球、轻扣球、吊球和处理过来的球。它是组织进攻、防守反击的有效手段。球队的二传手在比赛中起着桥梁、核心的作用，没有良好的传球，就失去了进攻的枢纽，比赛难以获胜。

三、垫球技术

（一）气排球垫球技术

垫球是借助蹬地、抬臂动作，用双手前臂插入球的下部，利用来球的反弹力将球击出的技术动作，或者简单来说，通过手臂和身体其他部位协调配合的迎击动作，使球以垫击面反弹出去的击球动作都称为垫球。绝大部分气排球初学者都是从垫球技术的学习开始进入排球领域的。气排球垫球技术如图11-4所示。

第十一章 气排球技术习练与提高

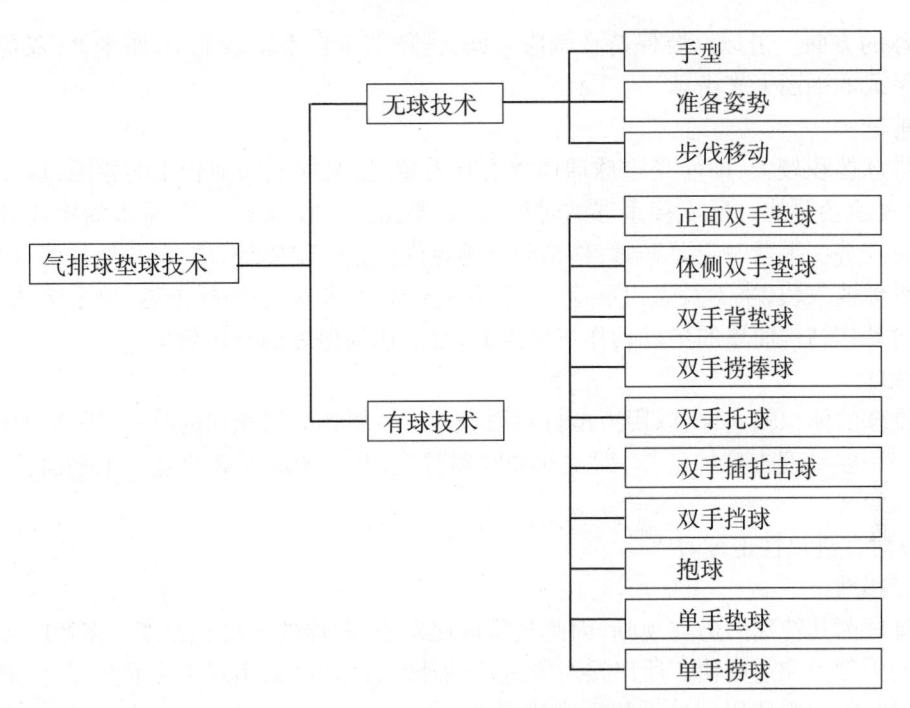

```
                            ┌─ 手型
              ┌─ 无球技术 ──┼─ 准备姿势
              │             └─ 步伐移动
              │
              │             ┌─ 正面双手垫球
              │             ├─ 体侧双手垫球
              │             ├─ 双手背垫球
气排球垫球技术─┤             ├─ 双手捞捧球
              │             ├─ 双手托球
              └─ 有球技术 ──┼─ 双手插托击球
                            ├─ 双手挡球
                            ├─ 抱球
                            ├─ 单手垫球
                            └─ 单手捞球
```

图 11-4　气排球垫球技术分类

1. 无球技术

（1）手型

抱拳式：双手抱拳互握，两拇指平行向前。

互靠式：因气排球体积较大，球的重量也较硬式排球轻，所以可以采用互靠式击球手型，即两手自然放松，腕部互相靠住，两拇指平行向前。

叠掌式：两手掌紧叠，掌根并拢，两大拇指平行紧靠。

并腕式：双手抱拳或者自然弯曲，手腕紧靠。

（2）准备姿势

采取稍蹲的准备姿势。双脚与肩同宽，前后约半个脚掌的距离站立，重心稍前移，上体自然前倾，双手自然置于腰腹前。

（3）步伐移动

除了常见的交叉步、并步的移动步伐外，气排球因其场地较小，球网也略低于标准硬排球网，气排球的步伐移动更多的是跨步，一传也更多落在以身体为中心、一跨步距离为半径的范围内。

2. 有球技术

（1）对方发球时

① 一般球

接一般球时，垫球动作与六人排球一样。当球飞到腹前一臂距离时，两臂夹紧前伸，主动插入球的后下部，两脚蹬地、抬臂、压腕，配合送腰动作，使重心向身体正对的方向前移来控制出球的方向。击球点要保持在胸腹之间,击球部位在手腕以上10厘米处,双臂桡骨并拢后所形成的平面上来击球。

②重球

气排球体积较大,即使是重球球体也会带有飘晃,又加上场地较小的原因,球飞行距离变短,速度也会更快。所以接重球的时候,重心要比接一般球低一点,采取深蹲或者单腿跪地的准备姿势。手臂一定要夹紧,移动到球落点的位置一定要快、准,利用缓冲将球垫起。

如果球速太快,来不及做出反应,可以采用双手挡球、双手插托击球、单手垫球、单手捞球等相对动作结构简单的垫球动作将球击起,也能达到很好的一传效果。

③飘球

气排球的体积较大,所以用力击打就很容易产生飘晃。接飘球的时候,手臂和腿部的动作要有一个主动迎击球的动作,即主动伸臂和蹬地,并且触球面必须是一个平面,不然垫球质量难以保证。

（2）对方进攻性击球时

①接扣球

气排球因其特殊的进攻规则,因此气排球比赛中,扣球的力度和速度大多数时候没有硬式排球的力度大和速度快。所以接对方进攻性球时,经常会采用双手正面垫球、体侧双手垫球、双手挡球,很少使用到单手的垫球技术。

②接吊球

气排球比赛中经常出现因为进攻队员踩到进攻线,不得不马上改扣为吊球,所有接吊球技术在气排球运动中运用得很广泛。

接吊球的时候,重心应稍抬高,方便身体迅速做出反应,尽量采用上手处理吊球,因为用手指比用手臂控制球更稳定。

③接其他球

气排球比赛中的吊球形式也较多,有推球、垫球、传球单手垫或捞过来,还有双手捞棒、插托过来的球。这类型的来球,球的弧度都会较高、力度和旋转速度都较小,需要垫球者保持稍蹲的准备姿势,垫球的时候伸臂送球的动作幅度稍大一些,尽量采用双手的垫球技术保证垫起球的质量。

（3）接拦回球时

比赛中还会出现拦回球和本方队员有效拦网后,球打手落到本方场区的情况。此时垫球技术的运用又会有一些差别。

（4）对方拦回球

拦回球的速度都较快,飞行距离都较短,首先必须对扣球队员进行跟进保护,形成围绕式的前排保护站位,后排队员要注意前排保护队员突然垫起或捞起到后排的球。接拦回球要求重心降低,成半蹲或深蹲的准备姿势,手臂要抬直,尽量与地面平行,才能保证垫起的球不会近网或者反弹到球网上,垫球时还要有意识地将球往身侧场区内垫送。

（5）我方拦回球

我方拦网队员造成有效拦网时,会有球打手后落入本方场区的情况,垫球队员要根据本方拦网水平和拦网位置,选择后排防守站位形式。打手弹回的球的弧度都较高,采用双手挡球、背垫,双手传球的形式更加有利于队员移动,也能更好地控制球的稳定性。

(二)与室内排球的比较

1. 相同点

(1)动作结构相同

垫球技术都是借助蹬地、抬臂动作,将球垫起,动作结构的要点都是提肩,手臂夹紧,协调配合腿部动作。

(2)技术功能相同

垫球技术都是贯穿整场比赛最根本最重要的基本技术,为二传顺利传球、有效组织进攻而服务。

2. 不同点

(1)近网球处理方法不同

六人硬式排球经常要求近网球都在网上处理,气排球较多的时候网下处理,采用垫球、传球等处理近网球;并且六人排球对近网的球会倾向于垫起组织本方进攻队员进攻,但气排球更倾向于直接将球处理到对方场区。

(2)远网球处方法理不同

六人硬式排球对远网球的处理,会采用迅速移动,双手正面、体侧或背面将球垫起,气排球经常会采用双手挡球,正面双手插托等高位处理球的方法。

(3)持球判罚不同

六人排球对持球犯规有明确的规定,"持球"指球被接住或抛出,而不是被弹击出,指排球在球员的手中停留时间过长,判断标准是球与手指尖相对无运动的时间超过 0.3 秒。气排球规则"持球"是指没有将球击出,造成接住或抛出。因此气排球对持球没有时间的限制,所以才会衍生出各种形式的垫球技术。

(4)比赛用球的不同对垫球的影响

六人排球:球是圆形的,由柔软皮革或合成皮革制成外壳,内装橡胶或类似材料制成球胆。颜色可以是一色的浅色或彩色。正式国际比赛使用的合成革和彩色球必须符合 FIVB 标准。圆周是 65～57 厘米,重量是 260～280 克,气压是 0.3～0.325 千克/平方厘米。

气排球:球的面料由柔软的高密度合成革材质制成。颜色为彩色。圆周长为 72～78 厘米,重量为 120～140 克,气压为 0.15～0.18 千克/平方厘米。

不难看出,气排球材质更柔软,球体体积更大,气压较小,重量也较轻,这对垫球会有很大的影响。硬排对垫球技术的要求更高,并且对方来球的速度、力度、旋转速度都会更大,要求采用半蹲和深蹲这种低重心的准备姿势;气排球虽然力度、速度等相较于硬排较缓,但因为体积较大,球在飞行过程中经常飘晃,需要垫球采取稍蹲姿势方便移动,垫击球的时候有抬臂主动送球的动作,缓冲动作较少。

四、扣球技术

队员在进攻线后起跳在空中，用一只手或手臂将本方场区上空高于球网上沿的球击入对方场区的击球方法叫扣球。

气排球扣球技术有三种：一是按动作分，有正面扣球、勾手扣球、单脚起跳扣球；二是按区域不同分，有原地起跳扣球、后排扣球、调整扣球；三是按运用分，有转体扣球、转腕扣球、打手出界扣球、超手扣球、轻扣球、吊球、冲跳扣球、后撤扣球等（图11-5）。

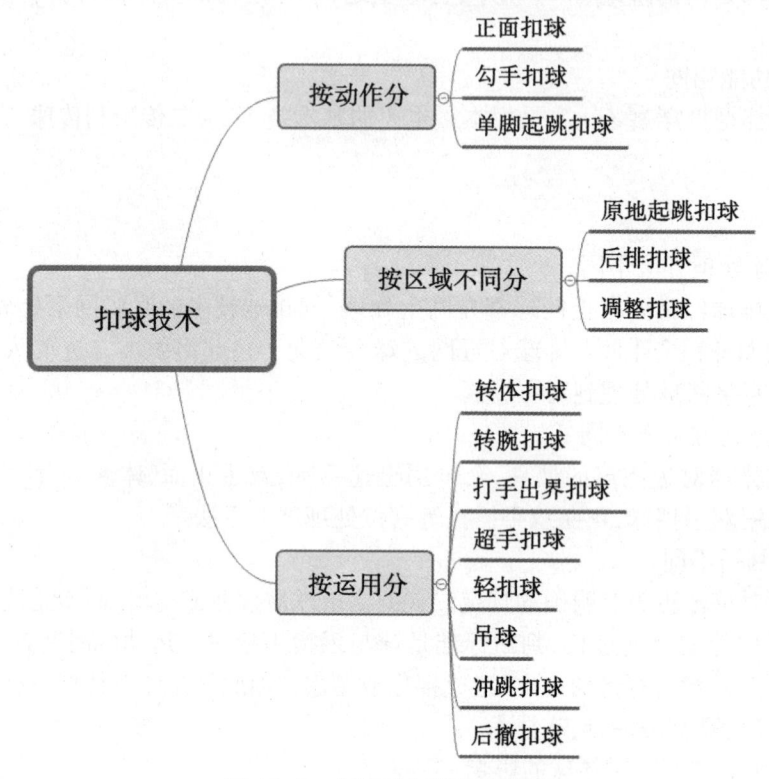

图11-5 气排球扣球技术分类

（一）气排球扣球技术的运用

1. 根据一传情况

（1）当一传到位时

当一传球到位时，可以扣快球，即进攻队员随着一传球同时助跑到进攻线后扣快球。气排球扣快球需要好的一传球，扣球队员从2米进攻线后起跳与二传默契配合，同时不让拦网队员发现扣快球意图，达到扣球时空网。气排球比赛中扣快球的总次数并不会很多。

（2）当一传不到位时

当一传球没有接到二传附近，需要二传队员跑动或者其他队员将球调整到进攻点时，可采用调整扣球、正面扣球、单脚起跳扣球、勾手扣球将球扣出。

2. 根据二传传球情况

（1）当二传在球网附近传球时，可以组织需要攻手与二传之间相互配合的球，比如快攻等。

（2）当二传需要跑动传球时，由于需要跑动传球，球的落点和角度具有不确定性，攻手要做好扣各种球的准备，包括强攻、调整扣球、单脚起跳扣球、冲跳扣球、原地扣球等。

3. 根据对方拦网情况

（1）单人拦网

如果对方单人拦网，在跳起扣球时可选择避开拦网手，进行转体扣球、转腕扣球、超手扣球，或者打手出界。

（2）集体拦网

如果对方采用集体拦网，可利用多人拦网所导致的后排防守人数的减少，采用扣轻球、吊球等，去避开拦网手。

4. 根据与进攻线的关系

（1）近网球

如果二传传出的球落点在进攻线内，可采用近网扣球、单脚起跳扣球、冲跳扣球。

（2）远网球

如果二传传出的球落点在进攻线附近，则需要采用远网扣球、后排扣球、后撤扣球、勾手扣球等将球扣出。

5. 根据个人扣球技术的运用

（1）勾手扣球

起跳后侧对球网，运用勾手动作挥击球，其特点是：力量大，可增加扣球点，扩大进攻面，隐蔽性强，对方不易拦网；二传球远网时，仍能保持有利的进攻位置，并能弥补起跳过早冲到球前的失误。勾手扣球一般用于处理由后场传来的调整球和远网球。

（2）调整扣球

由于后场区调整传球的方向、角度、弧度、速度和落点不同，故扣球的动作有所区别。可用正面扣球、勾手扣球和单脚起跳扣球等，以保证攻击力。调整扣球是应注意的问题：扣球队员要及时调整好扣球的角度，熟练掌握各种助跑起跳方法（如多步、一步、原地踏步、倒跨步、后侧步），看准来球位置，合理运用助跑技术，调整好人与球的距离，保证有利的进攻位置；在空中要灵活地转动身体、手和手腕，手法要多变，控制好扣球的力量、路线和落点；不断提高腰腹的爆发力、手臂的挥动速度和腕、指扣球的能力；准确掌握扣球部位和推压动作。在助跑时应侧身看球。若球与网的夹角小，应后撤斜线助跑；若球与网的夹角大，则应外绕助跑。

此外，还有根据拦网情况进行的转体扣球、转腕扣球、扣轻球、吊球等。

（二）与室内排球的比较

1. 相同点
（1）动作结构相同

气排球与硬式排球扣球动作几乎一致,准备姿势都是助跑前采用稍蹲姿势,两臂自然下垂,在进攻限制线后,身体转向来球方向,观察来球,作好向各个方向助跑起跳的准备。助跑开始时,左脚先向前迈出一步,紧接着右脚再快速跨出一大步,左脚及时并上,踏出右脚之前,两脚尖稍向右转,两臂绕体侧向上引摆。在助跑跨出最后一步(即第二步),左脚并上踏地制动的同时两臂自后积极向前摆动,随着双腿蹬地向上起跳,两臂配合起跳有力地向上摆动。

起跳后,挺胸展腹,上体稍向右转,右臂向后上方抬起,身体成反弓形。挥臂时,迅速转体、收腹发力,依次带动肩、肘、腕各部位关节向前上方成鞭甩动作挥动。击球时,五指微张,以掌心为主,全掌包满球,在手臂伸直的最高点的前上方击球的后上部或后中部,同时主动用力屈腕、屈指向前推压,使扣出的球成上旋。落地时,两前脚掌先着地再迅速过渡到全脚掌着地,同时顺势屈膝、收腹,以缓冲下落的力量,立即做好下一个动作的准备。

（2）发力顺序相同

在触球前助跑起跳挥臂,依次带动肩、肘、腕各部位关节向前上方成鞭甩动作挥动。

（3）发力方式相同

气排球无论何种方式的扣球都是以鞭打发力的动作完成击球。

2. 不同点

（1）扣球手法不同

气排球扣球的主要手法为下拉式、侧拉式、推压式和搓推球,而硬式排球主要为推压式手法。

（2）击球部位和击球手型不同

由于气排球球体轻,直径大,扣球时击球的后中上部,气排球扣球手型强调五指张大,进行推压动作。而硬式排球主要击球的后中部。

（3）助跑步法不同

在气排球扣球中,原地和一步起跳扣一般球的运用比较多。而硬式排球多采用三步或两步起跳。

（4）起跳时机不同

气排球只能在进攻线之后起跳。

五、拦网技术

拦网是气排球的基本技术之一,是队员靠近球网将手伸向高于球网处,阻拦和截击对方来球的行动。拦网技术按人数分为单人拦网、双人拦网、三人拦网；按运用和变化分为原地拦网、移动拦网、拦强攻球、拦快球、拦远网攻等(图11-6)。

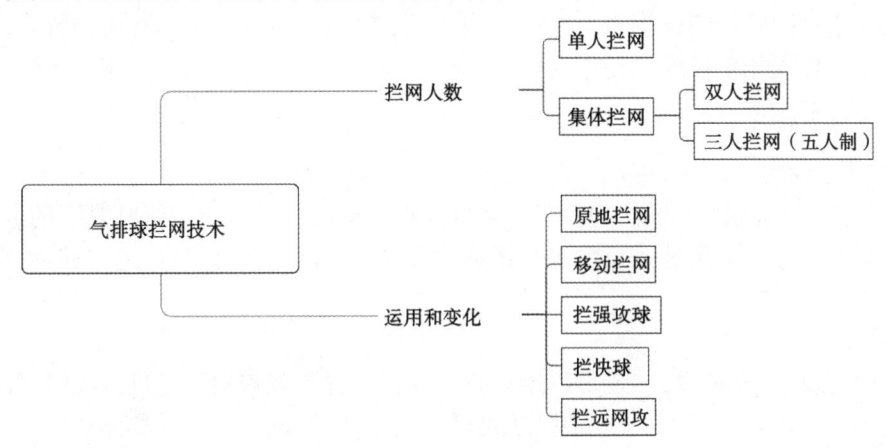

图 11-6　气排球拦网技术分类

(一)气排球拦网技术的运用

1. 对方扣球情况

(1)前排进攻

气排球比赛中,男网高2.1米,女网高1.9米,综合高2米。当对方采用前排进攻战术时,球网的高度基本无法形成阻碍。本方拦网队员应迅速移动形成集体拦网来截击对方的来球。在双人拦网时,主要由2号位、3号位队员或3号位、4号位(五人制)队员组成。对方从4号位组织拉开进攻时,应以本方2号位队员为主,3号位队员移动靠拢协同配合拦网。如果较集中,则以3号位队员为主,2号位队员进行配合拦网。当对方从3号位进攻时,应以本方3号位队员为主,4号位队员协调配合。当对方从2号位进攻时,则以本方4号位队员为主,3号位队员协调配合。在组成三人拦网(五人制)时,不论对方从哪一位置进攻,都应以本方3号位为主,两边2号位、4号位队员为辅进行配合。

(2)后排进攻

后排进攻实则为远网扣球,离网较远,应尽量组织集体拦网,拦网时,手根据拦球高度向上伸,堵截主要扣球路线。拦这种扣球的关键是掌握好起跳的时间和选择正确的起跳位置。一般情况下在对方击球的一瞬间起跳,主拦队员在选择起跳位置时应留出一定位置让同伴和自己进行配合。

①强攻球

强攻扣球的击球点高,力量大,路线变化多。在比赛中一般采用双人或三人(五人制)拦网对待强攻扣球。拦强攻扣球要求拦网队员慢起高跳,充分发挥高度优势。

②轻搓球、吊球

当发现对方采用轻搓、吊球时,拦网队员应迅速从网上撤下参与防守以及做好防守后的进攻准备。

③打手出界球

靠近边线拦网队员的外侧手拦击球的刹那,手掌应转向场内,以防打手出界。若遇对手明显的打手出界或扣平冲球的动作,拦网者应及时将手收回,造成对方扣球出界。

2. 对方位置情况

(1)二传位置

当对方二传为前排队员时,则少了一个进攻点。此时拦网队员应紧盯剩下的进攻队员,还要注意对方是否会采用后排进攻等立体进攻打法。应做到时刻观察,迅速移动,形成集体拦网。

(2)主要攻手位置

气排球场地小,人员少,二传可以迅速找到空档位置传球来组织进攻。此时拦网队员应紧盯对方主要进攻队员,无论其在前排还是后排的位置,时刻准备形成集体拦网。

3. 拦网战术情况

(1)采用拦直线位置起跳向侧伸臂拦斜线,或在拦斜线位置上起跳拦直线的方法。

(2)改变空间拦网手的位置。如在空中拦直线时突然移动手臂改为拦斜线等。

(3)制造假象,如有意露出中路空当,引诱对方扫中路,当对方扣球后即突然拦对方中路球,使对方受骗。

(4)在发现对方要打手出界时,可在空中及时将手撤回,造成对方扣球出界。

(二)与室内排球的比较

1. 相同点

(1)准备姿势

气排球与硬式排球在拦网技术的准备姿势中都要求拦网者面对球网,两脚左右开立,约与肩同宽,距球网 30 ~ 40 厘米,两膝微屈,两臂屈肘置于胸前。

(2)空中击球动作

在气排球和硬式排球的拦网技术中,对于拦网者的手型都做如下要求:两手从额前沿球网向前上方伸出,两臂向上伸直并保持平行,两肩上提,两臂中间的距离小于球体,手指张开成勺形,两个手指应保持平行。当手触球时,两手要突然紧张,手腕适度下压盖在球的上方。对对方的扣球伸手过网主动发力"盖帽",使反弹角度小,对方难以保护。在拦远网球时,对方击球点高,可采由手腕后仰方法,堵截扣球路线,将球向上拦起。

(3)担任角色

拦网技术在气排球和硬式排球的比赛中都担当着相同的角色,既是防御也是进攻。拦网不仅可以将对手的扣球拦回、拦起,减轻后排防守的压力,而且可以直接将球拦死,是得分的重要手段。此外,它能干扰和破坏对方进攻战术的组织,削弱对方进攻的锐气,动摇对方的信心,给对方造成心理上的威胁。就防守而言,拦网是比赛中的第一道防线;就攻防转换而言,拦网又是第一道进攻线。因此,拦网水平的高低直接影响着比赛的胜负。

2. 不同点

（1）移动步法

在硬式排球中，拦网运用的移动步法主要有并步、滑步和交叉步等，在需要较长位移距离时，一般需要采用一个滑步加交叉步来进行移动。而气排球场地较小，仅宽6米，对于成年男子来说仅需两个滑步或一个并步即可形成双人拦网或三人拦网（五人制），几乎很难用到交叉步等较长距离的移动步法。

（2）双手间距稍宽

硬式排球的球体圆周为65～67厘米，而气排球的球体圆周为72～78厘米。因此在气排球拦网技术中要求拦网者起跳进行空中拦网时，双手的间距要比硬式排球的间距更宽一些，这样既扩展了拦网截击面的宽度，球也不会从双手之间飞过。

（3）起跳稍晚

在《气排球规则2017～2020》中对于进攻性击球做了明显的限制："队员可以在进攻线后（后场区）对任何高度的球完成进攻性击球，但起跳时脚不得踏及或越过进攻线。"因此，在气排球比赛中拦网队员大多数时候需要拦截的是来自后排的进攻即远网扣球。这要求拦网者对起跳的时机有一定的把握，一般来说要求在扣球者击球的瞬间起跳进行拦截。

第三节　气排球基本技术

一、准备姿势

人体在起动、移动和击球前所采用的合理的身体姿势称为准备姿势，准备姿势可以分为半蹲准备姿势、稍蹲准备姿势和低蹲准备姿势。

（一）半蹲准备姿势

两脚左右开立，两脚之间的距离比肩部略宽，两个脚的脚尖稍微内扣，两个膝盖弯曲，成半蹲姿势，脚尖稍微提起，身体中心向前倾，双手放在腹部前方，两只手臂自然弯曲。身体适当放松，双眼注视来球，与此同时，双脚始终保持微动。

（二）稍蹲准备姿势

稍蹲准备姿势的动作与半蹲准备姿势的动作基本相同，主要的区别在以下几方面。
第一，稍蹲准备姿势的身心重心更向前移。
第二，两膝弯曲程度比半蹲准备姿势小。

（三）低蹲准备姿势

与半蹲准备姿势相比，低蹲准备姿势两脚左右、前后开立的距离要更宽一些，两膝弯曲的程度也要更大一些,身体的重心也比较低和靠前,两只手臂置于胸腹之间。

准备姿势的目的是迅速起动,移动的作用是快速地接近球,以保证击球动作的合理性。在比赛中无论是接发球、进攻还是防守,应准确判断球的落地,快速移动,保持好人球的最佳关系,从而使防守击球、传击球、扣球和拦网等各项技术得以完美运用。因此,移动技术是攻防战术得以实现的重要前提,它直接影响着排球技战术的质量。

二、移动

练习者从起动到制动之间的位移和动作称为移动。移动的完整过程包括起动、移动和制动三个环节。

(一)起动

起动是指从静止到移动发力动作的过程。以向前起动为例,在准备姿势的基础上迅速做出收腹、抬起前腿的动作,使自己的上体向前探出,后腿同时迅速用力蹬地,整个身体快速向前启动。

(二)移动

起动后,应根据临场技术战术的需要,灵活地采用多种移动步法进行移动。移动的主要步法包括以下几方面。

1. 并步

两脚前后站立,两膝微屈,两脚之间的距离与肩部同宽,上体稍微向前倾,双手置于腰腹部。在并步时,前脚向来球方向跨出一步,后脚迅速跟上,做好击球之前的姿势(图11-7)。

图11-7 并步

2. 滑步

连续并步就是滑步(图11-8)。

图 11-8　滑步

3. 交叉步

两脚左右开立,向右侧交叉步移动时上体稍向右转,左脚从右脚前向右交叉迈出一步,然后右脚再向右侧方向跨出一大步,重心同时移到右脚上,身体转向来球方向,保持击球前的姿势(图 11-9)。

图 11-9　交叉步

4. 跨步

在跨步之前,上体向前倾,膝盖部弯曲,跨步时一条腿用力蹬地,而另外一条腿则快速向来球的方向跨出一大步,两个手臂做好迎接来球的动作(图11-10)。

图 11-10　跨步

5. 跑步

跑步时一脚蹬地起动,另一脚迅速向前迈出,两脚交替进行,两臂配合摆动。

(三)制动

由快速移动转为突停状态的过程称为制动。制动的方法有一步制动法和两步制动法。

1. 一步制动法

在移动的最后跨出一大步以快速制动。具体方法为脚尖和膝盖部位稍微内转,身体重心降低,全脚掌横向蹬地,以对抗身体重心持续的惯力。同时,要用腰腹的力量控制上体,以增加制动成功的概率。

2. 两步制动法

两步制动时,首先要在倒数第二步时开始做第一次制动,紧接着再跨出最后一步做第二次制动。同时,两个膝盖部位弯曲,身体向后倾,重心下降,两只脚迅速蹬地,以使身体处于有利于做下一个动作的姿势。

三、发球

队员在发球区用一只手将自己抛起的球直接击入对方场区的技术动作称为发球。气排球的发球技术种类较多,根据动作结构大体可分为以下几种。

(一)正面下手发球

正面下手发球是指发球队员面对球网,手臂由后下方向前摆动,在体前腹部高度击球过网的一种发球方法。面对球网,两只脚前后站立,膝盖部位弯曲,上体向前倾,左手持球放在腹前。左手将球抛起在身体右前方,在球离手大约30厘米的高度之后,右臂伸直,肩部为轴向后摆手臂。右脚蹬地,身体重心随着右臂由后向前摆动而前移,在腹部之前用全手掌击打球的后下部分(图11-11)。

图 11-11　正面下手发球

(二)侧面下手发球

侧面下手发球借助了转体力量来击球,便于用力。左肩部对着球网,两只脚左右开立,距离和肩部同宽,两个膝盖部位稍微弯曲,上体朝前微倾,重心落在两脚之间,左手拿着球放在腹部前方。左手持球平稳地向胸前一臂远的距离抛起。在抛球的同时,右臂摆到右侧后下方,利用右脚蹬地向左转体的力量带动右臂向前摆动,同时手指和手腕适当紧张,用全掌击打球(图11-12)。

引领大众体育的时尚运动 >>> 气排球

图 11-12　侧面下手发球

（三）正面上手大力发球

正面上手大力发球是指发球队员面对球网站立，利用收腹转体动作带动手臂加速挥动，在头的右前上方用全手掌击球过网的发球方法。面对球网，两只脚自然开立，左脚在前右脚在后，左手托球置于体前，然后平稳地将球向右肩部的前上方抛起，同时右臂抬起，上体稍微向右转动，抬头挺胸，手掌自然张开向上方快速挥动，用全掌击打球的后中下部（图 11-13）。

图 11-13　正面上手大力发球

（四）正面上手发飘球

正面上手发飘球是指采用近似正面上手发球的形式，击球力量通过球体重心，使发出的球不旋转而不规则地飘晃飞行的一种发球方法。左手将球平稳地抛在右肩前上方，在抛球的同时，右臂上举后引，肘部适当弯曲，并高于肩，两眼盯住球的击球部位。做鞭甩动作，击球前手臂的挥动轨迹自后向前做直线运动。击球时，五指并拢，手腕稍后仰，用掌根的坚实平面击球的中下部，使作用力通过球体重心（图 11-14）。

图 11-14　正面上手发飘球

(五)正面上手侧旋发球

正面上手侧旋球是指侧旋转球击球时击打球体的某一侧,使发出的球产生侧旋飞行的一种发球方法。以右手发右旋转球为例,面对球网,两只脚左右开立,左脚在前,右脚在后,左手持球在身体前方,然后将球平稳地抛于右肩部的前上方,高度一定要适中,右臂要同时抬起,上体稍微向右侧转动,抬头挺胸,手掌自然张开,用全掌击打球的右侧(图 11-15)。

图 11-15　正面上手侧旋发球

(六)勾手大力发球

勾手大力发球能充分利用转体收腹力量带动手臂猛烈挥动来击球,发出的球速度快,力量大,弧线低,旋转力强。发球队员左肩对球网,双脚左右开立,与肩部同宽,两膝弯曲,上体前倾,左手将球平稳地抛向左肩部的上方,抛球时,右腿稍微弯曲,重心移到右脚上,上体向右侧转动和倾斜,右臂向身体右侧后下方摆动,同时抬头挺胸,两眼注视球。击球时,右脚用力蹬地,同时身体重心移到左脚上,手臂伸直,手掌自然张开,在最高点上击球,用全手掌击球的后中下部,在击球的一瞬间,手腕和手掌要做明显的向前推压动作,使球呈上旋飞行(图 11-16)。

图 11-16 勾手大力发球

（七）跳发大力球

跳发大力球是指发球队员在端线后，利用助跑跳起在空中，像扣球似的将球击入对方场区的一种发球方法。以正面助跑跳发大力球为例，队员面对球网，站在离端线 2～2.5 米处，以右手或双手持球置于体侧或腹前。用右手将球抛至右肩前上方，抛球高度不宜过高，一般为肩上方 1 米左右，落点在端线附近或在场内距端线 1 米处。随着抛球动作，队员迅即向前做 1 步或 2～3 步助跑起跳。起跳时，两臂要协调而积极地摆动，摆幅要大（图 11-17）。

图 11-17　跳发大力球

> **知识拓展**
>
> 发球时注意以下几个方面：
> 第一，发至对方二传手背后。
> 第二，发至对方空位。
> 第三，发给对方接球水平较差的队员。
> 第四，对方站位较靠前时，发至后场；反之，发至前场。
> 第五，发至主攻手。

四、防守击球

用双手、单手或身体的任何部位将对方的来球击起的动作叫防守击球。防守击球技术主要包括以下几种。

（一）双手插托击球

双手插托击球是指面对来球，在腰部以下空间高度接球的技术。以左手下右手上为例，队员在面对来球时，应两脚开列与肩同宽，根据来球的速度和力量，呈半蹲或稍蹲姿势站立。当来球接近体前时，开始蹬地、伸膝、手指张开从腹前迎球。在迎球动作的基础上，当手和球即将接触前，手腕和手指要有顺势后下展的动作，击球时，托球手手掌、手指给球体以撩拨动作，手掌手指的撩拨用力从球体重心的后下方通过，使球在向前上方抛起的同时产生上旋。护球手同时翻顶球的中后部，利用托、翻、抬的合力将球传出。全身各部位动作应协调一致（图11-18）。

图11-18 双手插托击球

（二）抱球

抱球技术是指将离身体较远的正面来球或低球接起的技术动作。面对来球，两脚开列与肩同宽，根据来球的速度和力量，呈半蹲或稍蹲姿势站立。两肘弯曲，上臂与前臂夹角大于90°，双手位于腹前，两手掌心斜相对，两个大拇指的距离大于小拇指的距离，十指张开，呈弧形。当来球接近体前时，开始蹬地、伸膝、手指张开从腹前迎出。双手形成一个弧形（手心空出），以手指和指根部触击球，左手击球的左后下部，右手击球的右后下部。全身各部位动作应协调一致。击球瞬间，两手托住来球左右后下部，靠手腕的抖动、手指的弹拨及抬臂的力量将球击出（图11-19）。

图 11-19 抱球

(三)捧球

捧球主要是处理速度较快的来球。面对来球,两脚开列与肩同宽,根据来球的速度和力量,呈半蹲或稍蹲姿势站立,两肘弯曲,上臂与前臂夹角为 90°左右,分别位于腰部两侧。来球时,双手掌心向上,手指张开,十指朝前,形成弧底形,手指、手腕与前臂基本形成一个平面。双手捧球击球时,大臂夹紧身体,手指、手腕与前臂在一个平面上,靠手指、手腕与前臂上托的瞬间发力动作将球击出,其动作幅度较小(图 11-20)。

图 11-20 捧球

(四)正面双手小臂垫球

正面双手小臂垫球技术是指运动员用双手在腹前将球垫起的动作方法。面对来球,呈半蹲或稍蹲姿势站立。两手掌根相靠,手掌互握,两拇指平行向前,手腕下压,两前臂外翻成一个平面。当球飞到腹前约一臂距离时,两臂夹紧前伸,插入球下,同时配合蹬地、跟腰、提肩、顶肘、压腕等全身协调动作迎向来球,身体重心随着击球动作向前上方移动。在击球瞬间,两臂一定要保持稳定,身体重心继续协调地向抬臂方向送球。垫击动作结束后,立即松开双臂做好下一动作的准备(图11-21)。

图11-21 正面双手小臂垫球

(五)背向双手小臂垫球

背向双手小臂垫球是指背对垫击目标,从身前向背后双手垫击球的击球方法。背向垫击球时,要判断好来球的方向,快速移动到球的落点处,背对垫出球的方向,两臂夹紧伸直。击球时,用蹬地、抬头挺胸、展腹和上体后仰的动作带动两臂向后上方摆动抬送,以前臂触球的前下方,将球向后上方击出。背向垫击球的击球点一般应在肩前上方(图11-22)。

图 11-22　背向双手小臂垫球

（六）单手托球

单手托球是处理离身体较远的球，主要是在来不及运用双手插托球、抱球、捧球和正面双手小臂垫球时采用。单手托球时手掌心向上，五指张开且朝前，形成弧底形，以全手掌触击球的下部。手臂、手腕的动作幅度应根据来球力量的大小和击球的目标点来控制。

五、传击球

传击球是指利用全身协调力量并通过手指手腕的弹力，将球传至一定目标的击球动作。根据动作分类，可以将传击球分为以下三种。

（一）双手传击球

1. 正面双手传球

面对目标的传球称正面传击球。采用稍蹲姿势，上体稍微挺起，抬头看球，双手自然抬起置于脸前，肘部弯曲，当来球接近前额时开始蹬地、伸出双手去迎球。在手触到球时，十指应自然张开使两手成半球状（图 11-23）。

图 11-23　正面双手传球

2. 背向传击球

背对传球目标的传球称背向传击球。与正面传球相比,背向传击球时上体稍后仰,双手自然抬起置于脸前。迎球时,抬上臂、挺胸、上体后屈。击球点在头上方,比正面传球略偏后。触球时手腕要稍后仰,掌心向上,拇指托在球下,击球的下部。利用蹬腿、展体、抬臂、伸肘和手指手腕的弹力,把球向后上方传出(图 11-24)。

图 11-24　背向传击球

3. 侧向传球

身体侧对传球目标,在不转动身体的情况下,靠双臂向侧方传球的动作称为侧向传击球。侧向传击球的准备姿势、手型及迎球动作与正面传球相同,但击球点应偏向传出方向一侧。迎球时,通过下肢蹬地使身体重心向上伸展,上体和双臂向传球方向一侧伸展。异侧手臂动作的幅度要大些,伸展的速度也应快些,以双臂和上体侧屈的协调动作将球传出(图 11-25)。

图 11-25　侧向传球

(二) 单手传球

当来球与身体关系不太好或来球靠近网口时可用单手传击球技术。单手屈肘上举臂,

第十一章 气排球技术习练与提高

手腕后仰,掌心向上,五指适当收拢,构成一个半球状手型。五指托住球后下部,用伸肘抖腕拨球的动作将球向上弹击送出。用手指击球的后下部。击球时伸肘抖腕拨球的动作要协调,击球的部位可根据球的空间位置和目标点进行调整(图11-26)。

图11-26 单手传球

(三)抱传球

抱传球是指二传队员在传球取位的过程中,发现来球与身体位置不太好,并且球又有一定高度时采用的组织进攻的方式。其动作特征是:一手掌心朝上,五指朝前,另一只手掌心朝前,五指朝侧,两手在球的后下方形成一个与球相吻合的弧形。动作与插托球及抱球动作相似。在接触来球的瞬间,左手全手掌托在球的下部向前上方托送,右手同时翻顶球的中后部,左右手协调作用于球,利用托、翻、顶的合力将球传出(图11-27)。

图 11-27 抱传球

六、扣球

气排球扣球技术随着气排球运动的发展而不断创新和提高。扣球技术按动作可以分为以下几种。

（一）正面扣球

现以两步助跑，右手扣球为例来对其进行分析（图 11-28）。

第十一章 气排球技术习练与提高

图 11-28 正面扣球

扣球助跑前采用稍蹲姿势,两臂自然下垂,站在离网3米左右处,身体转向来球方向,观察来球,做好向各个方向助跑起跳的准备。助跑开始时,左脚先向前迈出一步,紧接着右脚再快速跨出一大步,左脚及时并上,踏在右脚之前,两脚尖稍向右转。两臂绕体侧向上引摆。在助跑跨出最后一步,左脚并上踏地制动的同时,两臂自后积极向前摆。起跳后,挺胸展腹,上体稍向右转,右臂向后上方抬起挥臂,击球时,五指微张,以掌心为主,全掌包满球,在手臂伸直最高点的前上方击球的后中部,同时主动用力屈腕屈指向前推压,使扣出的球呈上旋(图11-29)。

图11-29 推压动作

(二)单脚起跳扣球

单脚起跳扣球是指助跑的最后一步以单脚踏地,另一只脚直接向前上方摆动帮助起跳的一种扣球方法。单脚起跳扣球,可采用一步、二步或多步助跑。为避免犯规,助跑的路线与球网的夹角应该尽量小,助跑到最后,以左脚向扣球点位置跨出一大步,身体重心稍后倾,在右脚向上摆动时,左脚用力蹬地起跳,两臂积极配合,上摆,起跳后的扣球动作与正面扣球基本相似(图11-30)。

图 11-30　单脚起跳扣球

（三）冲跳扣球

起跳时双腿稍蹲，两只脚拉开一定的距离，两臂在体侧要主动向前摆动，起跳后抬头，挺胸，上体前倾，手臂上举。击球时，右臂前上方手臂伸直至最高点用全掌击球后中部，同时用手腕推压动作使球加速上旋飞行（图 11-31）。

图 11-31　冲跳扣球

（四）勾手扣球

勾手扣球是起跳后侧对球网，运用勾手动作挥臂击球的一种扣球技术。勾手扣球能适应远网球及后排传来的调整球以改变击球时间和路线，增加击球点，扩大进攻面，并能弥补助跑过早冲到球前的缺点，是一种行之有效的扣球技术。以右手扣球为例，勾手扣球的动作为，助跑的最后一步使左肩转向球网，起跳后上体稍后仰，向右扭转，击球臂上提至体侧，击球时像勾手大力发球一样以迅速转体收腹来带动手臂从体侧向前上方快速挥动，手臂充分伸直，在最高点全掌击球，触球时手腕用力勾住球向下甩（图 11-32）。

图 11-32　勾手扣球

七、拦网

靠近球网的队员,将手伸向高于球网处阻挡对方的来球,并触及球,称为拦网。拦网技术按人数可以分为单人拦网和集体拦网。

（一）单人拦网

1. 准备姿势

队员面对球网,两脚左右开立,约与肩同宽,距网30～40厘米,两膝微屈,两臂屈肘置于胸前(图11-33)。

图 11-33　单人拦网

2. 移动

常用的步法有一步、并步、交叉步、跑步等。

（1）一步移动

为了提高弹跳高度或运用重叠拦网，在拦网准备时，站位可离网一步远的距离，这样就便于向前或斜前方作一步助跑起跳，但须做好制动动作，保持垂直向上起跳。

（2）并步移动

并步移动通常在向两侧近距离移动时采用，其特点是能保持面对球网，便于观察，也便于随时起跳，但移动速度较慢。

（3）交叉步移动

交叉步移动通常在中距离移动时采用。其特点是移动速度快，制动能力强，控制范围大。交叉步移动后，两脚着地时，脚尖应转向球网。

（4）跑步移动

跑步移动通常在移动距离较远时采用。特点是移动距离远、速度快，但对制动要求高。

无论采用哪种移动步法，都要做好制动动作，以保证向上起跳，避免触网和冲撞同队队员。

3. 起跳

拦网起跳前，要充分利用手臂的摆动来帮助起跳，如果来不及，可以在身体前划小弧用力小摆，以带动身体垂直上跳。一般拦快球采用快速起跳的方法，做到浅蹲快跳，以小腿发力为主；在拦高球时，采用深蹲高跳的方法。

4. 空中动作

起跳时，两手从额前沿球网向上方伸出，两臂伸直并保持平行，两肩上提。拦网时，两臂上举，伸手过网（图11-34）。

图11-34 拦网手型

两手自然张开，屈指屈腕成半球状。当手触球时，两手要突然紧张，手腕下压盖在球的前上方（图11-35）。

图 11-35　手腕下压

5. 落地

拦球后,要做含胸动作,以保持身体平衡。为了避免触网,手臂要先后摆或上提,从网上收回至本方上空,再屈肘向下收臂。与此同时,还应该双脚落地,屈膝缓冲,随即转身面向后场,为下面的动作做准备。

(二) 集体拦网

由前排两个或三个队员互相靠近,同时起跳组成的拦网,称集体拦网。其主要在对方大力扣球时采用。拦网的技术动作与单人拦网相同。集体拦网时,应以一人为主拦队员,另外队员为配合队员。集体拦网起跳时,队员的手臂应该在体前划小弧向上摆伸,都要尽量垂直向上起跳,防止互相碰撞或干扰。手臂在空中不能重叠,扣球靠近边线时,靠边线近的拦网队员外侧的手应适当内转,以防打手出界。

第四节 气排球技术习练与提高

一、准备姿势与移动的习练与提高

（一）准备姿势的徒手练习

第一，学习者试做准备姿势，教练员巡回检查纠正动作。

第二，将学习者分成两排面对面站立，一排做动作，另一排纠正对方错误动作，两排学习者互教互学。

第三，学习者看教练信号做动作。几个姿势交替练习，如此反复，教练随时纠正动作。

（二）移动的徒手练习

第一，学习者徒手试着做各种各样的移动步法，体会完整的动作。

第二，学习者根据教练的手势来做各种移动步法。

第三，3~4人一组，站在端线后，先在原地做快速小步跑的动作，在听到教练的口令后，然后再快速启动冲刺跑。

第四，两人一组相对站立，其中一人做任意动作的移动，而另一个人则跟随他做相同的动作。

（三）结合球的练习方法

第一，两人一组相距2~3米，做好相应的准备姿势，其中一个人随意抛球，另一人移动后把球接住再抛回，在进行一定次数之后，两人可以互换动作。

第二，两人一组相距4~5米，做好相应的准备姿势，其中一个人随意抛球，另一人对准球后用头抛回，在进行一定次数之后，两人可以互换动作。

第三，两人一组相距6~7米，两个人各拿一个球，两人同时把球滚给对方，距离约为3米，二人移动接住球后再传给对方，按照这一动作可以反复进行练习。

第四，学习者面对教练站立，教练将球抛到学生身前、身后或两侧，学习者快速向前或转身改变方向移动去接球。

（四）准备姿势与移动习练与提高中应注意的问题

第一，多做视觉信号反应练习，培养视觉的观察判断能力。

第二，要把准备姿势、反应起动和各种移动步法及制动技术结合起来进行练习。

第三，提高对准备姿势和移动技术重要性的认识，为了激发学习者的学习兴趣，可以多结合短距离跑动或游戏进行练习。

第四,可以通过多做短距离的折回跑、变速跑和变向跑等练习来加强腿部和腰腹力量的练习。

第五,为了避免枯燥,练习方法要尽量多样化。

二、发球技术的习练与提高

(一)徒手模仿练习

第一,学习者徒手模仿发球挥臂动作和抛球动作,掌握正确的挥臂方向和速度。

第二,徒手做抛球挥臂击球动作练习,体会击球手法和击球部位。

(二)击固定球练习

1. 模仿发球挥臂动作击固定球练习

一名学习者持球于头上或者是腹部前方,另一名学习者做挥臂击球练习,从而体会击球的部位和手法。

2. 击固定球或吊球练习

一手将球按在墙上,一手挥臂练习击固定球,或者将球吊在空中,练习挥臂击球,主要体会挥臂动作和击球手法等。

3. 两人对击练习

3人一组,甲持球,乙丙面对面站立,做好发球的准备姿势,同时做击球动作击甲手中的球,体会挥臂击球时手臂发力的肌肉用力感觉。

(三)抛球的练习

1. 原地抛球手法练习

掌心向上平稳地托送球,练习正确的抛球手法,体会抛球的高度和位置。

2. 固定目标的抛球练习

每人一球站在网或墙边,利用球网或墙壁的适当高度作为标记,练习抛球的准确性。

3. 做抛球、抬臂和引臂的配合练习

体会抛球的位置,高度和振臂引臂的连贯动作。

(四)抛击结合练习

1. 对墙或挡网做抛球与挥臂击球练习

体会抛球与手臂挥摆的配合以及击球手法的用力。

2.抛球与挥臂击球练习

结合抛球、引臂和挥臂击球的练习体会抛球引臂和挥臂击球动作的协调配合。

3.两人站立两条边线上对发练习

两人隔网对发球练习,体会控制球的弧度和力量。

(五)巩固和提高发球技术的练习

1.巩固发球练习

3人一组,发球与接发球者相距6米左右,另一人站在接发球者右前方做二传,3人规定次数与组数交换。

2.发球准确性练习

可将对方场区划分成左右或前后部分;或规定区域,进行点线结合的练习。

(六)发球技术习练与提高中应注意的问题

第一,应遵循由易到难、由简到繁、循序渐进的原则。

第二,由于发球练习比较单调,为了提高学习者的积极性,教练要不断变化练习的方法。

第三,教练要合理安排教学与练习的时间,每次课应留给学生一定的时间来练习。

第四,教学中要抓住抛球动作与摆臂击球动作的协调配合。

第五,教练可以简单讲解球产生飘晃的原因,让学习者能主动思考发飘球的动作方法。

(七)发球技巧

以跳发球为例分析。

(1)站立时身体要放松、自然,抛球要恰到好处。

(2)抛球离手的一瞬间可以充分利用手腕的力量,使球在空中产生强烈的旋转。

(3)击球时两臂自然摆动,挺身屈腹,身体呈反弓状。身体到达最高点时,猛烈收腹和提肩,击球的后中下部。

三、防守击球技术的习练与提高

(一)徒手模仿练习

第一,徒手模仿练习,教师及时检查并纠正错误动作。

第二,学习者每人一球,距墙2米处连续对墙击球,要求击球手型、垫击点和击球部位正确,用力协调。

第三,结合球和连续击球练习。

(二)结合移动的垫球练习

第一,每人一球,移动击球。要求学习者在移动垫球时低重心移动正面垫球。
第二,2人或3人一组,一人抛球,另一人或2人向前后左右方向移动击球。
第三,3人一组跑动击球或4人一组三角移动击球,要求击球人尽量移动到位,对正来球,准确击球。

(三)结合接发球的击球练习

第一,2人一组相距7~8米,先一掷一击练习,再过渡到一人下手发球或上手发球,一人接发球,要求接至假设的二传位置上。
第二,2人一组,相距9米,一发一垫,或3人一组,一发两人轮流接发球,要求动作由易到难。
第三,3人隔网或不隔网,一发一击一传练习,要求发球准,接发球者积极移动取位把球击到传球队员的位置上,传球队员再将球传给发球人。

(四)结合接扣球、吊球的垫球练习

第一,2人一组,一扣一防练习,要求接扣球者做好防守准备姿势,开始练习时扣球要稳,之后可以逐步增大扣球的难度。
第二,3人一组,一扣一防一传练习,要求扣球队员扣、吊结合。
第三,轮流连续接扣球练习。由教师在网前扣球或在高台上隔网扣球。

(五)防守击球技术习练与提高中应注意的问题

第一,防守击球练习应先在简单条件下进行练习,之后逐渐加大难度。
第二,在接扣球技术教学中,应强调做好防守的判断,准备姿势,加强起动和移动步法的练习。
第三,随着垫击球技术的不断熟练,要尽量结合攻防战术进行练习。

四、传击球技术的习练与提高

(一)徒手模仿练习

第一,徒手做传击球准备姿势,听教师的口令依次做蹬地、展体、伸臂击球动作练习。
第二,重点让学习者体会触球手型、击球点位置和身体协调配合动作及传击球用力的全过程。
第三,两人一组,一人做好传击球的手型,持球于正前方,另一人用手扶住球,持球者以传击球动作向前上方伸展,体会身体和手臂的协调用力。

(二)原地传击球练习

1. 每人一球,自己向额前上方抛球

做好传球手型在击球点位置将下落的球接住,然后自我检查手型。

2. 原地自传练习

要求把球传向头上正上方,传球高度离手 1~1.5 米,连续传 30 次为一组。

3. 对墙自传球练习

要求距离墙 50 厘米左右连续对墙自传球,体会正确的手型和手指手腕用力的肌肉感觉。

(三)移动传击球练习

1. 每人一球行进间自传球练习

要求传球手型正确,移动迅速,保持正面传球。

2. 每人一球向左、右、前、后移动传球练习

要求自传一次高球,再传一次低球,提高控制球的能力。

3. 两人一组,一抛一传球练习

要求抛球者向前、后、左、右任意方向抛球,传球者根据来球快速移动传球。

(四)背传击球练习

1. 每人一球,自抛背传击球练习

要求将球抛到头上,两手腕后仰,掌心向上,依靠蹬地、展体、抬臂、伸肘动作把球传向后上方。

2. 3 人一组,背传击球练习

3 人各相距 3 米左右,两边人抛球或传球,中间人背传球。要求同上。

(五)跳传击球练习

1. 每人一球,对墙连续跳传球练习

要求掌握好起跳时机,在空中保持好身体平衡,靠快速伸臂动作将球传出。

2. 两人一组,连续面对跳传球练习

要求同上。

（六）传击球技术习练与提高中应注意的问题

第一，教学时，应先着重于手型、击球点和用力的准确与协调练习，然后逐步过渡到手指手腕的弹击和控制球的能力练习上。

第二，教学中尽量采用触球次数多的练习，并在初学阶段就结合近距离移动的传球，以利于形成正确的击球点和手型。

第三，多传近距离低弧度和速度慢的球，避免学习者手指局部负担过重，减轻心理压力。

（七）传球技巧

（1）传球点在额前上方一球距离处，不能相差太大。

（2）传球的用力顺序为蹬地、伸膝、伸腰、手指手腕屈伸，这一顺序一定不要搞反。

（3）最重要的是利用伸臂和手腕手指的紧张力和球压在手指上产生的反弹力将球传出去。

五、扣球技术的习练与提高

（一）助跑起跳练习

第一，全体学习者听教练口令练习原地起跳技术，要求双脚快速用力蹬地，两手臂配合划弧摆动起跳，顺势扣球手臂上举、抬头、展腹、落地时双脚前脚掌过渡到全脚着地，屈膝缓冲。

第二，集体听教练口令做一步或两步助跑起跳。要求练习速度由慢到快，手脚配合协调，注意控制身体平衡。

第三，学习者分别站在进攻线后，听教练口令向网前做两步助跑起跳练习，在此基础上再学习多步助跑、变方向助跑和跑动起跳。

（二）扣球挥臂动作的击球手法练习

1. 徒手模仿扣球挥臂练习

按规定的队形听教练口令做挥臂练习，要求挥臂放松自然，弧形挥动，有鞭甩动作。

2. 扣抛球练习

两人或多人一组，一人站在距墙 5 米处抛球，另一人或多人依次对墙扣抛球。在低网前的一抛一扣练习，或在低网前轮流扣教练的抛球练习。

（三）完整扣球练习

1. 扣球练习

扣球者每人一球，先将球传给前排中队员，再由前排中队员把球抛或传给扣球人，扣球者上步助跑起跳扣球。

2. 结合一传的扣球练习

接对方发的轻球,垫给二传,然后二传把球传给扣球人,由扣球队员助跑起跳扣球。要求以中等力量扣球,注意正确的挥臂击球手法,选好击球点,防止触网或过中线犯规。

(四)扣球技术习练与提高中的注意事项

第一,应重点抓好助跑起跳和正确的击球手法练习,解决好人与球的位置关系。

第二,应注意引导学习者掌握正确的扣球技术动作,为其他扣球技术的学习打好基础。

第三,初学者上网扣球时,应由教练或技术水平较好的学习者担任二传,以便使初学者掌握助跑起跳的时间和起跳点,尽快正确掌握扣球技术。

(五)扣球技巧

(1)面对球网,加强观察,可以根据对方拦网布局,随时改变扣球路线和力量。

(2)仔细观察二传,随时准备向各个方向助跑起跳。

(3)根据来球的情况,合理采用两步、三步及多步的步法。助跑的第一步要小,使身体获得向前的水平速度,第二步要大,提高助跑的速度,助跑过程中两臂积极摆动,蹬地用力上跳。落地时双脚前脚掌着地。

六、拦网技术的习练与提高

(一)拦网手型练习

1. 徒手模仿练习

原地徒手练习拦网手型,要求两脚平行站立,两臂上举伸直,十指自然张开。

2. 原地扣拦练习

两人一组,面对面相距1米左右站立,一人预先做好拦网手型,一人对准拦网人双手自抛自扣,要求扣球者准确地把球扣在拦网人的双手上,让拦网者体会拦网手型和拦网时的肌肉感觉。

3. 原地结合低网一扣一拦练习

两人一组,隔网站立,一人扣球,另一人拦网,要求扣球者把球扣在拦网者双手上,拦网者根据扣球人的抛球情况及时伸臂拦网,体会触球时的提肩压腕动作。

（二）移动起跳拦网练习

1. 网前原地起跳拦网练习

学习者集体听教练口令在网前做原地起跳拦网，要求起跳后保持好身体平衡。

2. 左右移动一步起跳拦网练习

教练站在高台上持球于网上空，学习者依次在网前左右移动一步起跳拦网，要求学习者随教练举球位置的变化而左右移动，移动制动与起跳动作要连贯。

（三）结合球的拦网练习

1. 一抛一拦练习

两人一组隔网站立，一人抛球，另一人起跳将球拦回，要求拦网人体会起跳时间和拦网动作。

2. 拦固定线路的扣球

教练或指定学习者在高台上扣球，固定扣直线或扣斜线球，让学习者依次轮流助跑起跳拦网。

（四）集体拦网练习

1. 原地起跳配合拦网练习

要求拦网人手臂上举伸直，间隔距离保持适当，中间不漏球为宜。

2. 移动后配合拦网练习

两人一组，同时移动到中间位置起跳配合双人拦网一次，然后分别向两侧移动，要求配合队员主动与主拦队员配合，防止碰撞。

（五）拦网技术习练与提高中应注意的问题

第一，在教学中，必须抓好拦网的移动、起跳、伸臂、手型、拦击动作等环节的教学。

第二，在拦网的教学中，应以学习单人拦网技术为主，集体的拦网战术为辅。

第三，在拦网教学中，要逐渐提高难度，另外还要强调拦网后的落地动作，以避免运动损伤。

第四，拦网教学不能安排过早或过于集中。拦网教学应安排在正面扣球和垫球防守以及简单的进攻战术之后进行，每节课单一地练习拦网的时间也不宜过长。

（六）拦网技巧

（1）各种步法的利用要能保证起跳的高度，避免触网和碰到本队队员。
（2）原地起跳时，双肩要发力，向体侧近身处做划弧前后摆动帮助身体迅速跳起。
（3）空中动作，起跳时两手从额前沿球网向上方伸出，两臂保持平行，两肩上提。
（4）拦网时，两手自然张开屈指屈腕成半球状；触球时，手腕下压盖在球的前上方。

第十二章　气排球战术习练与提高

> **本章导航**
>
> 打好气排球需要掌握一定的战术知识。气排球战术是一个庞大的系统,包含的内容众多,只有熟练掌握才能在气排球运动中占据优势,取得理想的结果。本章对气排球战术的内容进行介绍,包括气排球战术系统、气排球基本战术以及气排球战术习练与提高等。

第一节　气排球战术系统

一、气排球战术的概念

气排球战术是指运动员在比赛中,以战胜对手为主要目的,按照气排球运动规律及比赛过程中双方的具体情况和临场变化,所采取的有意识、有目的、有组织的行动。

二、气排球战术的分类

（一）根据战术的参与人数划分

按照参与战术体系人数的多少及配合的差异性,可以将气排球战术分为个人战术与集体战术。
个人战术包括：发球、一传、二传、扣球、拦网、防守等各种个人战术。
集体战术包括：接发球、接扣球、接拦回球、接传垫球以及它们的进攻战术。

（二）根据战术的组织形式划分

按照这一标准,气排球战术可以被分为进攻战术与防守战术两种。

1. 进攻战术

（1）进攻阵型
五人制：中二二进攻、边二二进攻、后排插上进攻。

四人制：中三进攻、边三进攻、插三进攻。
（2）进攻打法
包括强攻、快攻、两次球及转移进攻、立体进攻。

2. 防守战术

防守战术包括接发球防守阵型、接扣球防守阵型、接拦回球防守阵型、接传垫球防守阵型。

三、气排球战术的相关概念

（一）气排球战术指导思想

气排球战术指导思想对于一个球队来说至关重要，因为其在训练和比赛中是指导战术行动的主导思想和基本原则。正确、先进的指导思想要与气排球运动的客观规律和本队的实际情况相符，同时，也要与气排球运动的发展趋势相适应。

在制订气排球战术时，需要遵循的指导思想为：针对队伍在不同时期的不同对手进行考虑，从实际出发，全面分析，扬长避短，从而形成自身独特的风格。

（二）气排球战术意识

战术意识是运动员自觉的心理活动，其能够将一个队员是否成熟充分反映出来。但是有一点要强调，战术意识是不会自然形成的，常与运动员的情绪和意志紧密相连，需要在教学、训练、比赛的过程中精心培养和磨炼。

以气排球运动的规律与特点为依据，要想提高气排球的战术意识，需要从以下几个方面着手：技术的目的性；行动的预见性；判断的准确性；进攻的主动性；防守的积极性；战术的灵活性；动作的隐蔽性；配合的集体性。

（三）气排球战术能力

对于气排球运动员来说，其要具有较高的竞技能力，而其战术能力则是其中的一个重要组成部分，如果与对手的技能、体能、心理和智能基本相同，那么在这样的情况下，战术能力水平的高低往往对比赛结果产生决定性影响。气排球运动员在年龄不断增长、运动技术水平和身体能力不断提高的情况下，其战术能力也会在不断的训练和竞赛中得到锻炼和提升。

战术能力与很多方面的竞技能力都有着密切联系，如技术、身体、心理等方面。其中，处于基础地位的是技术能力，技战术能力提高、战术配合实施的实现需要具备一个重要的先决条件就是良好的身体素质，心理能力则是技术能力和战术能力发挥的保证。反过来，战术能力的提高又会对体能、技术能力、心理和智能的更快发展起到促进作用。

四、气排球战术系统构成

气排球战术系统,可以理解为是进攻和防守及其打法的组合运用。以气排球运动的比赛规律为依据,可以将气排球战术系统分为接发球及其进攻、接扣球及其进攻、接拦回球及其进攻和接传垫球及其进攻。

（一）接发球及其进攻系统

接起对方发球后组织的第一次进攻,简称"一攻"。其通常会包括三个环节,即一传、二传、扣球。

（二）接扣球及其进攻系统

通常情况下,会采用拦网和后排防守两道防线,在球网上空直接拦击对方的进攻或防起对方的扣球及吊过来的各种球后组织的进攻,也就是平时所说的"反攻"或"防守反击"。通常,这一系统主要包括四个环节,即拦网、一传、二传、扣球。

（三）接拦回球及其进攻系统

接起被对方拦回来的球后组织的进攻,就是所谓的"保攻"。通常情况下,包括三个环节,即传球或垫球、二传、扣球。

（四）接传垫球及其进攻系统

接起对方以传球、垫球等形式打过来的球后所组织的进攻,也就是所谓的"推攻"。通常情况下,其包括三个环节,即一传、二传、扣球。

第二节　气排球基本战术

一、气排球战术的阵容配备

（一）五人制阵容配备

（1）"四一"配备：由四名进攻队员和一名二传队员组成（图12-1）。

```
        ┌─────────────┐
        │    二传     │
        ├─────────────┤
        │ 攻手   攻手 │
        │ 攻手   攻手 │
        └─────────────┘
```

图 12-1 "四一"配备

（2）"三二"配备：由三名进攻队员和两名二传队员组成。二传的站位不同，阵型也不同：一种为二传站于前排 3 号位和后排 5 号位（图 12-2），另一种则为二传站于前排 3 号位和后排 1 号位（图 12-3）。

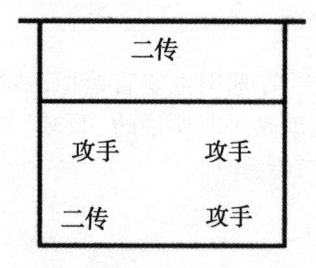

```
  ┌─────────────┐      ┌─────────────┐
  │    二传     │      │    二传     │
  ├─────────────┤      ├─────────────┤
  │ 攻手   攻手 │      │ 攻手   攻手 │
  │ 二传   攻手 │      │ 攻手   二传 │
  └─────────────┘      └─────────────┘
```

图 12-2 "三二"配备（1）　　图 12-3 "三二"配备（2）

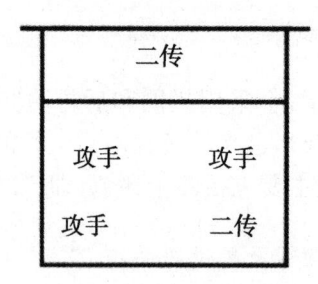

（二）四人制阵容配备

（1）"三一"配备：由三名攻手和一名二传队员组成，其中有一名或为接应二传（图 12-4）。

（2）"二二"配备：该阵型由两名二传队员与两名攻手组成（图 12-5）。

```
  ┌─────────────┐      ┌─────────────┐
  │    二传     │      │    二传     │
  ├─────────────┤      ├─────────────┤
  │ 攻手   攻手 │      │ 攻手   攻手 │
  │    攻手     │      │    二传     │
  │  （接应二传）│      │             │
  └─────────────┘      └─────────────┘
```

图 12-4 "三一"配备　　图 12-5 "二二"配备

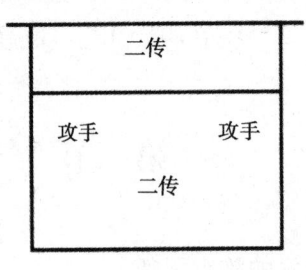

二、气排球的个人战术

（一）发球个人战术

1. 发球位置的改变

（1）对发球的垂直站位进行改变，发球站位在距端线近、中、远距离位置。

(2)对发球的左右站位的改变,为了发出性质和落点都不同的球,站位可选在端线外的左半区、右半区或中部位置。

2. 发球弧度的改变

发球时,在对球施力时,给予一定的上旋或左旋、右旋,从而有效改变球的飞行弧度,从而使对方一传的到位率有所下降。在比赛场地的上空没有障碍物的情况下,可以通过发高吊球的方式,来增加对方接球的难度。

3. 发球速度的改变

采用击球点高、距网近、速度快的飘球、跳发球或勾手大力发球,达到先发制人的目的。或采用高弧度、慢速度的发球,利用速度变化造成对方的不适应。

(二)一传个人战术

(1)组织快攻战术时,在本方快攻队员能够快攻的情况下,可以通过低平、快的一传来加快进攻的节奏;如果来不及进攻,那么一传的弧度就要稍微提高一些。

(2)组织强攻战术时,为了给二传队员创造有利条件,需要将一传的弧度适度提高。

(3)前场区队员一传时,在力量上要有所控制,不能过大,弧度则要稍高一些;后排队员一传的要求则正好与之相反。

(4)当对方第三次传垫球过网时,一传可用上手传球来加以应对。

(5)如在一传之前发现对方场区有较大的空当或对方队员无准备时,那么就要求一传应该在球低于球网时,直接用传、垫、扒等动作把球击向对方。

(三)二传个人战术

(1)在分球时,一定要注意结合本方队员的特点和布局情况,保证其合理性。

(2)首先要以对方拦网的部署作为主要参考依据,然后要在位置和时间上做好与进攻队员的协调配合,选择拦网的突破口要合理,这样,以多打少的局面便形成了。

(3)首先要以本方扣球队员的不同起跳时间为重要参考依据,并做好相应的配合工作,可以是升点或降点的传球,也可以是声东击西的隐蔽动作和假动作等,从而达到有效干扰对方的拦网布局的效果。

(4)参照本队一传的情况,对传球技术组织各种战术进行合理利用。

(5)参照对方防守队员的站位,在保证对自己有利的情况下,突然将球直接传入对方空当。

(四)扣球个人战术

气排球扣球个人战术,主要表现在两个方面,即线路和动作的变化,具体如下。

1. 线路的变化

（1）扣球时，要注意将直线和斜线结合起来，长线与短线也要结合起来。
（2）将助跑线路和扣球线路方向的多样性充分利用起来，有效迷惑对方拦网和防守队员。

2. 动作的变化

（1）通过转体、扣腕的扣球技术来使扣球方向发生急剧改变，并避开对方拦网。
（2）借助超高手点扣球技术，突破进攻。
（3）正面扣球改变为勾手扣球动作，干扰对方拦网判断。
（4）突然的两次攻或一次攻，创造有利局面。
（5）通过高点平打，使球触拦网手后飞向后场区远端或造成两侧打手出界。
（6）通过突然的单脚起跳扣球，造成对方拦网不及时。
（7）在扣球时间上做适当调整，令对方难以掌握准确的拦网时机。

（五）拦网个人战术

（1）可以在拦直线位置上起跳向侧伸臂拦斜线，也可以在拦斜线位置上起跳拦直线。
（2）改变空间拦网手的位置。
（3）制造假象，令对方上当。
（4）发现对方要打手出界，要及时在空中将手撤回，以此来造成对方扣球出界。

（六）防守个人战术

（1）根据对方二传的方向和落点，迅速且准确地作出判断，并立即移动到位，面对来球，做好接球准备。
（2）前、后位置的选择依据主要为对方二传与网的距离和扣球队员击球点的高低。
（3）左右位置的选择依据为对方扣球队员的助跑线路、起跳点以及人与球保持的关系。
（4）防守行动的选取依据为对方扣球的特点。
（5）按照本方前排队员拦网的情况，主动选择防守位置加以配合和弥补，防守的重点是前排拦网的空当。

三、气排球的集体战术

（一）进攻战术

1. 进攻阵型

（1）五人制
① "中二二"进攻阵型

即其他四名队员将球送至前排二传队员,由其在3号位位置传球,将球传给前场两名队员和后排两名队员进行进攻的组织形式(图12-6、图12-7)。

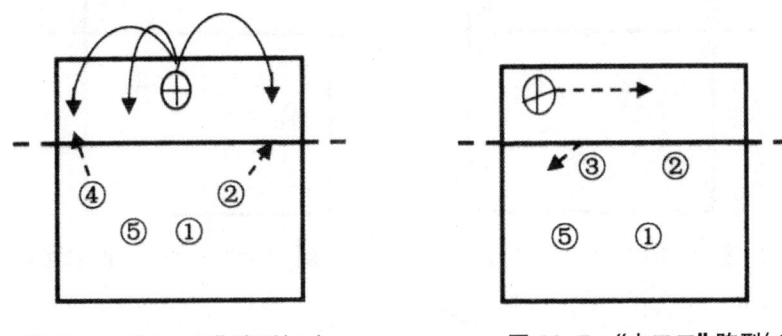

图12-6 "中二二"阵型(1)　　　图12-7 "中二二"阵型(2)

② "边二二"进攻阵型

前排边位置队员担任二传,其他四名队员将球送给他,由其将球传给其他队员进行进攻的组织形式。

③ "后插二传"进攻阵型

即后排队员插上到前排2号或3号位担任二传,将球传给其他扣球队员进攻的组织形式(图12-8、图12-9)。

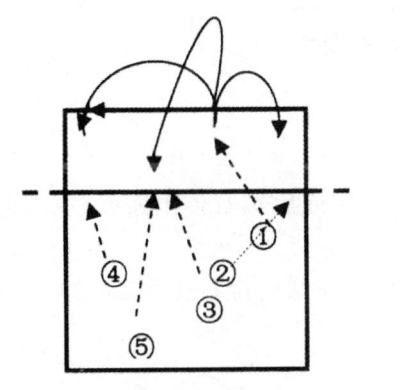

图12-8 "后插二传"阵型(1)　　　图12-9 "后插二传"阵型(2)

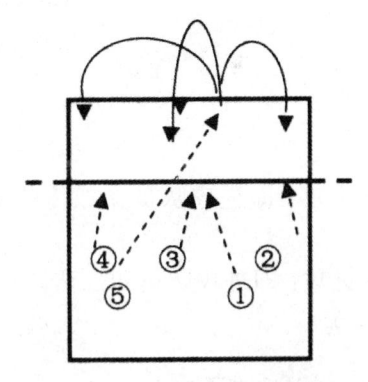

（2）四人制

① "中三"进攻战术

基本配合方法:由前排3号位队员站在前场区中间担任二传,其他三人将球传(托或垫)给二传队员,再由二传队员传给场上队员的进攻(图12-10)。运用过程中,当二传队员轮转到3号位时,可采用换位的方法跑到2号位(图12-11)。

② "边三"进攻战术

基本配合方法:由前排2号位队员担任二传,其他三人将球传(托或垫)给二传队员,再由二传队员将球传给场上队员进攻(图12-12)。

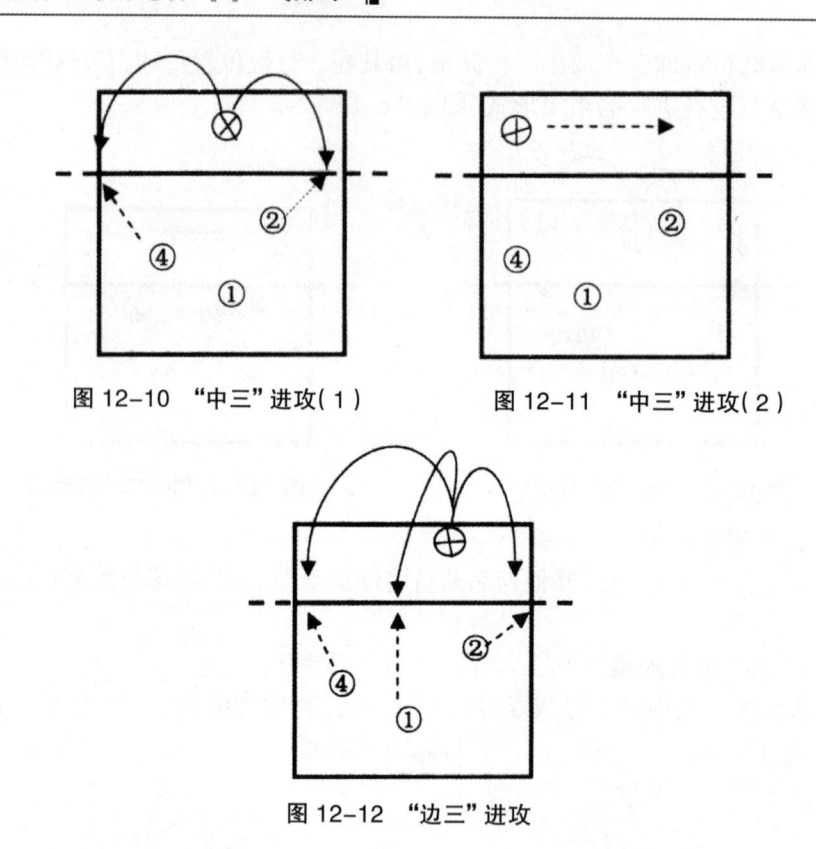

图12-10 "中三"进攻(1)　　　图12-11 "中三"进攻(2)

图12-12 "边三"进攻

2. 进攻打法

（1）强攻

①集中进攻：即进攻队员扣二传队员向后排左或后排右传出弧度较高、落点较集中的球。

②拉开进攻：即进攻队员扣二传队员传到后排左或后排右在标志杆附近的球（图12-13、图12-14）。

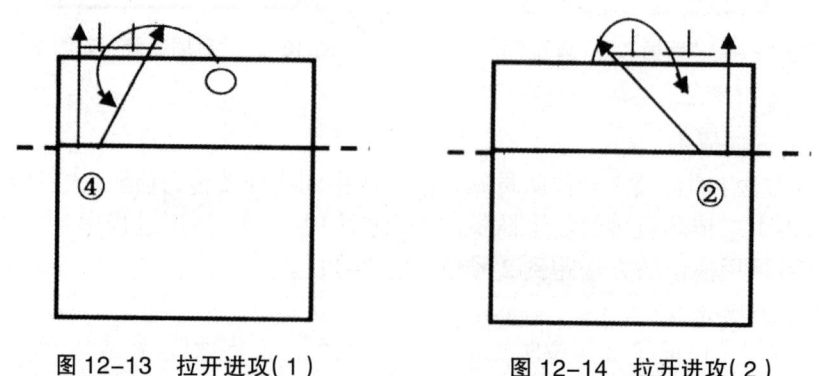

图12-13 拉开进攻(1)　　　图12-14 拉开进攻(2)

③围绕进攻：一种是前围绕进攻（进攻队员从二传队员身后绕到前面扣球）（图12-15）；一种是后围绕进攻（进攻队员从二传队员前面绕到身后扣球）（图12-16）。

图 12-15　前围绕进攻　　　　　　图 12-16　后围绕进攻

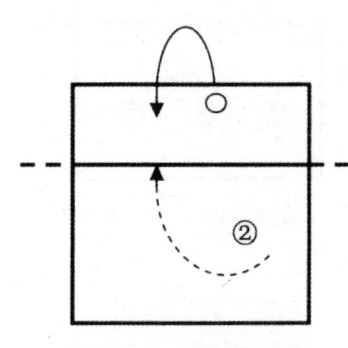

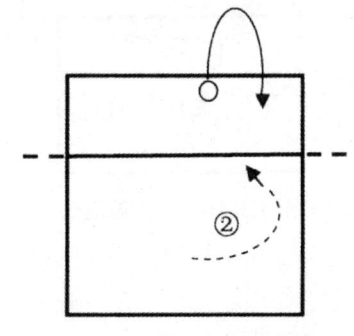

④调整进攻：即当一传不到位，球的落点离进攻线较远时，由二传队员或其他队员将球调整到进攻线后的扣球进攻打法。

（2）快攻

① 交叉进攻。一名进攻队员快球掩护，另一名进攻队员与其交叉换位后在二传身旁扣半高球（图 12-17）。

② 梯次进攻。一个队员做快球掩护，另一个队员在其身后扣距进攻线稍远的半高球（图12-18）。

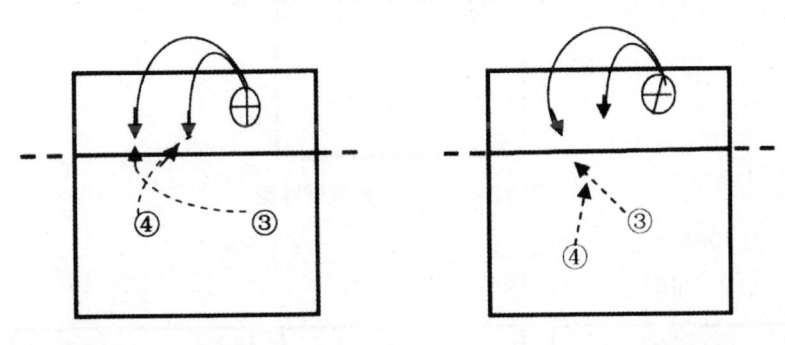

图 12-17　交叉进攻　　　　　　图 12-18　梯次进攻

③ 立体进攻。前场区队员在进攻线附近运用各种快攻战术的同时，后场区队员在进攻后稍远处起跳扣球，形成横向纵深的进攻区域。

（3）两次攻

① 场上任何一名队员接一传时直接将球高弧度地接给其他进攻队员，进攻球员原地起跳，突然运用两次球进攻（图 12-19）。

② 当进攻队员跳起做扣球动作时，发现对方进攻拦网，可以虚晃一下，在空中变扣球为传球，转移拉开传给的前排 4 号位队员进攻，这种打法叫长传转移（图 12-20）。

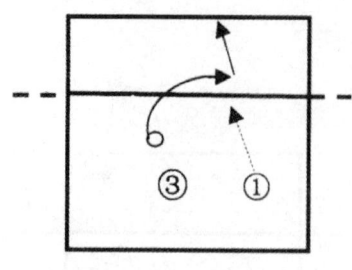

图 12-19　两次球进攻　　　　图 12-20　长传转移

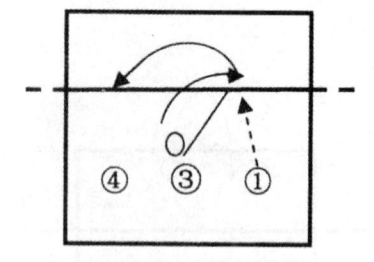

（二）防守战术

1. 接发球

（1）五人制接发球阵型及其变化

① 4 人接发球基本阵型

除 1 名二传队员站在网前或从后排插上准备二传的队员不接发球外，其余 4 名队员均承担一传任务的接发球阵型（图 12-21）。

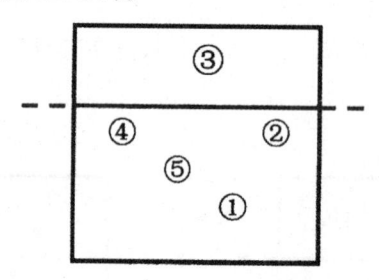

图 12-21　4 人接发球阵型

② 4 人接发球阵型的站位变化

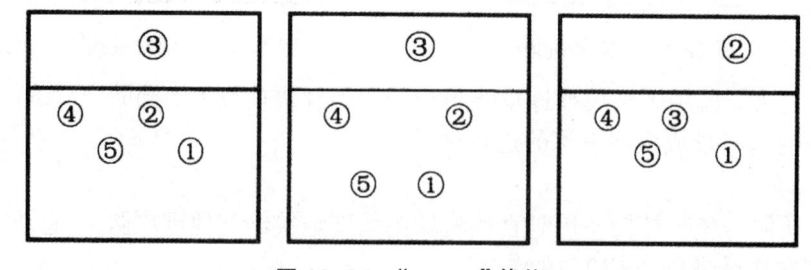

"一二二"站位：如图 12-22 所示。

图 12-22　"一二二"战位

浅弧形站位：如图 12-23 所示。

③ 3 人接发球阵型

插上的二传队员与同列的前排队员均站在网前不接发球，其他 3 名队员站成弧形（图 12-24a、b）或一字形（图 12-24c）承担一传任务的接发球阵型。

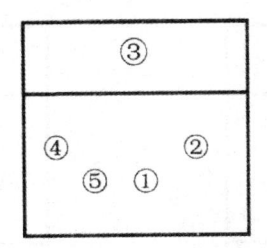

图12-23　浅弧形站位

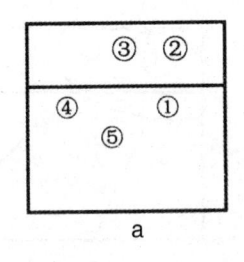

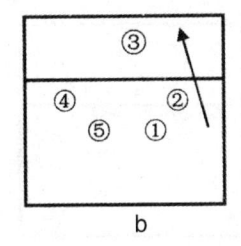

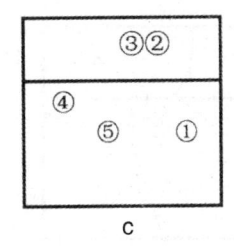

图12-24　3人接发球阵型

（2）四人制接发球阵型及其变化

3人接发球站位：除前排二传或插上二传之外，其他3名队员站成弧形承担一传任务（图12-25）。

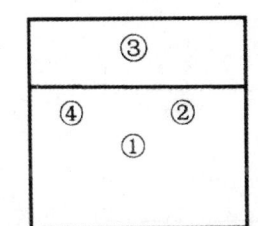

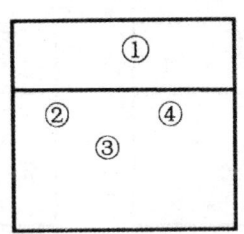

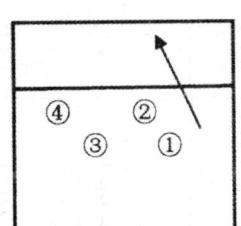

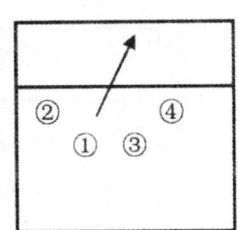

图12-25　3人接发球站位

2人接发球站位：要根据本队技术水平和战术需要采用。这一站位对一传队员的接发球能力有较高要求。

2. 接扣球

（1）无人拦网下的防守阵型

①五人制站位方法：采用"中二二"进攻形式时，二传队员在3号位网前，2号位和4号位队员后撤参加中场区防守，其他队员在后场防守；采用"边二二"进攻形式时，二传队员在2号位网附近，3号位和4号位队员后撤防守前场区，其他队员防守后场区（图12-26）。

②四人制站位方法：采用"边三"进攻战术，二传队员在2号位网前，3号位队员后撤防守前场区，其他队员防守后场区（图12-27）。

（2）单人拦网下的防守阵型

①五人制防守阵型（图12-28）。对方4号位队员进攻，本方2号位队员拦网，3号位队员后撤防吊球，4号位队员后撤与其他队员形成半弧形防守圈，每人负责一个防守区域（图12-28a）。

气排球　》259

图 12-26　五人制站位　　　　　图 12-27　四人制站位

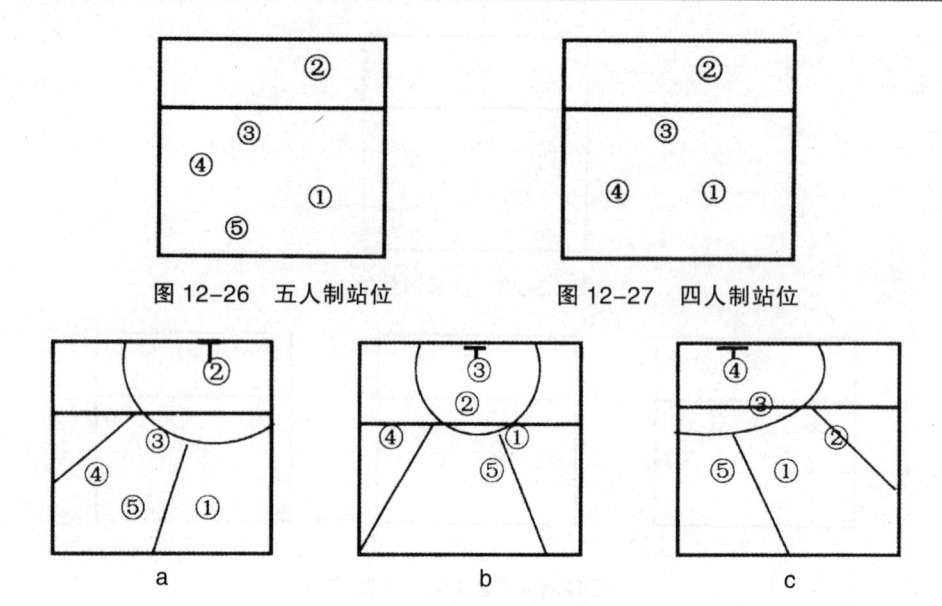

图 12-28　五人制防守阵型

②四人制防守阵型（图 12-29）。通常由二传拦网，攻手后撤防守，便于二传组织以及攻手进攻（图 12-29a）。

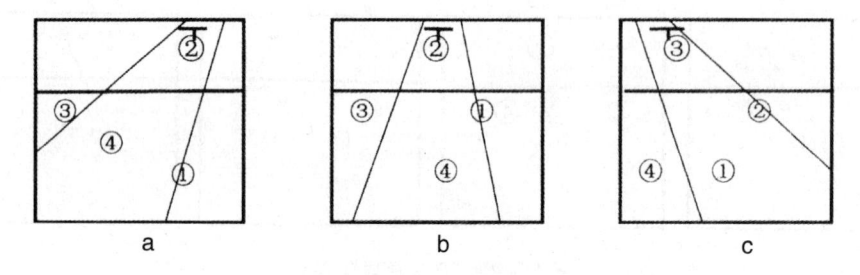

图 12-29　四人制防守阵型

（3）双人拦网下的防守阵型

①五人制双人拦网下的防守阵型：以对手进攻点为依据，3号位队员配合两边的前排队员进行双人拦网，另一名前排队员后撤与1号位和5号位两名后排队员组成防守阵型（图12-30）。

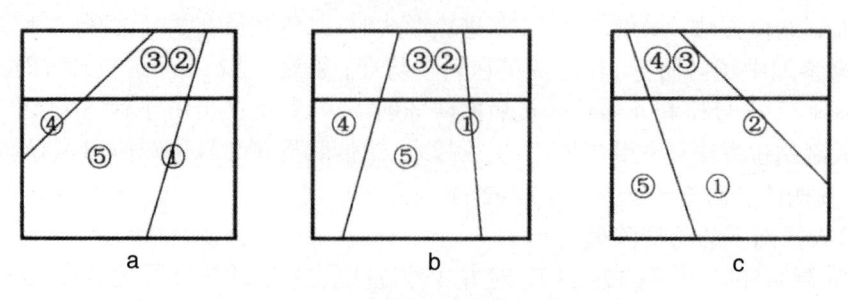

图 12-30　五人制双人拦网下的防守阵型

第十二章 气排球战术习练与提高

②四人制双人拦网下的防守阵型：以对手进攻点为依据，两名前排队员进行双人拦网，后排两名队员组成防守阵型（图12-31）。

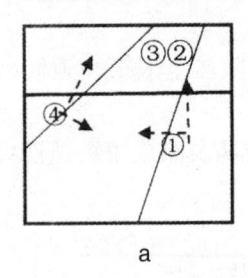

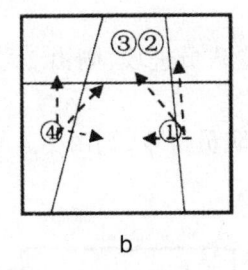

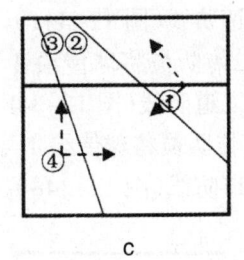

图12-31 四人制双人拦网下的防守阵型

（4）三人拦网防守阵型（五人制）

以对手进攻点为依据，前排三名队员组成三人拦网，两名后排队员组成防守阵型（图12-32）。

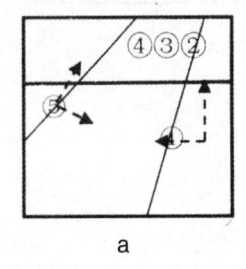

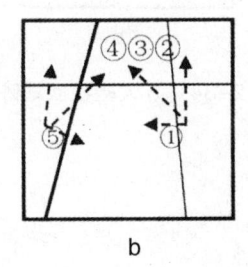

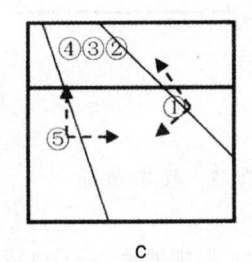

图12-32 三人拦网防守阵型

3. 接拦回球

（1）4人接拦回球阵型及站位（五人制）

4人接拦回球一般采用"二二"站位。

①当二传队员将球传给4号位队员扣球，由3和5号位队员组成第一道防线，2和1号位队员组成第二道防线（图12-33 a）。

②当二传队员将球传给3号位队员扣球，由4号位和2号位队员组成第一道防线，5和1号位队员组成第二道防线（图12-33 b）。

③当二传队员将球传给2号位队员进行扣球，由3和1号位队员组成第一道防线，4和5号位队员组成第二道防线（图12-33 c）。

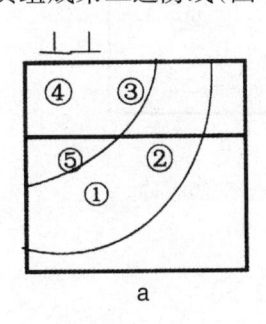

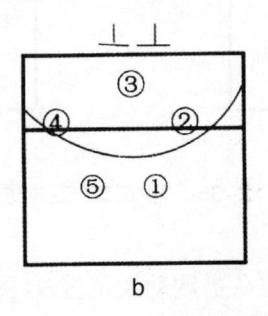

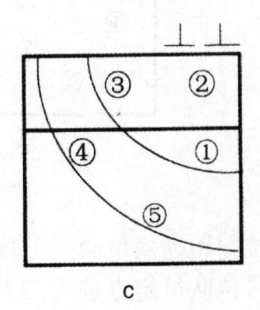

图12-33 4人接拦回球阵型

气排球 >> 261

（2）3人接拦回球阵型及站位（四人制）："二一"或"一二"站位。

① 当二传队员将球传给3号位队员进攻，则由2、4号位队员组成第一道防线，1号位队员组成第二道防线（图12-34a）。

② 当二传队员将球传给4号位队员进攻，则由2号位队员组成第一道防线，1、3号位队员组成第二道防线（图12-34b）。

③ 当二传队员将球传给1号位队员进攻，则由2、4号位队员组成第一道防线，3号位队员组成第二道防线（图12-34c）。

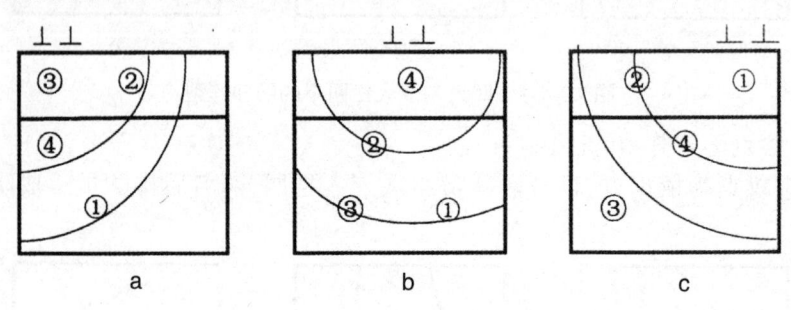

图12-34　3人接拦回球阵型

（三）"四攻"战术系统

1. 接发球及其进攻（一攻）战术系统

（1）"中二二"进攻战术

①定位进攻

A. 3号位队员传球给4号位队员或2号位队员集中或拉开进攻，1号位队员后排远网进攻（图12-35a）。

B. 3号位二传队员传球给4号位队员平拉开或2号位背传半高球，5号位队员后排远网进攻（图12-35b）。

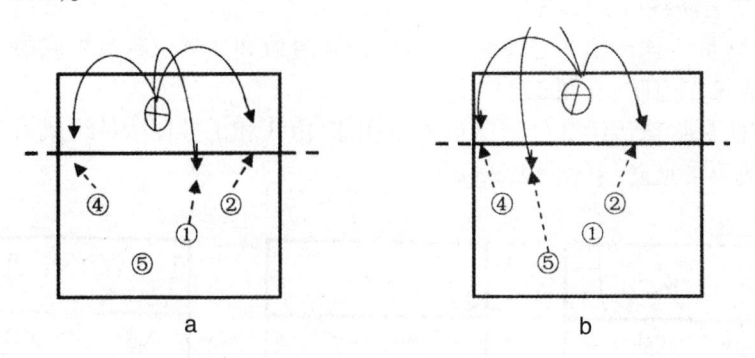

图12-35　"中二二"定位进攻

②定位与跑动换位两点进攻

由4号位队员定点进攻，2号位队员跑动换位进攻（图12-36）。

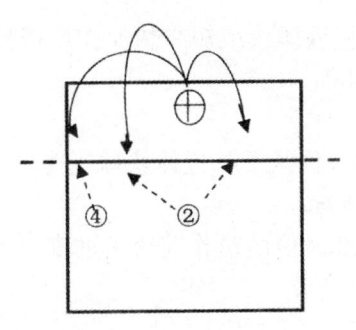

图 12-36 "中二二"定位与跑动换位两点进攻

（2）"边二二"进攻战术的运用

① 定位进攻

A. 3号位队员集中扣球，4号位队员扣拉开球，5、1号位队员后排远网进攻，这是"边二二"进攻战术的基本形式（图12-37a）。

B. 4号位队员扣定位拉开高球或平拉开球，3号位队员进行近体快或短平快实扣或掩护，1号位队员后排远网进攻（图12-37b）。

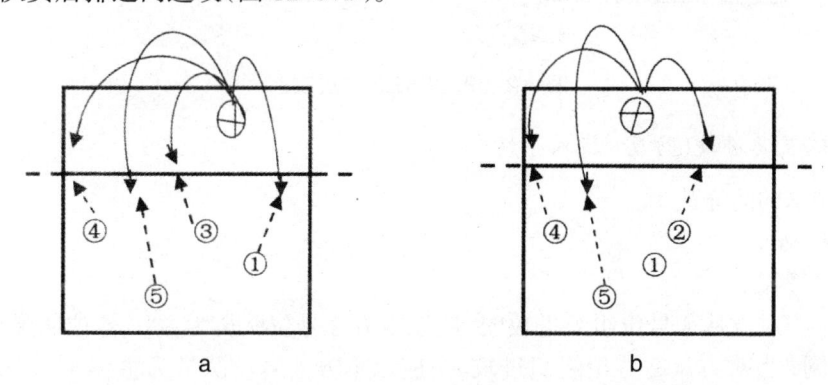

图 12-37 "边二二"定位进攻

② 定位与跑动换位进攻

A. 4号位队员扣定位球，3号位队员围绕跑动到2号位二传队员身后扣背快球或半高球，5号位队员后排远网进攻（图12-38a）。

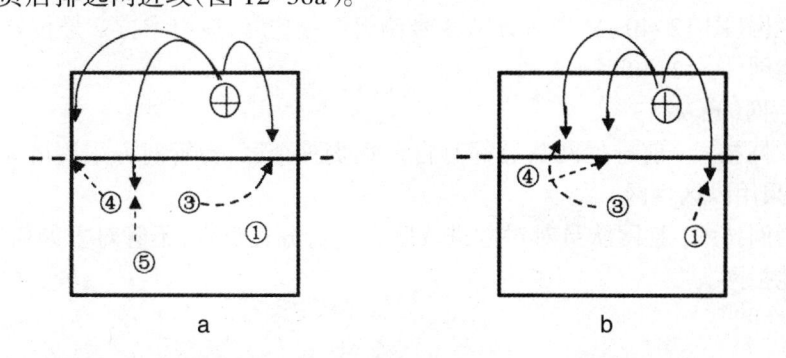

图 12-38 "边二二"定位与跑动换位进攻

B. 4号位队员内切跑动进行近体快或短平快实扣或掩护,3号位队员作梯次进攻,1号位队员后排远网进攻(图12-38b)。

③"插三一"进攻

A. 1号位队员插上二传,3号位队员扣近体快球或掩护,2、4号位队员两边拉开进攻,5号位队员后排远网进攻(图12-39a)。

B. 2号位队员定点强攻,4、3号位队员作前交叉进攻,5号位队员后排远网进攻(图12-39b)。

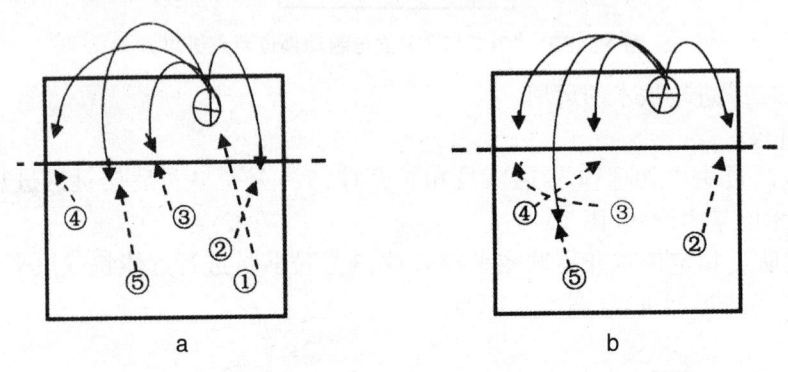

图12-39 "插三一"进攻

2. 接扣球及其进攻(防反)战术系统

(1)接扣球的防守战术

①集体拦网

A. 双人拦网

五人制:当对方从4号位组织进攻时,应以本方2号位队员为主,3号位队员协同配合,组成双人拦网;当对方从2号位组织进攻时,应以本方4号位队员为主,3号位队员进行协同配合双人拦网(图12-40a);当对方从3号位组织进攻时,应以本方3号位队员为主,4号位或2号位协同配合拦网(图12-40b)。

四人制:当对方从4号位组织进攻时,应以本方2号位队员为主,3号位队员协同配合,组成双人拦网;当对方从2号位组织进攻时,应以本方3号位队员为主,2号位队员进行协同配合双人拦网(图12-40a);当对方从3号位组织进攻时,应以本方2号位队员为主,3号位协同配合拦网(图12-40b)。

B. 三人拦网(五人制)

人盯区拦网技术:前排拦网队员都有自己负责一个区,不管对方采用的是什么样的进攻战术,都要采用盯区拦网。

人盯人拦网技术:拦网队员对对方进攻队员进行分工负责,不管对方如何进攻,都要安排专人盯住他拦网。

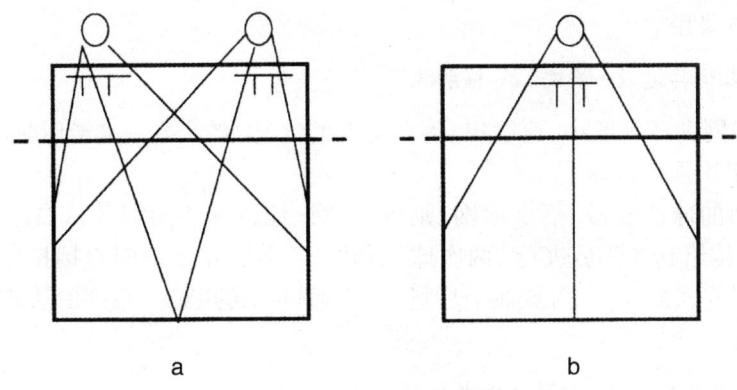

图 12-40　双人拦网

②后排防守

A. 与拦网的配合

a. 对方主要进攻路线为直线时,本方应拦直线、防斜线。

b. 对方中间队员进攻时一般有两条线(图 12-41)。

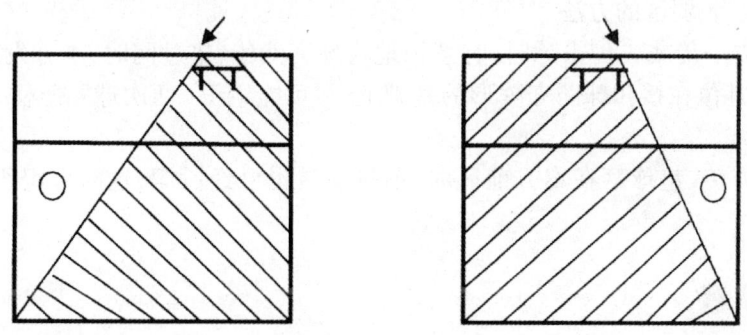

图 12-41　后排防守

B. 互相弥补和接应

③防守各种进攻战术的布局及其变化

各种进攻战术的特点是有所差别的,这就要求在布防时,要对本方情况对方打法变化进行综合考虑,在采用各种防守形式上要具有灵活性。

（2）接扣球进攻战术

接扣球进攻除直接拦死、拦回外,还有以下两种情况：

①触及拦网队员手后的组织进攻：前排拦起的高球,落点在前场或中场,可由扣球队员本人或跟进保护队员将球传、垫给后排队员,组织"两次球"进攻,进行突然袭击。在一传到位的情况下,可由跟进保护的队员"插上"组织进攻,接发球进攻时所运用的战术都可以采用。前排拦起的低球,速度快,落点远,球不易传,垫至网前,则要求二传队员和其他队员都积极准备,将球调整传给不拦网后撤的队员进攻。

②后排防起后的组织进攻：如果前排拦网失败,那么后排防守起球组织进攻就显得非常重要了。当后排队员防守起球时,前排二传队员在拦网落地后,立即转身传球。其他队员也要准备接应,离球最近的队员可作二传,组织进攻。当后排防起的球到位时,接发球所运

用的战术都可以采用。

3. 接拦回球及其进攻(保攻)战术系统

（1）对于拦网的球角度小、速度快、落点近网的情况，要求第一次击球时尽量将球垫高，争取调整二传组织强攻扣球。

（2）如拦回的球速度慢、落点远网，则应有意识地将球垫给二传队员组织各种进攻战术，或直接将球传给其他队员进行"两次球"进攻或在第一次击球时直接扣球进攻。

（3）如拦回的球弧度高、落点在中后场，则应通过二传组织一系列的快攻战术或组织两次球的进攻战术。

4. 接传、垫球及其进攻(推攻)战术系统

（1）如果对方一传将球垫飞，接应队员将球调整在中、后场附近，第3次无法组织进攻时，本方后排二传队员尽早插到网前，前排队员快速后撤或换位，那么就可以采用4人或3人接发球阵形，尽量组织"两次球"进攻，机会合适时也可在第一次击球时直接扣球进攻。

（2）当对方二传将球调整到中场附近时，因高度限制，不能扣球时，常采用上手平传过网，并辅以找空当、弱区的方法。

（3）当对方一传或二传击球时，有意识地将球突然传、垫过网时，本方发球队员应迅速进入球场防守补位在接扣球防守阵形的基础上，尽可能组织"两次球"战术，达到出其不意的效果。

（4）当对方传、垫球落在本方前区时，前排队员也已经后撤，这时可组织"两次球"进攻战术。

知识拓展

二次球

1. 一攻二次球

（1）最好是在对方发威胁不大的"菜球"时实施二次球进攻战术。

（2）一传直接送进攻位的球应稍拉开些并稍高些（一般应比半高球再高些）。这样有利于攻手有较充余的进攻和转移时间。

（3）二次球进攻手应迅速做出判断并上步（一般不宜超2步）做出扣球动作。

（4）若此时对方拦网人数不多（最好一人）且位置不好则应果断出手扣球。远端攻手应做好随时进攻的准备。这就变成二次转移进攻打法了。

（5）当对方发大力等威胁较大的球时，一般不宜组织二次球进攻或二次转移球进攻（除非一传送球质量有保障）。

2. 防返中二次球

（1）任何位置（最好是中前区位）在接到对方的吊球和无威胁处理来球时都可有意识地把球直接送到攻手位进行二次球扣球。

（2）送球不宜过高，以快球、半高球、平拉开为主。攻手应迅速上步扣球，以快制胜，让对手来不及拦网。

（3）如若对方拦网已到位不利于二次进攻时可佯攻转移远端攻手形成一对一或空门扣球，造成杀伤得分。

第三节　气排球战术习练与提高

一、气排球个人战术习练与提高

（一）发球个人战术习练

1. 三发三接

甲组发，乙组接，规定发球必须发场内。10次之后，接发球的站位轮转一次。甲组发完30次以后与乙组交换。

2. 两发两接

两人同时发球，一人发直线，一人发斜线；另一组两人，一个人接直线，一个人接斜线。练习过程中要求只对发球做记录，发出场外或不过网为失误，发到中路不计数。每组发、接球10次，最后算总分。

3. 发球计分法

两人发两人接，只记录每个人的发球。发球直接得分记5分、对方破攻计4分、对方调整攻计3分、对方半到位球（网附近）计2分、对方到位（进攻线附近）计1分、发球失误计零分，积累每人的总分。20次后大组互换，教练员记录得分。

4. 集体发球法

三人一组，按比赛中轮次站位，规定每人必须发3个性能好的球，由教练员进行评定，一般球不计数，在完成9次性能好的球中，有一次失误则统统不算。

5. 准确性发球法

按队员自定的线和点，发10次和20次准确性很高的球，并要有一定的弧度、飘度等。

（二）一传个人战术习练

（1）两人一组，教练员发球，两个队员一垫一调传。这种方法在场地不足、无球网时采用。每人按自己平时站位的距离假设到位的目标，每组练习20次交换，要求到位15次以上。

（2）结合场地、球网进行，三人或四人一组，分直、斜线（场地两边可同时进行），每组接同样数量的球。统计到位球的次数。

（3）接发球进攻练习：三人一组，一人接发球，一人二传，一人扣球。10次接发球中要求到位率为70%以上，扣球成功率为60%以上。

（三）二传个人战术习练

（1）原地自传：要求把球传向头正上方，高度为离手1.5～2米，连续进行3组，每组20次。

（2）对墙自传：距离墙50厘米左右，上、中、下连续传球20次，完成3组。

（3）两人一组背传：一人抛球，一人背传，传20次，每人完成3组。

（4）三人一组背传：三人直线站位，各相距2米。两边队员抛球或传球给中间队员连续转身背传球10次，各完成3组。

（5）四人换位背传：1号位两人，先由一人传球给3号位，3号位背传给2号位，2号位传到1号位后跑到1号位，队员顺时针随球跑动，一组20次，完成3组。

（6）对墙或对网连续跳传球：掌握好起跳时机，空中保持平衡，10次一组，完成2组。不能碰墙或触网。

（7）两人一组跳传：连续做跳传练习，10次一组，做2组。

（四）扣球个人战术习练

（1）加强前臂放松的练习。如用20秒或10秒，计算手腕快速甩动的次数；在水池中提臂后放松挥动等。

（2）用小皮球对墙进行快速甩击。

（3）对墙自抛自扣。离墙6米，对墙加速挥击。

（4）对墙扣目标。在离地面1米高度的墙上，画一直径为50厘米的圆圈；采用正确挥臂方法，自抛自扣，力争每扣必中。

（5）对墙连续扣反弹球。

（6）站立扣低球。结合网练习，对于形成正确的动作是有利的。

（7）对墙隔绳自抛自扣。绳子安放在站位前，比右臂指尖高度低一个球的位置。对墙自抛自扣时，上体要放松，肩部充分上提。甩出时用良好的挥臂加速方法，向平前上方击球。

（8）对墙隔绳扣球。

（9）高网练习。在标准网的上方两个球的位置，拉一根与网平行的长绳，要求助跑起跳后在最高点击球，越过横绳做超手扣球。

（10）提高腾空后快速挥臂动作的练习。原地或一步助跑起跳后在空中做挥臂击球动作。

（五）拦网个人战术习练

（1）队员分别相对站在球网两边，原地用直臂、夹肩、小弧度摆臂动作向上连续拦网跳10次一组，完成3组。

（2）同1，网前左、右并步起跳拦网各5次一组，完成3组。

（3）从2号位开始做交叉步或并步拦网跳到4号位，又从4号位跳回2号位，5次一组，完成3组。

（4）两人一组网前面对站立，一名队员做直线、斜线、打手出界动作，另一名队员做拦网跳，10次一组，做3组。

（5）三名队员分别站在网前2、3、4号位，教练员在网对面连续比画数字手势，对应号位队员两人配合拦网跳，10次一组，做3组。

（6）队员按比赛位置站在球场两边，教练员在场外抛球组织进攻，一方进攻，对方拦网。每轮5次，统计5轮拦死、拦起的次数。

（六）防守个人战术习练

（1）快速变点。教练员向防守队员扔出左、右、高、低不同的球，要求队员快速跑动，并以每球必争的精神去完成每一个动作。通过这一习练方法，能使队员的救球能力，以及各种脚步变换、重心转移及补位能力等得到有效提升。

（2）虚晃多变。这一习练方法能有效提升队员重心改变后再启动的防守能力。

（3）一高一低扣防。这一习练方法能有效提升队员重心升降、腰腹折叠速度及快速下蹲和突起的能力进。

（4）大数量防接球。这一习练方法能有效提升队员的移动耐久，意志品质和克服困难的精神以及"球感"。

二、气排球集体战术习练与提高

（一）进攻战术习练

1. "中二传"进攻战术习练

（1）结合球在简单条件下的习练

① 教师在5号位向3号位抛、传球，3号位二传队员将球交替传给4、2号位队员扣球，扣球后相互交换位置（图12-42）。

② 场上5名学习者站成"中二传"接发球站位阵型，教师从对区抛球，学习者接发球练习"中二传"进攻战术（图12-43）。

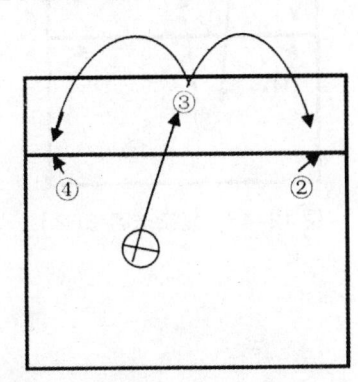

图12-42 "中二传"进攻习练（1） 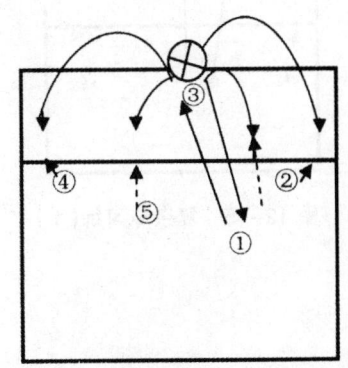　　图12-43 "中二传"进攻习练（2）

③ 场上5名学生按"中一二二"或"中一三一"接发球站位,接教师从发球区抛球或下手、上手发球组织"中二传"进攻战术(图12-44)。

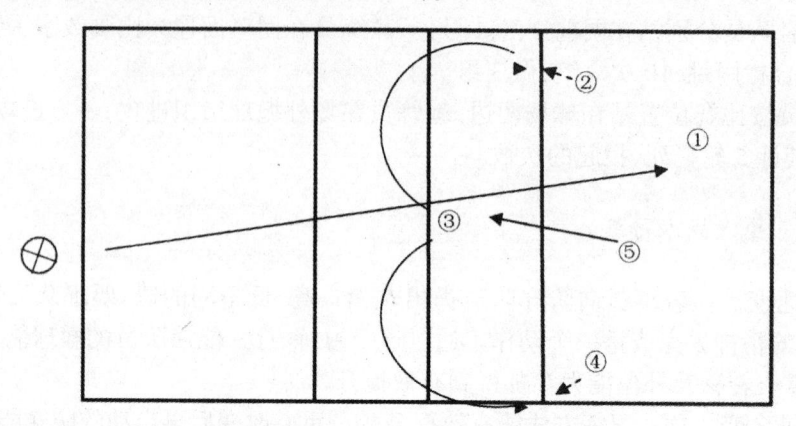

图12-44 "中二传"进攻习练(3)

(2)结合球在复杂条件下的习练

① 场上5名队员按"中一三一"或"中一二二"接发球站位,接教师从发球区发来的上手球(图12-45)。

② 方法同上。发球一方增加1名或2名拦网队员,给进攻一方增加网上的难度(图12-46)。

③ 方法同上。但在接发球后,全队立即转入接拦回球进攻的练习(图12-47)。

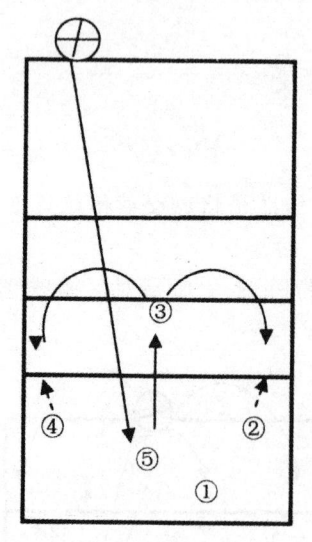

图12-45 复杂球习练(1)

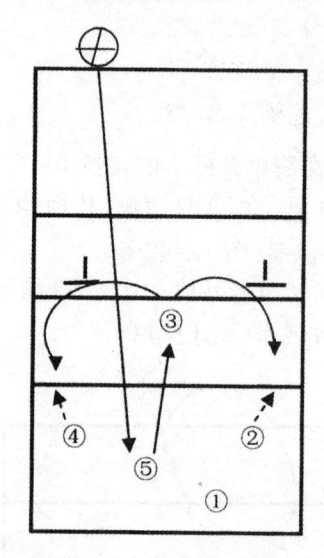

图12-46 复杂球习练(2)

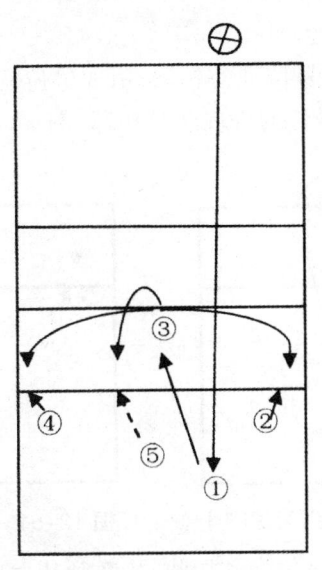

图 12-47 复杂球习练（3）

（3）比赛条件下巩固提高习练

① 4 对 4 的接发球组织"中二传"进攻与防反练习（图 12-48）。

② 5 对 5 教学比赛，进行攻防对抗练习（图 12-49）。

③ 方法同上。但为了增加进攻方的难度，防反一方可增加单人拦网。

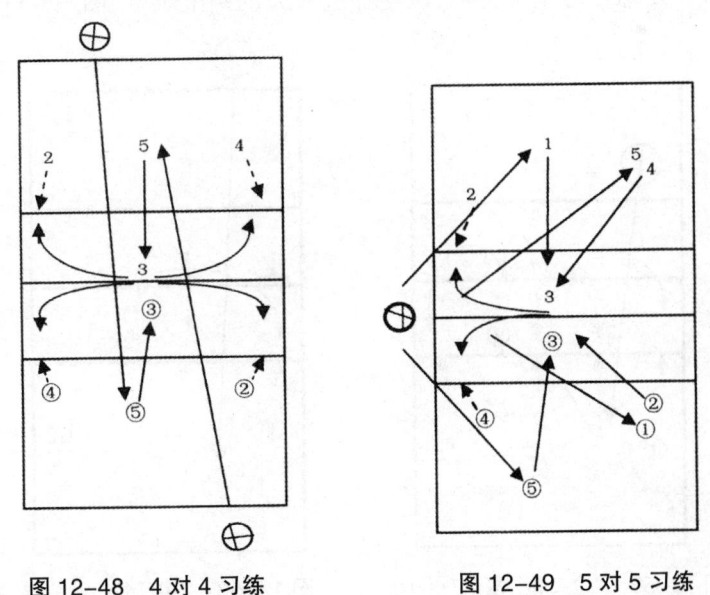

图 12-48 4 对 4 习练　　　　图 12-49 5 对 5 习练

2."边二传"进攻战术习练

（1）结合球在简单条件下的习练

① 教师在 1 号位将球抛向 2、3 号位之间二传的位置，2、3 号位之间的二传队员把球传给 4 号位或 3 号位，分别由 4 号位或 3 号位的队员轮流扣 4 号位一般高球和 3 号位的半快

球练习,进攻后互交换位置(图12-50)。

②学生分别站在4号位、3号位准备扣球,由3号位队员将球传给2号位的二传队员,二传队员将球传给4号位或3号位的进攻队员扣球(图12-51)。

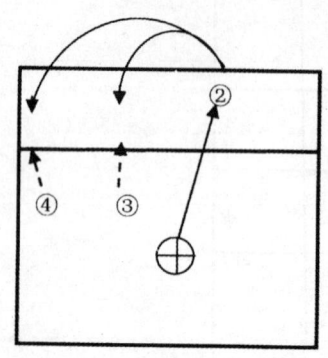

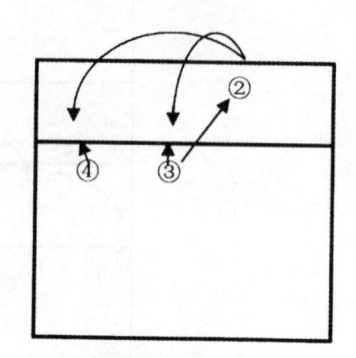

图12-50 "边二传"习练(1)　　图12-51 "边二传"习练(2)

③学生分别站在4号位、3号位准备扣球,接教师从发球区或对方场区抛球或轻发球组织"边二传"进攻战术(图12-52)。

(2)结合球在复杂条件下的习练

①场上5名队员按"边一三一"接发球站位,接起教师从发球区发来的上手球组织"边二传"进攻。

②方法同上。发球一方增加拦网,以增加进攻方的网上难度(图12-53)。

图12-52 "边二传"复杂球(1)　　图12-53 "边二传"复杂球(2)

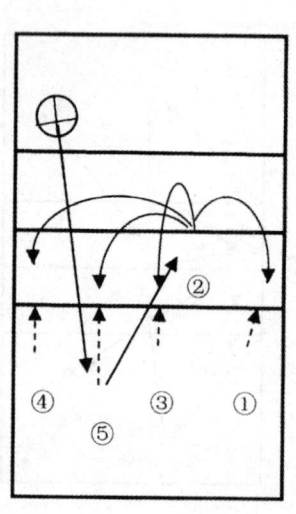

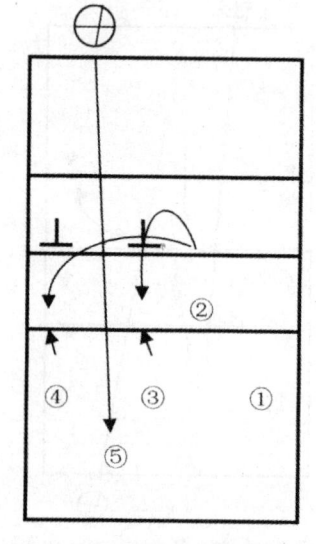

③方法同上。接发球"边二传"进攻后,立即进入接拦回球反攻练习。

(3)比赛条件下巩固提高习练

①3对3组织"边二传"进攻与防反练习(图12-54)。

②5对5进行"边二传"攻防对抗教学比赛练习(图12-55)。

图 12-54 "边二传"3 对 3　　　　图 12-55 "边二传"5 对 5

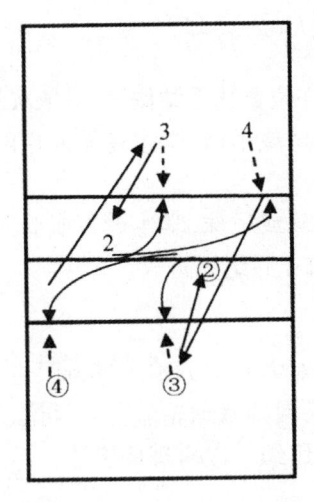

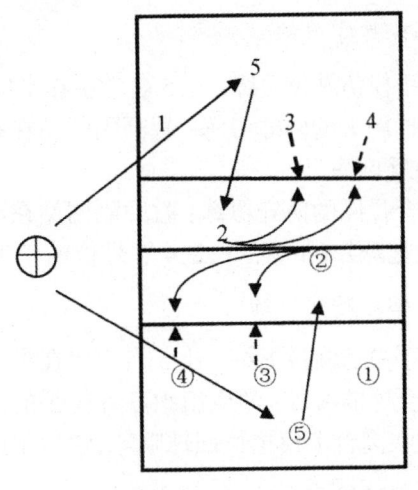

③ 方法同上。教师连续向一方发 10 次球后,再换向另一方连续发 10 次。教师每次发球后,学生要转动一次位置。通过 5 对 5 的对抗攻防练习,来使学生的战术运用能力得到提高。

知识拓展

气排球比赛中二传站位的选择

在气排球比赛中,我们很难看见打出很多象硬排一样的战术配合,其主要是因为气排球二传的站位方法不对。

由于受到规则的限制,气排球只能在 2 米线外进攻扣球。如果二传手像在硬排球运动中一样站位在网前,那么他传的球全部都是斜对着攻球手方向传出的,这种球攻球手既不好打对方也容易拦住,更不要说组织多种战术配合了。只有让二传手的站位离网 1.5 米左右的距离,传出的球才是一条直线上的多点进攻。

（二）防守战术习练

1. 接发球防守习练

（1）徒手模仿站位习练:让 5 名学生在半场上按防守位置徒手站位,然后依次轮转 5 轮。

（2）结合球的习练:让 5 名学生在半场上按防守位置站位,教师在另一侧发球,学生接发球并根据分工组织进攻。学生成功组织进攻 3 次后轮转一个位置,教师继续发球,学生继续进行练习。

2. 接扣球防守习练

（1）徒手模仿站位习练：让5名学生在半场上按防守位置徒手站位，然后依次轮转5轮。

（2）不拦网下的防守习练：教师隔网站在高台上扣球或吊球，学生在无人拦网的情况下进行防守和反攻练习。

（3）结合拦网的防守习练：教师隔网站在高台上扣球或吊球，学生单人或双人拦网。教师有意识地把球扣（吊）给1、2、4、5号位的学生，学生防守后组织进攻。

3. 接拦回球防守习练

（1）徒手模仿站位习练：让5名学生在半场上根据对方和本方情况进行跟进落位练习。

（2）结合球的习练：学生组织各种徒手的进攻战术，教师拿球轮流在4号位、3号位和2号位隔网站在高台上模拟拦回球喂球，学生跟进保护并组织一次有球的进攻。

4. 接传垫球防守习练

（1）对方无攻时的站位习练：当对方一传将球垫上，跟进保护队员将球调整到中、后场附近，第3次无法组织进攻时，学生应练习快速后撤和换位，可以采用5人防守，尽量组织多点进攻战术。

（2）对方垫球过网时的站位习练：当对方传垫球直接过网时，前排队员如果来不及后撤，则由后排队员组织防守。

（3）对方有意识地传垫球过网时的站位习练：当对方一传或二传击球，并有意识地突然传垫球过网时，本方应该在接扣球防守阵型的基础上，积极进行补位防吊。

（三）攻防转换战术习练

（1）调整传球和反攻习练（图12-56）。

（2）人盯人拦网习练（图12-57）。

（3）5对5攻防转换习练（图12-58）。

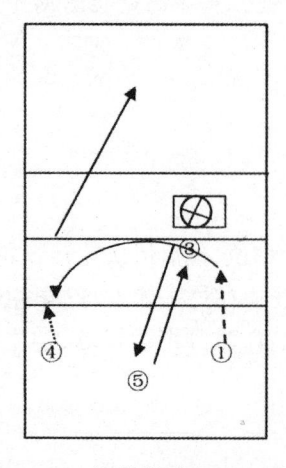

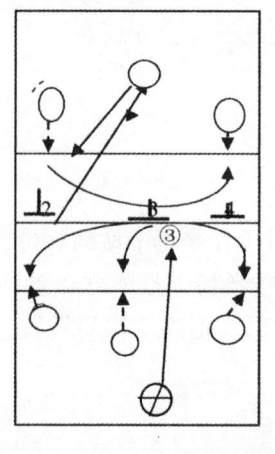

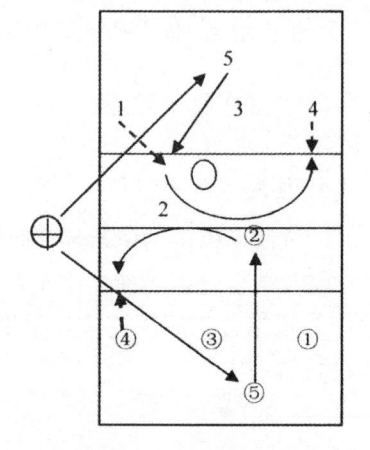

图12-56　调整传球和反攻习练　　图12-57　人盯人拦网习练　　图12-58　5对5防转换习练

参考文献

[1] 刘智华.气排球运动与方法[M].长春:吉林大学出版社,2019.
[2] 宋元平,马建桥.排球运动技能学习分析[M].北京:北京体育大学出版社,2010.
[3] 周振华,杨宏峰,李志宏.排球实用教程[M].北京:中国农业科学技术出版社,2010.
[4] 陈小珍,陈坚坚.排球、气排球与沙排[M].杭州:浙江大学出版社,2017.
[5] 宋英杰.沙滩排球、软式排球、气排球运动[M].武汉:武汉理工大学出版社,2010.
[6] 谭洁.气排球运动教程[M].长沙:湖南师范大学出版社,2017.
[7] 连道明,陈铁成.软式排球、沙滩排球、气排球理念与方法[M].厦门:厦门大学出版社,2007.
[8] 李相如,刘济民.怎样打气排球[M].北京:金盾出版社,2016.
[9] 李莹.气排球[M].北京:中国人民大学出版社,2018.
[10] 孙平.现代排球技战术教学法[M].北京:北京体育大学出版社,2008.
[11] 曾黎,邹斌平,等.气排球基础教程[M].成都:西南交通大学出版社,2018.
[12] 于贵和.软式排球、沙滩排球、气排球理论与方法[M].北京:北京师范大学出版社,2012.
[13] 陈铁成.气排球[M].厦门:厦门大学出版社,2014.
[14] 王幼华,褚斌,吴依雪.气排球(第二版)[M].厦门:厦门大学出版社,2017.
[15] 吴国正,董雪芬.排球——体育爱好者丛书[M].北京:北京体育大学出版社,2010.
[16] 吉斌.排球[M].重庆:西南师范大学出版社,2013.
[17] 于新,郭宝科,方银.气排球培训教程[M].武汉:华中师范大学出版社,2018.
[18] 黎禾.大众气排球[M].北京:北京体育大学出版社,2016.
[19] 赵世伟.气排球运动健身价值研究[J].当代体育科技,2019,9(34):236-237.
[20] 赵闽江.有氧运动对人体健康的影响[J].赤峰学院学报:自然科学版,2005(6):61-62.
[21] 卢夏楠.基于全民健身视角下我国气排球在群众体育发展中的相关问题研究[A]//中国体育科学学会体育社会科学分会.2018年全国体育社会科学年会论文集.中国体育科学学会体育社会科学分会:中国体育科学学会体育社会科学分会,2018:4.
[22] 李若果,党云辉."振兴三大球"背景下推广气排球的重要意义[J].体育科技文献通报,2020,28(3):99+102.
[23] 吴亮,任德利,雷莉莉,荆友枫.成都市气排球运动推广普及中存在的问题和发展对策[J].重庆工商大学学报(自然科学版),2011,28(2):203-206.

[24] 张丹. 社区气排球运动开展现状调查与推广模式的构建 [J]. 体育风尚, 2020 (8): 118+120.
[25] 宋玉婷. 排球运动技能学习曲线的相关性研究 [J]. 体育科学研究, 2012 (5): 58-61.
[26] 陈敏雪. 高校气排球教学存在的问题及其对策分析 [J]. 品牌研究, 2019 (1): 259.
[27] 朱懋彬. 浅析气排球的运动价值及基本技战术 [J]. 运动精品, 2018, 37 (11): 85.
[28] 成向荣, 于健. "健康中国"背景下探究高校气排球课程的教学改革 [J]. 体育科技文献通报, 2018 (11): 32.
[29] 于杰, 尹丽娜, 张冬梅. 高校体育选项课开展气排球运动的可行性研究 [J]. 当代体育科技, 2019, 9 (2): 56.
[30] 尹沛, 王霞. 高校气排球教学的可行性分析 [J]. 当代体育科技, 2018, 8 (20): 38-39.
[31] 陈筠, 罗文全. 我国高校气排球教学可行性分析 [J]. 运动, 2018 (8): 92.
[32] 汪焱. 影响我国群众性排球运动普及的主要因素研究 [D]. 福州: 福建师范大学, 2003.
[33] 姜晓静. "排球进校园"视域下河南省高校气排球开展现状研究 [D]. 成都: 成都体育学院硕士论文, 2016.